Reihe Rechtswissenschaft
Band 178

Die Verwaltungsrechtsordnung für Württemberg

Ein Versuch der Emanzipation des öffentlichen Rechts vom Privatrecht

Roswitha Maas

Centaurus Verlag & Media UG 1996

Die Deutsche Bibliothek – CIP-Einheitsaufnahme

Maas, Roswitha:
Die Verwaltungsrechtsordung für Württemberg : ein Versuch der Emanzipation des öffentlichen Rechts vom Privatrecht / Roswitha Maas. – Pfaffenweiler : Centaurus Verl.-Ges., 1996
(Reihe Rechtswissenschaft ; 178)
Zugl.: Freiburg (Breisgau), Univ., Diss., 1994
ISBN 978-3-89085-985-9 ISBN 978-3-86226-383-7 (eBook)
DOI 10.1007/978-3-86226-383-7
NE: GT

ISSN 0177-2805

Satz: Vorlage der Autorin

Vorwort

Die vorliegende Arbeit wurde im Sommersemester 1994 von der Rechtswissenschaftlichen Fakultät der Albert-Ludwigs-Universität in Freiburg/Breisgau als Dissertation angenommen.

Danken möchte ich an dieser Stelle meinem Doktorvater, Herrn Professor Dr. *Alexander Hollerbach*, für die jederzeit gewährte Freiheit und Unterstützung bei der Erstellung der Arbeit. Ferner möchte ich mich bei den Mitarbeitern des Hauptstaatsarchives Stuttgart und des Universitätsarchives Tübingen für ihre Hilfbereitschaft bei der Suche nach den unveröffentlichten Quellen bedanken.

Roswitha Maas

Inhaltsverzeichnis

Abkürzungsverzeichnis

Die Abkürzungen der Titel sind im Literatur- bzw. Quellenverzeichnis den vollständigen Titelangaben in Klammern beigefügt.
Die Abkürzungen der Archive sind im Quellenverzeichnis zu finden.

aaO.	am angegebenen Ort
Abschn.	Abschnitt
AöR	Archiv des öffentlichen Rechts
Anl.	Anlagen
Art.	Artikel
Aufl.	Auflage
bad.	badische
Bd.	Band
Beschl.	Beschluß
Bü	Büschel
bzw.	beziehungsweise
Diss.	Dissertation
DJT	Deutscher Juristentag
DJZ	Deutsche Juristenzeitung
DVBl	Deutsches Verwaltungsblatt
Entw.	Entwurf
ESVGH	Entscheidungssammlung des Hessischen und des Baden-Württembergischen Verwaltungsgerichtshofs
f.	folgende Seite
ff.	folgende Seiten
FischersZ.	Fischers Zeitschrift für Praxis und Gesetzgebung der Verwaltung
Fn.	Fußnote
fortges.	fortgesetzt
Hirts Ann.	Hirts Annalen des Deutschen Reichs
Hrsg.	Herausgeber
i.d.R.	in der Regel

i.d.S.	in diesem Sinne
i.e.	im einzelnen
i.S.v.	im Sinne von
Kap.	Kapitel
N.F.	Neue Folge
o.V.	ohne Vornamen
Öff.-rechtl.Abh.	Öffentlich-rechtliche Abhandlungen
Rundschr.	Rundschreiben
s.	siehe
S.	Seite
s.a.	siehe auch
Schlußbem.	Schlußbemerkung
Schr.	Schreiben
sog.	sogenannt
u.d.T.	unter dem Titel
usw.	und so weiter
v.	vom
Verw.Arch.	Verwaltungsarchiv
vgl.	vergleiche
VerwArch.	Verwaltungsarchiv
Vorbem.	Vorbemerkung
vorl.	vorläufiger
VRO	Verwaltlungsrechtsordnung für Württemberg
VVDStRL	Veröffentlichungen der Vereinigung der deutschen Staatsrechtslehrer
württ.	württembergischer, württembergisches
Württ.VGH	Württembergischer Verwaltungsgerichtshof
WüRV	Württembergische Zeitschrift für Rechtspflege und Verwaltung (1907/08-1930) fortges. u.d.T.: Zeitschrift für Verwaltung und Verwaltungsrechtspflege (1931-38)
z.B.	zum Beispiel
ZgesStW	Zeitschrift für die gesamte Staatswissenschaft

Einleitung

Zu Beginn des 20. Jahrhunderts beschäftigte sich die Rechtswissenschaft intensiv mit der Ausarbeitung eines Allgemeinen Teils des Verwaltungsrechts. Dieses Bestreben wurde vor allem durch das Inkrafttreten des *Bürgerlichen Gesetzbuches* am 1.1.1900 noch verstärkt. Auch der Gesetzgeber befaßte sich mit dieser Materie. Die *Reichsabgabenordnung* von 1919 ist der erste Versuch, die allgemeinen Lehren und Begriffe des Verwaltungsrechts, allerdings begrenzt auf das Steuerrecht, gesetzlich zu fixieren[1]. Als weiteres Beispiel ist die *Thüringische Verwaltungsordnung* von 1926 anzuführen, die ebenfalls Fragen des allgemeinen Verwaltungsrechts behandelt. Zu den größeren Kodifikationen aus diesem Bereich gehören auch die drei *Österreichischen Verwaltungsverfahrensgesetze* von 1925.

Im Gegensatz zum bürgerlichen Recht, dessen allgemeine Grundsätze im *Bürgerlichen Gesetzbuch* umfassend gesetzlich geregelt sind, gab es jedoch und gibt es bis heute noch keine gesetzliche Zusammenfassung des gesamten allgemeinen Verwaltungsrechts. Den einzigen Versuch einer weitreichenden Kodifizierung der allgemeinen Lehren des Verwaltungsrechts hat Württemberg unternommen. Das württembergische Staatsministerium veröffentlichte 1931 den Entwurf eines Gesetzes mit dem Titel "Verwaltungsrechtsordnung für Württemberg". Der Gesetzesentwurf geht zurück auf einen Beschluß des Staatsministeriums aus dem Jahr 1924, wonach die in der württembergischen Staatsverwaltung zur Anwendung kommenden allgemeinen Rechtsgrundsätze und Rechtssätze festgestellt und den damaligen Anforderungen der Verwaltung entsprechend zu einem einheitlichen Gesetzgebungswerk ausgebaut werden sollten[2].

Wegen des hohen Arbeitsaufwandes und der Schwierigkeit der Gesetzgebungsmaterie wurde 1925 eine Kommission eingesetzt, der die Ausarbeitung dieses Gesetzes übertragen wurde. Die Kommission setzte sich zusammen aus Vertretern der Wissenschaft, der Verwaltungsbehörden und des Verwaltungsgerichtshofs.

---

1 Vgl. Dennewitz, aaO., S.157

2 Beschl.des württ. Staatsministeriums v.2.7.1924, HStA Stgt, E130b, Bü542, As.1

Bei der Ausarbeitung des Entwurfs zeigten sich größere Schwierigkeiten als zunächst angenommen. Als erstes mußte ein vollständiger Überblick über das in Württemberg und in ganz Deutschland für die einzelnen Teilgebiete geltende Verwaltungsrecht gewonnen werden. Bereits die Sammlung dieser fast unübersehbaren Menge von Entscheidungen deutscher Verwaltungsgerichte und anderer juristischer Veröffentlichungen stellte an die Kommissionsmitglieder sehr hohe Anforderungen. Weitere Schwierigkeiten ergaben sich, als nach Vorlage des Stoffes der einzelnen Teilgebiete die großen Verbindungslinien fehlten und deshalb hier in erster Linie neues Recht geschöpft werden mußte. Dabei war vor allem darauf zu achten, daß der Verwaltung durch das neue Recht keine zu engen Schranken auferlegt wurden[3]. Nach fast sechsjähriger Arbeit gelang es schließlich, den Entwurf einer *Verwaltungsrechtsordnung* zum Abschluß zu bringen und zu veröffentlichen. Die Veröffentlichung des Entwurfs sollte dazu dienen, vor der endgültigen Ausgestaltung zu einer Gesetzesvorlage eine kritische Stellungnahme von Wissenschaft und Verwaltungspraxis zu ermöglichen[4].

Die Veröffentlichung des Entwurfs löste unterschiedliche Reaktionen aus. Auf der einen Seite sah man in dem Werk einen "wesentlichen Beitrag zur Gesetzesvereinfachung". Auf der anderen Seite wurde der Entwurf vor allem wegen seiner zum Teil wörtlichen Übernahme von Vorschriften des *Bürgerlichen Gesetzbuches* abgelehnt. Außerdem war man darüber erstaunt, daß ausgerechnet ein so kleines Land wie Württemberg mit der Kodifikation des allgemeinen Verwaltungsrechts begonnen hatte. In keinem Fall schienen die bis dahin in Württemberg entstandenen wissenschaftlichen Werke über allgemeines Verwaltungsrecht die Kodifikationsbestrebung zu rechtfertigen[5]. Im Gegenteil, es wurden eher Anzeichen für eine gewisse Vernachlässigung der Pflege des Verwaltungsrechts festgestellt. Bis 1907 gab es keine Zeitschrift, in der Fragen des öffentlichen Rechts unter wissenschaftlichen und praktischen Gesichtspunkten besprochen oder zweifelhafte Fragen erörtert werden konnten. Insgesamt gesehen

3 Schr.des württ. Staatsministeriums v.13.3.1926, StA Ludwigsburg, E136, Bü51, As.446
4 Schr.des württ. Staatsministeriums v.21.3.1931, HStA Stgt., E130b, Bü544, As.173b
5 *Walter Jellinek*, Verwaltungsrechtsordnung, S.7

entsprachen Umfang und Bedeutung des öffentlichen Rechts in Württemberg weder in der Quantität noch in der Qualität seiner wissenschaftlichen Bearbeitung[6].

Eine Entscheidungssammlung des Verwaltungsgerichtshofs existierte ebenfalls nicht. Nur ein äußerst kleiner Teil der im übrigen sehr geringen Anzahl verwaltungsgerichtlicher Entscheidungen wurde veröffentlicht[7]. Dies wurde darauf zurückgeführt, daß die Polizei in Württemberg nicht dazu bereit war, ihre Funktionen mit der notwendigen Härte auszuüben[8]. Entsprechend gering waren deshalb Streitigkeiten zwischen Polizei und Bürger[9]. Zudem wurde die württembergische Verwaltungsrechtsprechung wegen der fehlenden Schärfe, die z.B. in Preußen wegen des Hereinspielens politischer Gesichtspunkte oftmals vorhanden war, für entschieden uninteressanter gehalten, als die anderer höchster Verwaltungsgerichte. Insgesamt vermißte man beim württembergischen Verwaltungsgerichtshof die Tendenz, die Kontrolle über die Verwaltung wie in Preußen möglichst umfassend und wirksam auszugestalten[10].

Ferner bestand im Gegensatz zu den anderen Kodifikationen aus dieser Zeit für ein solches Gesetz keine unmittelbare Notwendigkeit, wie z.B für die *Landesverwaltungsordnung für Thüringen*, die nach der Zusammenfassung der kleinen thüringischen Einzelstaaten zu einem Gesamtstaat das bisher fehlende einheitliche Recht darstellte[11]. Genauso gab es nach dem Zusammenbruch der habsburgischen Monarchie ein praktisches Bedürfnis für die Regelung des *Österreichischen Verwaltungsverfahrensgesetzes* von 1925[12]. Die *Reichsabgabenordnung* war eine Begleiterscheinung der Neueinführung einer reichseigenen Steuerverwaltung[13].

---

6 *Bazille*, Die wissenschaftliche Bearbeitung des öffentlichen Rechts in Württemberg, S.19

7 Vgl. *Bühler*, aaO., S.340

8 *Bühler*, aaO., S.364

9 Von den beispielsweise im Jahrc 1925 eingereichten 108 Rechtsbeschwerdesachen haben sich lediglich 15 auf Polizeirecht bezogen. 1925 gab es bei 186 Fällen nur 16 Polizeibeschwerden, 91 Beschwerden bezogen sich allein auf das Steuerwesen. Vgl. dazu Sitzungsprotokoll des Staatsministeriums v.8.12.27, HStA Stgt., E130b, Bü551, S.12

10 *Walter Jellinek*, Verwaltungsrechtsordnung; S.9; *Bühler*, aaO., S.363f.

11 Vgl. *Walter Jellinek*, Verwaltungsrechtsordnung, S.8f.

12 *Werner*, DJT 1960, Bd.I, 2.Teil B, S.15

13 *Walter Jellinek*, Verwaltungsrechtsordnung, S.7

Württemberg hingegen konnte dank seiner günstigen Wirtschaftsstruktur und seiner traditionell sparsamen Finanzwirtschaft im wesentlichen eine solide Verwaltung vorweisen. Das Land war auch mit dem bisherigen Gesetzesbestand in der Lage, seine Aufgaben hinreichend zu erfüllen[14]. Dazu kam, daß gerade Württemberg als ein Land galt, das den Wert des Bestehenden höher schätzte als den Wert der Veränderung. In dem Gutachten des Reichssparkommissars über die wirtschaftliche Situation des Landes ist über das Wesen des Württembergers ausgeführt:

> "Der Württemberger liebt von jeher das Alte und Hergebrachte. Altes Recht, alte Ordnung sind ihm goldene Worte. ...Seine Ruhe, die er bei anderen Zufällen zeigt, verläßt ihn, wenn man von Neuerungen spricht, und ein Eigensinn, der sogar Trotz wird, läßt ihn das Alte mit einer Glut, mit einer natürlichen Begeisterung umfassen, die ihm sonst fremd ist und gänzlich außer seinem Wesen, der ruhigen biederen Geschäftigkeit liegt. Die württembergische Eigenart besteht in einer tief wurzelnden Verbundenheit mit den Dingen und den Ideen. Dem Württemberger gilt nur das, was er sich selbst innerlich aneignet, was er allmählich in sich hat ausreifen lassen."[15]

Mit dieser Arbeit soll zunächst der Frage nachgegangen werden, warum gerade in Württemberg und warum gerade zu dieser Zeit das allgemeine Verwaltungsrecht kodifiziert werden sollte (Kapitel B). Im Anschluß daran wird entsprechend dem historischen Ablauf die Vorbereitung und Entstehung der *Verwaltungsrechtsordnung* dargestellt (Kapitel C,D). Schwerpunktthema ist sodann die inhaltliche Aufarbeitung und Auseinandersetzung mit der *Verwaltungsrechtsordnung* anhand bisher unveröffentlichter Quellen (Kapitel E). Dabei soll insbesondere herausgearbeitet werden, worin die eigentliche, über das Gesetzesvorhaben hinausreichende Besonderheit des Entwurfes liegt. Damit ist die Frage angesprochen, ob es der Kommission lediglich darum ging, eine praktische Arbeitsgrundlage für die Verwaltung zu schaffen, oder ob darüber hinausgehende Interessen der Kommissionsmitglieder die Ausarbeitung der *Verwaltungsrechtsordnung* beeinflußt haben. Den Abschluß der Arbeit bildet schließlich eine Zusammenfassung (Kapitel F).

---

14 *Walter Jellinek*, Verwaltungsrechtsordnung, S.7
15 *Saemisch*, aaO., Zitat S.7

Um jedoch ein besseres Verständnis zu ermöglichen, soll zunächst ein Überblick über den Inhalt, über die Reaktionen auf die Veröffentlichung und über das weitere Schicksal der *Verwaltungsrechtsordnung* gegeben werden (Kapitel B).

A. Ein "verwaltungsrechtliches Grundgesetz"[16] für Württemberg

I. Übersicht über den Inhalt der Verwaltungsrechtsordnung

1. Gesetzestext

Die *Verwaltungsrechtsordnung*, die insgesamt 220 Artikel umfaßt, ist in 4 Bücher gegliedert, wovon das Erste Buch die Überschrift "Allgemeiner Teil" trägt. Der Allgemeine Teil ist mit seinen 116 Artikeln der umfangreichste Teil der *Verwaltungsrechtsordnung*. Hier finden sich, in 7 Abschnitte untergliedert, Vorschriften über das Recht, Rechtsquellen, öffentliche Rechtsverhältnisse im allgemeinen, Willenserklärungen und Verwaltungsakte sowie über Fristen, Termine, Verjährung und Sicherheitsleistung. Überschriften wie Nichtigkeit, Zurücknahme und Änderung von Verwaltungsakten sowie unvordenkliche Verjährung zeigen, daß der Entwurf zum Teil völliges gesetzgeberisches Neuland betrat.

Gegenstand des Zweiten Buches sind die Körperschaften des öffentlichen Rechts, die öffentlichen Anstalten und die Stiftungen. Der Entwurf unterscheidet hier z.B. Körperschaften des öffentlichen Rechts im allgemeinen und als besondere Ausgestaltung davon die öffentlichen Genossenschaften. Des weiteren führt der Entwurf Unterscheidungsmerkmale zwischen Stiftungen des öffentlichen und des bürgerlichen Rechts auf. Mit dem Abschnitt über die rechtsfähigen und nicht rechtsfähigen öffentlichen Anstalten wurde ebenfalls gesetzgeberisches Neuland betreten.

Bestimmungen über die öffentlichen Sachen enthält das Dritte Buch. Neben der Definition einer öffentlichen Sache finden sich in diesem Abschnitt Regelungen über Gemeingebrauch und Sondernutzung einer öffentlichen Sache.

---

16 *Walter Jellinek*, Verwaltungsrechtsordnung, S.12

Das Vierte Buch schließlich befaßt sich mit den Schuldverhältnissen des öffentlichen Rechts. Regelungen über Gattungsschuld, Zinsen, Schadensersatz, Wahlschuld, Leistungsort, Verzug, Erlöschen der Schuldverhältnisse usw. werden hier ausschließlich für öffentlich-rechtliche Schuldverhältnisse getroffen.

Der separate Entwurf des Verwaltungsverfahrensgesetzes, welcher der *Verwaltungsrechtsordnung* im Anhang beigefügt ist, umfaßt 122 Artikel. Er enthält neben organisatorischen Bestimmungen Vorschriften über das Verfahren der Verwaltungsbehörden und Regelungen der Verwaltungsgerichtsbarkeit. Daran angeschlossen sind einige Vorschriften über die Verwaltungsvollstreckung und den Zuständigkeitsstreit.

Bei näherer Betrachtung zeigt sich, daß die *Verwaltungsrechtsordnung* eine Reihe von Bestimmungen über den Verwaltungsakt enthält, die zwar nicht wörtlich, aber doch vom Regelungsbereich her, in den heutigen Verwaltungsverfahrensgesetzen wiederzufinden sind. Diese Vorschriften haben in der *Verwaltungsrechtsordnung* bereits einen breiten Raum eingenommen. Auf den ersten Blick überraschend erscheint die starke Anlehnung an das *Bürgerliche Gesetzbuch*, die man von einem Verwaltungsrechtsgesetz nicht erwartet. Was im Dritten Abschnitt des Ersten Buches über Geschäftsfähigkeit, Form der Willenserklärung, Bedingung, Zeitbestimmung, Auslegung, Mängel, Nichtigkeit und Zurücknahme geregelt wird, entspricht im großen und ganzen inhaltlich dem *Bürgerlichen Gesetzbuch*. Daneben enthält vor allem das Vierte Buch über die Schuldverhältnisse des öffentlichen Rechts Regelungen, die im wesentlichen mit dem Zweiten Buch des *Bürgerlichen Gesetzbuches* übereinstimmen. Auch die Gliederung ist hier vergleichbar mit dem privatrechtlichen Gesetz. Der Fünfte Abschnitt über Fristen und Termine verweist schließlich direkt auf die zivilrechtlichen Vorschriften. Beim Lesen der *Verwaltungsrechtsordnung* könnte man sich deshalb, wie *Walter Jellinek* es ausdrückte, ganz in das *Bürgerliche Gesetzbuch* versetzt fühlen[17].

---

17 *Walter Jellinek*, Verwaltungsrechtsordnung, S.35

Abgesehen von der Regelung öffentlich-rechtlicher Schuldverhältnisse enthält der württembergische Entwurf als weitere Besonderheit Normen, die bis heute zumindest in diesem Umfang überhaupt nicht gesetzlich fixiert worden sind. Dazu zählen z.B. Begriffsbestimmungen und Regelungen des Personenrechts. Schließlich gehören einige Vorschriften aus dem Entwurf nach heutiger Auffassung überhaupt nicht in ein verwaltungsrechtliches Gesetz, weil sie, wie z.B. die Rückwirkung von Gesetzen, thematisch dem Verfassungsrecht zuzuordnen sind.

2. Begründung

Sehr umfangreich ist die dem Entwurf beigefügte Begründung. Sie geht weit über den Rahmen gewöhnlicher Gesetzesmotive aus dieser Zeit hinaus. Fast alle Probleme des damaligen Verwaltungsrechts werden in der Begründung ausführlich erörtert. So umfaßt z.B. die Begründung zu den ausgearbeiteten 33 Artikeln über den Verwaltungsakt allein 110 Seiten. Sie gibt in umfassender Weise alles wieder, was in Rechtsprechung und Lehre zum damaligen Zeitpunkt hierüber geschrieben wurde.

Zu jedem Artikel wurden zunächst die Auffassungen in Wissenschaft und Rechtsprechung, vielfach sogar unter wörtlicher Aufführung der einzelnen Meinungen, dargestellt. Daran anschließend wurde häufig anhand zahlreicher Beispiele ein Überblick über das in Württemberg geltende Recht und eine Stellungnahme der Verwaltungspraxis und der Verwaltungsrechtsprechung zu diesem Problem gegeben. Hervorzuheben ist, daß die Kommission nicht nur das württembergische Recht berücksichtigt hat, sondern auch die Regelungen des Reichs und der anderen Länder mit einbezogen wurden. Am Ende eines jeden Artikels erfolgte eine kritische Würdigung und die Begründung des Standpunkts, für den sich die Kommission schließlich entschieden hatte.

II. Abgrenzung zu anderen Kodifikationen des allgemeinen Verwaltungsrechts

Die *Verwaltungsrechtsordnung* unterscheidet sich mit ihrem Inhalt ganz wesentlich von anderen allgemeinen Verwaltungsrechtskodifikationen ihrer Zeit.

Die *Reichsabgabenordnung* vom 13.12.1919 enthält zwar als allgemeines Gesetzeswerk neben Verfahrensvorschriften allgemeine Lehren und Begriffe, wie z.B. Regelungen über Entstehung und Fälligkeit des Steueranspruchs sowie Regelungen über Geschäftsfähigkeit, Vertretung, Vollmacht, Haftung, Verjährung und Stundung. Sogar Vorschriften über Erstattungsansprüche wurden in das Gesetz aufgenommen. Die Kodifizierung dieser allgemeinen Grundsätze ist jedoch nur auf das Steuerrecht begrenzt. Demgegenüber sollte die *Verwaltungsrechtsordnung* für alle Bereiche der Verwaltung Anwendung finden. Ein weiterer Unterschied besteht darin, daß die *Verwaltungsrechtsordnung* keinerlei Verfahrensrecht, sondern ausschließlich Regelungen des allgemeinen Teils des Verwaltungsrechts enthält[18]. Zu erwähnen ist ferner, daß die *Reichsabgabenordnung* im Gegensatz zur *Verwaltungsrechtsordnung* nicht von einer Kommission, sondern von einem einzelnen, dem Richter am Oberverwaltungsgericht Oldenburg *Enno Becker*, ausgearbeitet wurde[19].

Als weiteres Gesetz zum allgemeinen Verwaltungsrecht ist die *Landesverwaltungsordnung für Thüringen* vom 10.6.1926 anzuführen. Auch die *Landesverwaltungsordnung* ist, wie die *Reichsabgabenordnung*, das Werk eines einzelnen. Sie stammt von *Kurt Wagner*[20]. Mit ihren 205 Paragraphen ist die Kodifikation vom Umfang her vergleichbar mit der *Verwaltungsrechtsordung*. Sie behandelt aber nur Fragen der Verwaltungsorganisation, des Verwaltungsverfahrens und der Verwaltungsgerichtsbarkeit.

---

18 Das der *VRO* im Anhang beigelegte *Verwaltungsverfahrensgesetz* ist ein eigenständiger Gesetzesentwurf. Das Verfahrensrecht wurde abschließend in diesem Gesetzesentwurf behandelt. Vgl. ferner Einleitung sowie Kapitel E I. 3.4.

19 Vgl. *Tipke/Lang*, aaO., §2, S.11f.

20 Vgl. *Walter Jellinek*, Verwaltungsrechtsordnung, S.11

Schließlich enthalten auch die drei *Österreichischen Verwaltungsverfahrensgesetze* vom 21.7.1925 überwiegend nur Verfahrensrecht für die Verwaltungsbehörden.

III. Reaktionen auf die Veröffentlichung

Die Veröffentlichung des Entwurfs löste sowohl positiv wie negativ ein lebhaftes Echo aus.

1. "Ein wichtiges Gesetzgebungswerk"[22]

Der von der Kommission ausgearbeitete Gesetzesentwurf wurde allgemein anerkannt und gewürdigt als "ganz ausgezeichnete, einmalige Leistung"[23] , als "großartiger erster Versuch"[24], "der alles bisher auf diesem Gebiet Geleistete in den Schatten stellt"[25] und als "bahnbrechende Leistung[26], der kein anderes deutsches Land "Vergleichbares zur Seite zu stellen hat"[27]. Die württembergische Regierung wurde zu diesem "bedeutsamen Werk"[28] und zu dieser "mutigen Tat"[29] beglückwünscht.

In Anbetracht der politischen Verhältnisse sah man in dem "verwaltungsrechtlichen Grundgesetz"[30] "ein Zeichen der noch immer ungebrochenen Kraft und Fruchtbarkeit des staatlichen Lebens und Strebens in den einzelnen deutschen Ländern". Nicht zuletzt sollte der Entwurf ein "Mahnzeichen" dafür sein, "den Quell dieses Lebens und Strebens nicht zu ver-

---

22 Deutsches Volksblatt Stuttgart, Ausgabe v.26.3.1931, HStA Stgt., E130b, Bü544, Anl.Zeitungsausschnitte
23 *Staatspräsident Bolz*, Schr.v.2.10.1930, HStA Stgt., E130b, Bü544, As.162
24 *Walter Jellinek*, Verwaltungsrechtsordnung, S.11
25 *Walter Jellinek*, Verwaltungsrechtsordnung, S.3
26 *Walter Jellinek*, Verwaltungsrechtsordnung, S.36
27 *Zinser*, aaO. S.99
28 Bayerischer Verwaltungsgerichtshof, Schr.v.18.6.1931, HStA Stgt., E130b, Bü544, As.191
29 Freistaat Sachsen, Schr.v.31.3.1931, HStA Stgt., E130b,, Bü544, As.179
30 *Walter Jellinek*, Verwaltungsrechtsordnung, S.12

schütten"[30]. Obwohl mit enormen Schritten auf den Einheitsstaat zugegangen wurde, sollte darauf geachtet werden, daß der Schwerpunkt der Verwaltung im großen und ganzen bei den Ländern blieb. Unabhängig davon war man sich im Hinblick auf ein künftiges einheitliches Reichsverwaltungsgesetz wegen der besseren Erfahrung der Länder und wegen der verfassungsrechtlichen Besonderheiten einig, daß die Länder mit der Kodifikation des allgemeinen Verwaltungsrechts ohnehin beginnen müßten[31].

Für die Behörden Württembergs stellte die Kodifikation einen wesentlichen Beitrag zur Gesetzesvereinfachung dar. Das wichtige Gesetzgebungswerk sollte künftig das "unentbehrliche wissenschaftliche Rüstzeug"[32] sein, das schon lange gefordert und bisher schmerzlich vermißt wurde. Man war davon überzeugt, mit der Kodifikation die bestehenden Probleme der staatlichen Verwaltung beseitigen zu können[33].

Wegen der Berücksichtigung nicht nur des württembergischen Verwaltungsrechts erregte der Entwurf aber auch außerhalb der Landesgrenzen außerordentliches Interesse. Es wurde die Ansicht vertreten, daß der Entwurf in hohem Maße dazu beitrage, innerhalb Deutschlands die Einheit der allgemeinen Grundsätze des öffentlichen Rechts zu verwirklichen[34]. Das Werk bildete für viele einen "Markstein in der Entwicklung des Deutschen Verwaltungsrechts"[35]. Im Hinblick darauf, daß das Verwaltungsrecht in den letzten Jahrzehnten immer bedeutender geworden sei, wirke der Entwurf für die weitere Behandlung "aneifernd und richtunggebend"[36]. In den Verhandlungen des Ausschusses der Länderkonferenz für Verwaltungsreform, bei denen auch die Frage der Angleichung des Verwal-

---

30 Bayerische Gesandschaft Stuttgart, Schreiben v.25.4.31, HStA Stgt., E130b, Bü544, As.182

31 *Walter Jellinek*, Verwaltungsrechtsordnung, S.6

32 Deutsches Volksblatt Stuttgart, Ausgabe v.26.3.1931, HStA Stgt., E130b, Bü544, Anlage Zeitungsausschnitte

18 Staatspräsident *Bolz*, Schr.v.2.10.1930, HStA Stgt., E130b, Bü544, As.162

34 Freistaat Sachsen, Schr.v.31.3.1931, HStA Stgt., E130b,, Bü544, As.179; Bayerische Gesandtschaft *Stuttgart*, Schr.v.25.4.31, HStA Stgt., E130b, Bü544, As.182

35 Rechtswissenschaftliche Fakultät der Universität Köln, Schr.v.16.6.31, HStA Stgt., E130b, Bü544, As.195; Reichsminister des Innern, Schr. v.29.7.1931, HStA Stgt., E130b, Bü544, As.199

36 Bayerische Gesandschaft Stuttgart, Schr.v.25.4.31, HStA Stgt., E130b, Bü544, As.182

tungsrechts der deutschen Länder eine Rolle spielte, wurden verschiedene Entwürfe der einzelnen Länder beraten. Die württembergische *Verwaltungsrechtsordnung* bezeichnete man dabei als "einen der hervorragendsten und umfassendsten Entwürfe"[37].

Aufgrund ihres detaillierten Überblicks über den damaligen Stand der Lehre, der Gesetzgebung und der Rechtsprechung fand auch die dem Entwurf angeschlossene Begründung eine überaus positive Kritik[38]. Für jeden, der sich mit dem öffentlichen Recht beschäftige, so die überwiegende Meinung, bilde das "außerordentlich fleißige und sorgfältige Werk eine schätzenswerte Fundgrube auf dem ganzen Gebiet des öffentlichen Rechts"[39]. Man ging davon aus, daß die Begründung deshalb für Wissenschaft und Verwaltungspraxis größten und dauernden Wert behalten werde[40]. Auch für die Weiterbildung des Verwaltungsrechts sei sie von großer Bedeutung[41]. Hauptsächlich im Hinblick auf Arbeits- und Zeitersparnis wurde das Studium der Entwurfsbegründung sowohl Theoretikern als auch Praktikern, die sich über Rechtsprechung und Literatur in Einzelfragen unterrichten wollten, dringend empfohlen[42].

Besonders anerkannt wurde schließlich die Arbeitsleistung der Kommission. Obwohl der Entwurf von mehreren Personen ausgearbeitet wurde, was man an sich als eine Gefahr ansah, bezeichnete man den Entwurf als eine "wohlgelungene Arbeit aus einem Gusse"[43], als eine "Musterleistung des Zusammenwirkens von Theorie und Praxis"[44]. Nach Ansicht des württembergischen Staatsministeriums hätten "bewundernswürdiger Wille und viel frischer Wagemut, juristischer Scharfblick, reife Verwaltungskunst und echte schwäbische Gründlichkeit"[45] ein Werk geschaffen, das weit über die württembergischen Grenzen hinaus beachtet und bewundert werden würde.

---

37 Der Reichssparkommissar, Schr.v.12.6.28, HStA Stgt., E130b, Bü542, As.98
38 Vgl. *Walter Jellinek*, Verwaltungsrechtsordnung, S.10
39 *Jahn*, ZgesStW 1941, Bd.91, S.226
40 *Schmid*, DJZ 1932, S.263
41 Reichsminister des Innern, Schr.v.29.7.1931, HStA Stgt., E130b, Bü544, As.199
42 *Jahn*, ZgesStW 1941, Bd.91, S.228
43 *Walter Jellinek*, Verwaltungsrechtsordnung, S.11
44 Bayerische Gesandschaft Stuttgart, Schr.v.25.4.31, HStA Stgt., E130b, Bü544, As.182
45 Staatspräsident *Bolz*, Schr.v.2.10.1930
HStA Stgt., E130b, Bü544, As.162

2. "Verbesserte Auflage des *Bürgerlichen Gesetzbuches*"[46]

Die Reaktionen auf die Veröffentlichung waren allerdings nicht nur positiv. Es gab auch eine ganze Reihe von Kritikern, die den Entwurf aus verschiedenen Gründen ablehnten. Zunächst einmal wurden grundsätzliche Bedenken gegen eine Kodifikation der allgemeinen Lehren geäußert. Vor allem die Vertreter der Wissenschaft wiesen darauf hin, daß das allgemeine Verwaltungsrecht noch eine relativ junge Materie sei und deshalb viele Lehren längst noch nicht ihre endgültige Gestalt gefunden hätten[47]. Wer sich mit der Rechtsprechung hierzu beschäftige, müsse feststellen, wie sich von Jahr zu Jahr eine gegenseitige Angleichung vollziehe, die nicht möglich wäre, wenn ein Land eine starre Regel des geschriebenen Rechts aufgestellt hätte. Kodifizierte Lehren, so die Kritik, würden einen "Hemmschuh für den Sieg der besseren Einsicht" bilden[48] . Es habe sich bisher auch nicht die Möglichkeit gezeigt, die wichtigsten Grundbegriffe in brauchbarer Weise zu formen, so daß sich ein Gesetz nur auf minder wichtige Einzelheiten und Wiederholungen beschränken müsse und alles andere der Wissenschaft und Recht-sprechung überlassen werden könne[49]. Ferner befürchtete man bei der Handhabung eines solchen Gesetzes eine "Neigung zur Kleinlichkeit"[50]. Andererseits wurden diese Bedenken aber wieder relativiert. Es wurde darauf aufmerksam gemacht, daß die Rechtsprechung bisher immer Mittel und Wege gefunden habe, um durch Auslegung das zu erreichen, was sie für richtig halte[51].

Ablehnung kam auch aus dem Kreis der höheren Verwaltungsbeamten, die durch ein solches Gesetz eine starke Beeinträchtigung ihrer Tätigkeit befürchteten. In diesem Zusammenhang gab man zu bedenken, daß gerade feststehende Regelungen mangelndes Vertrauen gegenüber Verwaltung und Rechtsprechung nicht beseitigen könnten[52].

---

46 *Walter Jellinek*, Verwaltungsrechtsordnung, S.12
47 *Walter Jellinek*, Verwaltungsrechtsordnung, S.9
48 *Walter Jellinek*, Verwaltungsrechtsordnung, S.10
49 *Jahn*, ZgesStW 1941, Bd.91, S.226
49 *Schmid*, DJZ 1932, S.263
50 *Walter Jellinek*, Verwaltungsrechtsordnung, S.10
51 *Walter Jellinek*, Verwaltungsrechtsordnung, S.10
52 *Jahn*, ZgesStW 1941, Bd.91, S.227

Mehrfach wurde auch der Bedarf für eine Kodifikation generell in Frage gestellt. Man vertrat die Auffassung, daß die württembergische Verwaltung und Rechtsprechung mit dem bisherigen Gesetzesbestand gut ausgekommen sei[53]. Unter dem Gesichtspunkt der unverhältnismäßigen Zunahme des positiven Rechts sollte zurückgestellt werden, was nicht unbedingt nötig war[54].

Aber auch politische und verfassungsrechtliche Bedenken brachte man zum Ausdruck. Der Kommission warf man vor, daß der Entwurf die Eingliederung Württembergs in das Deutsche Reich nicht genügend berücksichtige[55]. Soweit überhaupt eine Rechtsordnung neu geschaffen werden solle, empfehle sich ein Reichsgesetz, weil nur dieses allein Kollisionen mit dem bürgerlichen Recht und den Verwaltungsrechtsordnungen der einzelnen Länder untereinander verhindern könne[56]. Dieses Reichsgesetz müsse von dem Grundgedanken beherrscht sein, öffentliches und bürgerliches Recht möglichst in Übereinstimmung zu halten[57].

Die inhaltliche Kritik richtete sich in erster Linie gegen die dem *Bürgerlichen Gesetzbuch* angeglichene Gliederung und die teilweise wörtliche Übernahme von Zivilrechtsvorschriften. Der Ausspruch "verbesserte Auflage des *Bürgerlichen Gesetzbuches*"[58] sollte zum Ausdruck bringen, daß ein Gesetz für Wiederauflagen bereits allgemein anerkannter Grundsätze nicht da sei[59]. Selbstverständliches zu kodifizieren, nur um "im Interesse der Vollständigkeit und Systematik alles schön neben- und untereinander aufzuführen" müsse den Lehrbüchern überlassen bleiben[60].

In die gleiche Richtung geht der Vorwurf, der Entwurf enthalte zuviel theoretisches Recht, also solches Recht, das selten zur Anwendung komme[61]. Selbst Kritiker, die wie die Kommission davon ausgingen, daß das *Bürgerliche Gesetzbuch* aus eigener Kraft im Verwaltungsrecht nicht gelte, bezweifelten die Not-

53 *Walter Jellinek*, Verwaltungsrechtsordnung, S.7
54 Vgl. *Jahn*, ZgesStW 1941, Bd.91, S.227
55 *Walter Jellinek*, Verwaltungsrechtsordnung, S.12
56 *Jahn*, ZgesStW 1941, Bd.91, S.255
57 *Jahn*, ZgesStW 1941, Bd.91, S.255
58 *Walter Jellinek*, Verwaltungsrechtsordnung, S.12
59 Vgl. *Jahn*, ZgesStW 1941, Bd.91, S.228
60 *Jahn*, ZgesStW 1941, Bd.91, S.228
61 *Walter Jellinek*, Verwaltungsrechtsordnung, S.11

wendigkeit, z.B. das Recht der öffentlichen Schuldverhältnisse in diesem Umfang zu regeln[62].

An dem Entwurf wurde ferner getadelt, daß er sich zu sehr an die damalige Rechtsprechung geklammert habe. Aufgabe des Gesetzgebers sei es jedoch, den Dingen auf den Grund zu gehen und eine davon unabhängige, den Bedürfnissen gerecht werdende Neuregelung zu bringen[63]. Letztendlich wurde darauf aufmerksam gemacht, daß das geplante Gesetz eine große Verwaltungsarbeit zur Folge haben würde. Alle früheren Gesetze und Rechtsverordnungen seien anders geregelt und müßten deshalb umgearbeitet werden[64].

Die vernichtendste Kritik kam jedoch aus Württemberg selbst. *Hofacker*[65], der das öffentliche Recht ohnehin als eine Schöpfung der Wissenschaft ablehnte und eine Einteilung des Rechts in Privatrecht und öffentliches Recht für logisch verfehlt hielt[66], stellte die Frage, ob der Entwurf nicht an eine "unlösbare Aufgabe"[67] herangegangen sei. Seiner Ansicht nach war im ganzen Entwurf kaum ein Satz auffindbar, der aus sich heraus verständlich sei. Der Entwurf wolle alles regeln, erfasse aber nicht, was zu regeln sei[68]. Er beachte zu wenig die Hauptsache, nämlich welche Gegenstände geordnet werden sollten. Der Kommission warf er vor, als bestehenden Rechtszustand hinzustellen, was nur ihr eigener Lieblingsgedanke sei[69]. Eine Verbesserung des Rechts müsse aber an das wirkliche Recht und die sich aus ihm entwickelnden praktischen Rechtsbedürfnisse anknüpfen. *Hofacker* warnte davor, die Reformbedürfnisse zu übertreiben[70]. Wegen der abhängigen und hypothetischen Natur der Sätze befürchtete *Hofacker* eine Bedrohung des Rechtsbetriebs, weil unklar sei, was die Juristen mit der *Verwaltungsrechtsordnung* anfangen würden[71]. Er machte deutlich, daß

62 *Walter Jellinek*, Verwaltungsrechtsordnung, S.12
63 *Jahn*, ZgesStW 1941, Bd.91, S.257
64 *Jahn*, ZgesStW 1941, Bd.91, S.229
65 *Wilhelm Hofacker*, Ministerialrat im württ. Innenministerium. Vgl. auch Kap.C, Abschn.III.4.2.4.
66 *Hofacker*, Verwaltungsrechtsordnung, S.2,
67 *Hofacker*, Verwaltungsrechtsordnung, S.4
68 *Hofacker*, Verwaltungsrechtsordnung, S.42
69 *Hofacker*, Verwaltungsrechtsordnung, S.42
70 *Hofacker*, Verwaltungsrechtsordnung, S.43
71 *Hofacker*, Verwaltungsrechtsordnung, S.4

das Verwaltungsrecht durch die Einbrüche der Justiz "ausgehöhlt und entwertet"[72] worden sei. Eine Verbesserung der Situation könne aber nicht herbeigeführt werden, indem das öffentliche Recht gegenüber dem bürgerlichen Recht begrifflich festgelegt werde[73]. Aufgabe des Gesetzes sei demgegenüber die Regelung des Grundverhältnisses zwischen Verwaltung und Zivilrechtsprechung und des Grundbaues der Verwaltung[74].

Trotz all dieser Einwände hielten aber die meisten Kritiker den Entwurf für eine wichtige Arbeit und für einen "guten Probierstein"[75], um sich darüber klar zu werden, ob denn wirklich zwischen den privatrechtlichen und den öffentlich-rechtlichen Grundbegriffen so viele Unterschiede bestehen würden, daß zwei gesonderte Gesetzbücher gerechtfertigt seien.

IV. Schicksal des Entwurfs

Unter Zugrundelegung der nach der Veröffentlichung eingegangenen Kritik überprüfte die Kommission in einer weiteren Lesung, welche Punkte des Entwurfs noch geändert oder ergänzt werden sollten. Darüber hinaus wurde eine nochmalige genaue Überprüfung aller Teile vorgenommen. Dies führte jedoch zu keiner wesentlichen Änderung im Aufbau des Entwurfs. Lediglich bei den Körperschaften, Anstalten und Stiftungen des Zweiten Buches mußten aufgrund der erfolgten Änderung der Gemeindeverwaltung eine ganze Reihe von Artikeln neu gefaßt werden. Im Januar 1934 kam die ganze Arbeit zum Abschluß.

Inzwischen war jedoch die Zeit für ein eigenes Verwaltungsrecht der einzelnen deutschen Länder vorbei. Die nationalsozialistische Bewegung wollte weniger eine gesetzliche als eine politische Bindung der Verwaltung durchsetzen. Statt gesetzlicher Regelungen sollte die persönliche Verantwortlichkeit des Verwaltungsbeamten und dessen Treueverhältnis zu dem obersten politischen Führer des Staates die Gewähr für die inhaltliche Richtigkeit bieten. Um die Landesgesetze

72 *Hofacker*, Verwaltungsrechtsordnung, S.8
73 *Hofacker*, Verwaltungsrechtsordnung, S.18
74 *Hofacker*, Verwaltungsrechtsordnung, S.14ff.
75 *Jahn*, ZgesStW 1941, Bd.91, S.229

außer Kraft zu setzen, strebte das neue deutsche Reich nach Herstellung des deutschen Einheitsstaates, verbunden mit der Schaffung eines einheitlichen deutschen Rechts[76]. Entsprechend dieser Zielsetzung übertrug die Reichsgesetzgebung mit dem Erlaß des Neuaufbaugesetzes vom 30.1.1934 die Hoheitsbefugnisse der Länder auf das Reich. Danach wurde damit begonnen, ein großes Verwaltungsgebiet nach dem anderen einheitlich zu regeln. Auf Anordnung des Reichsinnenministers, der ein Reichsgesetz über das allgemeine Verwaltungsrecht erlassen wollte, konnte der Entwurf nicht mehr vom württembergischen Parlament verabschiedet werden[77]. An der *Verwaltungsrechtsordnung* wurde vor allem kritisiert, daß ihr die "Verwaltungspraxis eines vorrevolutionären Staates" vorschwebe, die die Aufgabe der Verwaltung vom Individuum aus bestimme, die unter Recht nur die Rechtsnorm verstehe und die der Verwaltung durch abstrahierende und generalisierende Begriffsbildung die feste Unterlage geben will. Solche Zergliederungen und Auflösungen von Begriffen in einzelne Tatbestandsmerkmale würden von der vorwärtsdrängenden Verwaltung als wertlos beiseite geschoben. Von diesem Gesichtspunkt aus sei die *Verwaltungsrechtsordnung* "für die Zukunft der Verwaltung geradezu eine Gefahr"[78].

Trotzdem war es möglich, 1936 den geänderten Entwurf der *Verwaltungsrechtsordnung* zu veröffentlichen. Professor Dr. *Hans Gerber*, in dessen Tübinger Seminar das alphabetische Sachverzeichnis zum Hauptband erstellt wurde, befürwortete auch unter den veränderten Verhältnissen die Veröffentlichung des Werks. In der Einleitung zum Ergänzungsband erklärte er dies damit, daß dem Entwurf und seiner Begründung als rechtsvergleichende Übersicht "entwicklungsgeschichtliche Bedeutung"[79] zukomme und er als Vorarbeit für Reichsgesetze nicht entbehrt werden könne[80].

Der Entwurf, der auch nach 1945 nicht Gesetz wurde, ist bis heute der einzige amtliche Versuch geblieben, den gesamten allgemeinen Teil des materiellen Verwaltungsrechts zu kodifizieren. Das spätere *Landesverwaltungsgesetz* des

76 *Werner*, DJT 1960, Bd.I, 2.Teil B, S.8
77 *Dehlinger*, aaO., S.906
78 *Maunz*, aaO., S. 41f.
79 *Gerber*, Ergänzungsband zur Verwaltungsrechtsordnung für Württemberg, Einleitung, S.6
80 *Gerber*, Ergänzungsband zur Verwaltungsrechtsordnung für Württemberg, Einleitung S.7

Landes Baden-Württemberg vom 7.11.1955 enthält zwar über die organisationsrechtlichen Normen hinaus einzelne verfahrensrechtliche Bestimmungen. Mangels umfassender materieller Regelungen kann das Gesetz aber nicht als Nachfolger der *Verwaltungsrechtsordnung* angesehen werden. Entsprechendes gilt für das *Verwaltungsverfahrensgesetz* für Baden-Württemberg vom 21.6.1977. Auch dieses Gesetz enthält, im Gegensatz zur *Verwaltungsrechtsordnung*, im wesentlichen Vorschriften über das Verwaltungsverfahren. Lediglich die Regelungen über Verwaltungsakte wurden hier, wie in der *Verwaltungsrechtsordnung*, umfassend berücksichtigt.

V. Einfluß des Entwurfs auf die weitere Entwicklung des Verwaltungsrechts

1. Verwendung des Entwurfs in der württembergischen Verwaltungs- und Verwaltungsgerichtspraxis

Obwohl der Entwurf zum Bedauern vieler Verwaltungsjuristen nicht Gesetz wurde, vertrat man die Auffassung, daß sich seine Bestimmungen in die Verwaltung des Landes eingefügt hätten[81]. Andere gingen davon aus, daß der Entwurf der Verwaltungspraxis mindestens teilweise zugrundegelegt wurde[82]. Nach *Dürig* wurde dem Entwurf in der Praxis sogar der Charakter eines "Als-Ob-Gesetzes"[83] beigemessen. Die *Verwaltungsrechtsordnung* war im übrigen lange Zeit in der Gesetzessammlung "Dürig - Gesetze des Landes Baden-Württemberg" abgedruckt. Auch viele Lehrbücher des allgemeinen Verwaltungsrechts, die nach 1931 veröffentlicht wurden, nahmen Bezug auf den Entwurf[84].

Demgegenüber hat *Bachof* darauf hingewiesen, daß die praktische Anwendung des Entwurfs fragwürdig sei. Die Rechtsprechung habe nur dann auf den Entwurf

81 Vgl. *von Köhler*, aaO., Vorwort III; *Ule*, VVdDStL, Bd.17, S. 228
82 *Merkl*, VVDStL, Bd.17, 1959, S.227
83 *Dürig*, VVDStL, Bd.17, 1959, S.228
84 Z.B. die Lehrbücher zum allgemeinen Verwaltungsrecht von *Wolff/Bachof*, *von Köhler*, und *Forsthoff*. Teilweise wird auf die entsprechenden Artikel, teilweise auf die Begründung der *VRO* verwiesen.

als angeblichen Ausdruck des Gewohnheitsrechts zurückgegriffen, wenn ihre Auffassung durch ihn bestätigt worden sei. Habe er im Widerspruch zur Auffassung der Rechtsprechung gestanden, so sei der Entwurf ebenso selbstverständlich unbeachtet gelassen worden[85].

Die Auffassung *Bachofs* wird durch eine Überprüfung mehrerer Urteile des Württembergischen Verwaltungsgerichtshofs gestützt. Soweit in den Urteilen der Entwurf erwähnt wird, erfolgt dies i.d.R. durch Bezugnahme auf den jeweiligen Artikel[86] oder auf die Begründung des Entwurfs[87]. Verschiedentlich führte das Gericht aus, daß die genannte Bestimmung des Entwurfs zwar nicht geltendes Recht sei, aber die in Rechtsprechung und Wissenschaft herrschende Meinung darstelle[88] bzw. der Verwaltungsübung entspreche[89]. An anderer Stelle wurde darauf hingewiesen, daß die zitierte Bestimmung das bereits geltende und in der Gerichtspraxis geübte objektive Recht gesetzlich formulieren und festlegen wollte[90]. Auf der anderen Seite gibt es aber auch Urteilsbegründungen, in denen ausdrücklich die Auffassung des Entwurfs für unrichtig gehalten wurde[91].

2. Der Entwurf in der Diskussion über die Kodifikation des allgemeinen Teils des Verwaltungsrechts nach 1945

Entsprechend der Kritik nach Veröffentlichung war auch die Beurteilung des Entwurfs im Zusammenhang mit der Kodifikationproblematik des allgemeinen Teils des Verwaltungsrechts nach 1945 nicht einheitlich. Die Befürworter einer Kodifikation bedauerten, daß der Entwurf als "bislang kühnster Vorstoß in das Neuland der Kodifikation des allgemeinen Verwaltungsrechts"[92] nicht Gesetz

85 *Bachof*, VVDStL, Bd. 17, 1959, S.228
86 Württ. VGH, Urteil v.21.11.39, StA Lb., E136, Bü12, Akte 5, S.5,7; vgl. ferner EStGH, Bd. 3, 1954, S. 73,75; Bd.6, S.47;
87 Württ. VGH, Urteil v.8.2.33, StA Lb., E136, Bü12, Akten 1, S.2; Urteil v.23.9.1936, Akte 55, S.14,16; vgl. ferner EStGH, Bd. 1, 1952, S.100; Bd. 3, 1954, S.74; Bd. 4, 1955, S. 187; Bd. 14, 1965, S. 153
88 Württ. VGH, Urteil v.22.1.41, StA Lb., E136, Bü12, Akte 26, S.7
89 Württ. VGH, Urteil v.11.11.1937, StA Lb., E136, Bü9, Akten 105 - 106, S.7
90 Württ.VGH, Urteil v.21.5.43, StA Lb., E136, Bü12, Akte 11, S.5
91 Württ. VGH, Urteil v.5.04.40, StA Lb., E136, Bü17, Akte 1, S.12
92 *Werner*, DJT 1960, Bd.I, 2.Teil B, S.7

wurde. Der Entwurf, bei dem es sich um "mehr als eine praktisch wirkungslose Klausurarbeit"[93] handle, wurde zwar in mancher Hinsicht für etwas veraltet angesehen. Dennoch hielt man ihn für eine "praktische Arbeitsgrundlage"[94], auf die aufgebaut werden könne. Zumindest bestehe kein Zweifel daran, daß die *Verwaltungsrechtsordnung* von denjenigen, die sich mit dem Kodifikationsproblem beschäftigen, ernsthaft befragt werden müsse[95].

Ule kam bei der Prüfung zweier Fragen, die durch die *Verwaltungsrechtsordnung* in einem bestimmten Sinne geregelt worden sind, zu dem Ergebnis, daß der Entwurf jedenfalls insoweit nicht den späteren Rechtsvorstellungen entgegenstehe[96]. Nach seiner Auffassung wäre die Rechtsentwicklung bei gesetzlicher Regelung des nichtigen, insbesondere des gesetzlosen Verwaltungsakts und der Zurücknahme begünstigender Verwaltungsakte dadurch weder gehemmt noch in einem ungünstigen Sinne beeinflußt worden. Die Regelung hätte vielmehr in beiden Fällen viele Auseinandersetzungen in Rechtslehre und Rechtsprechung verhindert und eine klare Lösung der streitigen Fälle ermöglicht. Der Wert einer jeden Kodifikation, offene Streitfragen in einem bestimmten Sinne zu entscheiden und damit aus der Welt zu schaffen, hätte sich auch hier gezeigt[97]. Allerdings machte *Ule* deutlich, daß es selbstverständlich offen bleiben müsse, ob dieses Urteil auf den ganzen allgemeinen Teil des Verwaltungsrechts, der durch den Entwurf der *Verwaltungsrechtsordnung* kodifiziert worden sei, zutreffe.

Andererseits wird von denjenigen, die eine Kodifikation des allgemeinen materiellen Verwaltungsrechts ablehnten, dargelegt, daß bereits ein Blick in ein Lehrbuch jener Zeit im Vergleich zu den heutigen Lehrbüchern den Wandel des allgemeinen Teils des Verwaltungsrechts offenbare. Als Beispiel hierfür wurde die Vorschrift des Entwurfs über die Rückwirkung von Gesetzesnormen genannt, die mit dem, was inzwischen Rechtsprechung und Lehre erarbeitet haben, nicht mehr in Übereinstimmung stehe[98].

---

93 *Werner*, DJT 1960, Bd.I, 2.Teil B, S.8
94 *Werner*, DJT 1960, Bd.I, 2.Teil B, S.9
95 *Werner*, DJT 1960, Bd.I, 2.Teil B, S.9
96 *Ule*, DVBl 1960, S.616
97 *Ule*, DVBl 1960, S.609
98 *Werner*, DJT 1960, Bd.I, 2.Teil B, S.34f.

Ferner wurde davon ausgegangen, daß man, wie der Entwurf zeige, nicht mehr erreiche "als einen in Paragraphen ausgeformten Kurzgrundriß des allgemeinen Verwaltungsrechts". Abgesehen von der "Exaktheit der Formulierungen" habe der "lehrbuchartige Grundriß" lediglich den Vorzug, daß man sich bei ihm darüber bewußt werde, durch seine "holzschnittartigen Vereinfachungen" erst zu den eigentlichen Problemen vordringen zu müssen[99]. Wegen der zahlreichen Vorbehalte für gesetzliche Ausnahmen hielt man den Entwurf für "farblos" und führte ihn als Beispiel für das "Muster einer vorsichtigen Normsetzung" an[100]. Allerdings wurde auch betont, daß die im Entwurf verwendeten Formeln wohl keine "Angstklauseln übervorsichtiger Experten"[101] seien. Vielmehr liege die Vermutung nahe, daß der allgemeine Teil des Verwaltungsrechts immer neutraler werde, sobald man versuche, ihn in Gesetzesnormen zu kleiden. Dies gelte jedenfalls dann, wenn eine solche Kodifikation den Bereich des Verfahrensrechts überschreite[102].

Kritisiert wurde weiterhin, daß der Entwurf häufig auf das *Bürgerliche Gesetzbuch* Bezug genommen und mehr oder weniger wörtlich privatrechtliche Vorschriften wiederholt habe. Mehrere Abschnitte seien in der ganzen Anlage eine "bloße Kopie" der einschlägigen Abschnitte des *Bürgerlichen Gesetzbuchs*[103]. Für die eigentlichen Anliegen des Verwaltungsrechts würden diese Teile wenig oder nichts hergeben[104]. Allenfalls für den in den Jahren 1931 und 1936 vorhandenen Bestand an juristischen Personen des öffentlichen Rechts habe der Entwurf auch nach der öffentlich-rechtlichen Seite möglicherweise den "Wert einer gewissen ordnenden Selbstbesinnung" gehabt[105].

Den Kommissionsmitgliedern wurde vorgehalten, sie hätten offensichtlich stark unter der Faszination des Allgemeinen Teils der Schuldverhältnisse des *Bürgerlichen Gesetzbuchs* gestanden, dem sie eine allzu weit angeglichene Nach-

---

99 *Weber*, DJT 1960, Bd.II, D 56
100 *Werner*, DJT 1960, Bd.I, 2.Teil B, S.26
101 Z.B. "soweit nichts anderes gesetzlich bestimmt ist".
102 *Werner*, DJT 1960, Bd.I, 2.Teil B, S.26
103 *Weber*, DJT 1960, Bd.II, D 52
104 *Weber*, DJT 1960, Bd.II, D 52
105 *Weber*, DJT 1960, Bd.II, D 55

bildung für das Verwaltungsrecht zur Seite stellen wollten[106]. Da zumindest inzwischen eine Orientierung an den privatrechtlichen Bestimmungen selbstverständlich geworden sei, befürchte man die Gefahr der Rechtszersplitterung, wenn Grundsätze, die im Zivilrecht untergebracht seien, auch noch in eine Verwaltungsrechtskodifikation übernommen würden. Man müsse sich davor hüten, nur aus angeblicher Vollständigkeit heraus diese Rechtssätze zu übernehmen, die eben nur für das Bürgerliche Gesetzbuch geschaffen worden seien[107]. Mancher Kritiker ging sogar davon aus, die Verwaltungsrechtsordnung, wäre sie Gesetz geworden, der Verwaltung Nachteile gebracht hätte[108].

---

106 *Weber*, DJT 1960, Bd.II, D 52
107 *Spanner*, DJT 1960, Bd.I, 2.Teil A, S.23
108 Vgl. *Tietgen*, DVBl 1956, 292;

B. Entstehungsgeschichtliche Hintergründe

I. Probleme der staatlichen Verwaltung zu Beginn des 20. Jahrhunderts

1. Auswirkungen der politischen und wirtschaftlichen Veränderungen auf die staatliche Verwaltung

Nachdem die absolute Monarchie dem Verfassungsstaat weichen mußte und an die Stelle der alten feudalen Ordnung die bürgerliche Gesellschaft trat, zerbrachen nach und nach die alten Wirtschafts- und Gesellschaftsformen. Deutschland hatte sich zum expandierenden Industriestaat und, seit der innenpolitischen Wende 1878, vom liberalen Staat zum Interventionsstaat gewandelt[1]. Dem Staat wurde die Aufgabe übertragen, die aufgrund der Industrialisierung entstandenen wirtschaftlichen und sozialen Unterschiede auszugleichen.

Für die öffentliche Verwaltung bedeutete dies eine erhebliche Ausdehnung ihrer Tätigkeiten in Form von wirtschaftsfördernden Maßnahmen, sozialer Fürsorge und Wohlfahrtspflege. Der Staat griff sogar zur öffentlichen Bewirtschaftung von Rohstoffen, Wohnraum und Lebensmitteln, er regulierte Preise und regelte den Arbeitsmarkt. Weitere völlig unbekannte Aufgaben kamen auf die Verwaltung nach dem Ersten Weltkrieg zu[2]. Insbesondere mußten die Kriegsverletzten und -hinterbliebenen betreut und eine Lebens- und Futtermittelversorgung gewährleistet werden. Schließlich führte auch die technische Entwicklung zu einer Aufgabenerweiterung. Davon betroffen waren vor allem die Bau-, Gewerbe- und Verkehrsämter[3].

Im Gegensatz zu früher gaben die politischen Parteien, die Presse und die berufsständischen Vertretungen wie Gewerkschaften, Kammern, Beiräte usw. dem Bürger die Möglichkeit zur aktiven Einflußnahme auf die staatliche Tätigkeit[4].

---

1 Vgl. *Stolleis*, aaO., S.77
2 Vgl. *von Unruh*, aaO., S.43
3 Vgl. *Saemisch*, aaO., S.5
4 Vgl. *Saemisch*, aaO., S.5

Diese Einflußnahme hatte vor allem enorme Auswirkungen auf die Gesetzgebungstätigkeit. Die Verwaltungsbehörden sollten nicht mehr alles anordnen können, was sie nach ihrem Ermessen für richtig hielten. Das öffentliche Recht wuchs überproportional an[5]. Der Beamte mußte dementsprechend wesentlich mehr Zeit für das Auffinden der gesetzlichen Bestimmungen aufwenden als früher.

Gleichzeitig wurde die Verwaltungstätigkeit aber auch formell erschwert. Die Mitwirkungsrechte der Bürger, der politischen und wirtschaftlichen Vertretungen machten Beratungen und Sitzungen in vielen Angelegenheiten erforderlich, in denen die Behörde früher allein entscheiden konnte. Dazu kam, daß bei der zunehmenden Schriftgewandtheit der Bürger sehr viel mehr Anfragen, Gesuche usw. zu bearbeiten waren[6].

Diese Situation führte dazu, daß das Verwaltungsverfahren wesentlich umfangreicher und damit zeitintensiver wurde[7]. Die Verwaltung mit ihren alten Organisationsstrukturen konnte sich den veränderten Umständen weder personell noch finanziell in dem erforderlichen Maße anpassen. Die Bürger beklagten sich über die Schwerfälligkeit des behördlichen Verfahrens, über die Verzögerung der Entscheidungen, über die Unverständlichkeit der Amtssprache und über das mangelnde Verständnis der Behörden für die Interessen der Bevölkerung[8].

Die Beamten ihrerseits bemängelten vor allem die Schwierigkeiten bei der "Rechtsfindung"[9]. Sie kritisierten, daß schon seit langer Zeit die Arbeit in allen Ämtern der Verwaltung durch die vielen zum Teil rasch aufeinanderfolgenden Änderungen fast aller wichtigen Gesetze und Verordnungen bedeutend erschwert werde. Zudem waren die zahlreichen Gesetze, Verordnungen und Erlasse so umfangreich und unübersichtlich, daß für die Beamten eine Übersicht über die Rechtslage fast nicht möglich war[10].

---

5 Vgl. *Stolleis*, aaO., S.78
6 Vgl. *von Unruh*, aaO., S.55
7 Vgl. *Hofacker*, WüRV 1907/08, S.9
8 Vgl. *Bazille*, WüRV 1907/08, S.121
9 Vgl. *Stolleis*, aaO., S.85
10 Vgl. *Bazille*, WüRV 1907/08, S.122

Die Einzelgesetze waren deshalb sehr umfangreich, weil sie nicht nur das materielle Recht, sondern mangels allgemeiner Vorschriften jeweils auch das dem Fachgebiet angepaßte Verfahrensrecht enthielten. Die Gesetze wurden außerdem ohne entsprechenden Vermerk laufend ergänzt oder durch spätere Gesetze wieder aufgehoben. Unübersichtlichkeit und Widersprüchlichkeit entstanden auch durch die zahlreichen Ausführungsvorschriften und Erlasse. Ferner gelang es den meisten Gesetzen trotz ihres Umfanges nicht, eine abschließende Regelung ihres Gegenstandes herbeizuführen. Wo es aber an Sondergesetzen fehlte, da war mangels allgemeiner Bestimmungen eine Regelungslücke vorhanden[11].

Das Zusammensuchen des neuesten Standes der Vorschriften, soweit überhaupt möglich, nahm einen großen Teil der Arbeitskraft der Beamten in Anspruch. Selbst wer lediglich auf einem Teilgebiet der Verwaltung tätig war, konnte sich nur schwer auf dem laufenden halten. Darüber hinaus wurde kritisiert, daß die Vorschriften so schwierig gestaltet waren, daß sie kaum von den höheren Beamten, geschweige denn von den unteren Beamten und den betroffenen Bürgern verstanden und richtig angewendet werden konnten[12]. *Hofacker* bezeichnete deshalb das öffentliche Recht als Geheimwissenschaft weniger Eingeweihter, das den Zweck, Rechtssicherheit zu schaffen, nicht erfülle[13].

Dieser Zustand war zwar vorteilhaft für einige wenige Verwaltungsbeamte, die ohne Gebundenheit an feste Normen das Zweckmäßige und Vernünftige der Entscheidung zugrunde legen konnten. Für die jungen, ohnehin mit immer mehr Stoffgebieten betrauten Beamten und auch für die Bürger war dieser Zustand eher von Nachteil, weil sie nirgends die Rechtsgrundlage zweifelsfrei zusammengestellt finden konnten[14]. Die Beurteilung von Rechtsverhältnissen gestaltete sich deshalb für die Beamtenschaft von Jahr zu Jahr schwieriger und zeitintensiver und die Anzahl unrichtiger Verfügungen nahm zu. Auch die Ausbildung des Beamtennachwuchses erschwerte sich dadurch wesentlich[15].

---

11 *Hegelmaier*, Lebenserinnerungen, S.269
12 *Graf Hue de Grais*, VerwArch. 1907, Bd.XV, S.326
13 Vgl. *Hofacker*, WüRV 1907/08, S.9
14 *Hegelmaier*, Lebenserinnerungen, S.269
15 Verein württ.Verwaltungsbeamter, Schr. v.12.5.25, HStA Stgt., E130b, Bü542 , As.37

Auf diese Mißstände reagierte die Verwaltung zunächst mit einer unverhältnismäßigen Vermehrung der Beamten, was allerdings nicht zur Beseitigung der Probleme führte, sondern lediglich zu einem erheblichen Mehraufwand an Personal- und Pensionskosten[16]. Die durch Aufgaben- und Personalerweiterung eingetretene ständig fortschreitende Verteuerung der Verwaltung wurde schließlich für Regierung und Parlament zu einem großen Problem.

2. Maßnahmen zur Verbesserung der administrativen Tätigkeit

Die Vereinfachung der Verwaltung war aus den genannten Gründen im ganzen Reich Gegenstand verschiedener Publikationen. Die Vorschläge für den organisatorischen Bereich zielten darauf ab, den Instanzenzug zu verkürzen und eine neue Aufgabenverteilung sowie veränderte Zuständigkeiten durchzusetzen. Beispielsweise sollten die Ministerien durch die Kürzung des Instanzenzuges und Aufgabenübertragung auf andere Behörden von Einzelentscheidungen befreit werden, da sie vom Grundsatz her nicht zu verwalten, sondern zu regieren hätten. Für die sonstigen Behörden wurde vor allem Dezentralisierung gefordert, um eine schnellere Erledigung der Angelegenheiten zu erreichen. Übereinstimmend ging man jedoch davon aus, daß allein organisatorische Veränderungen längst nicht ausreichten, um die vorhandenen Probleme zu lösen. Wichtiger erschien eine Verbesserung der administrativen Tätigkeit[17], die durch eine Reihe verschiedener Maßnahmen erreicht werden sollte.

Für den Bereich "Gesetze und Verordnungen", der als besonders reformbedürftig galt, wurde zunächst eine Beschränkung der Zahl und des Umfanges der Gesetze vorgeschlagen. An die Parlamente erging deshalb die Aufforderung, Gesetze nur dann zu erlassen, wenn dafür ein unabweisbares Bedürfnis vorliege[18].

Des weiteren wurde vom Gesetzgeber verlangt, die Gesetze und Verordnungen so sorgfältig auszuarbeiten, daß nicht schon bald wieder eine Änderung oder

16 *Graf Hue de Grais*, VerwArch. 1907, Bd XV, S.325f.; *Saemisch*, aaO., S.5
17 *Von Unruh*, a.a.O., S.36
18 *Graf Hue de Grais*, VerwArch. 1907, Bd. XV, S.327f.

Ergänzung vorgenommen werden müsse. Schließlich sollten vor dem Erlaß von Gesetzen und Verordnungen alle beteiligten Kreise und vor allem diejenigen Behörden, die auf dem betreffenden Gebiet bisher tätig waren, Gelegenheit zur Äußerung erhalten[19]. Eine wichtige Forderung war ferner die Kodifizierung der Gesetze und Verordnungen, welche die notwendige Übersichtlichkeit und Einheitlichkeit herzustellen sollte[20].

Um eine weitere Verminderung der Anzahl der Gesetze und eine bessere Übersicht über das geltende Recht zu erreichen, wurde schließlich angeregt, die Gesetze, "die in den Hauptgrundsätzen übereinstimmten und nur in Nebenpunkten voneinander abwichen, zusammenzufassen und in ein gemeinsames Gesetz aufzunehmen"[21]. Das weit verzweigte Verwaltungsrecht in dieser Weise zusammenzufassen, hielt man vor allem im Hinblick auf die Ausbildung der jungen Beamten für dringend erforderlich.

II. Verwaltungsreformen in Württemberg bis 1924

Trotz der günstigen wirtschaftlichen Bedingungen bereiteten die politischen und wirtschaftlichen Veränderungen auch der Verwaltung Württembergs große Probleme und machten entsprechende Maßnahmen erforderlich.

Der Versuch einer Modernisierung der württembergischen Verwaltung wurde bereits Ende des 19. Jahrhunderts in mehr oder weniger großem Umfang in Angriff genommen. Zunächst reagierte man auf die bedeutenden Veränderungen mit Verschiebungen in der Verwaltungsorganisation. Der Abbau bei den Behörden, die Bildung von Spezialbehörden und die erfolgten Zuständigkeitsänderungen fügten sich jedoch vielfach nicht in den Gesamtorganismus der Verwaltung ein. Sie machten die Verwaltung unübersichtlich, verhinderten ein reibungsloses Funktionieren des Verwaltungsapparates und waren dementsprechend ineffektiv. Die unverhältnismäßige Vermehrung der Beamten führte ebenfalls nicht zur Beseitigung

19 *Bazille*, WüRV 1907/08, S.123
20 *Graf Hue de Grais*, VerwArch. 1907, Bd. XV, S.328
21 *Graf Hue de Grais*, VerwArch. 1907, Bd. XV, S.329

des Problems, sondern lediglich zu einem erheblichen Mehraufwand an Personal- und Pensionskosten[22].

Nachdem man erkannt hatte, daß ohne eine grundlegende Modernisierung der Verwaltung eine Verbesserung der Situation nicht eintreten konnte, wurden weitere Maßnahmen ergriffen. Der erste groß angelegte Versuch einer umfassenden Verwaltungsreform wurde in Württemberg 1909 durchgeführt[23]. Die Vorschläge des Staatsministeriums, das diese Aufgabe übernommen hatte, bezogen sich aber im wesentlichen wieder nur auf organisatorische Maßnahmen, da als Hauptursache für die hohen Kosten nach wie vor der Verwaltungsaufbau angesehen wurde.

Der zweite Versuch wurde im Jahre 1923 unternommen. Der Ausgang des Krieges, die im Spätjahr 1923 unter größten Schwierigkeiten überstandene Inflation und die damit verbundene mehrfache Gehaltsangleichung der Staatsbeamten hatten zwar nicht das Vermögen des württembergischen Staats verbraucht, aber seine Einnahmequellen waren zum großen Teil verloren gegangen[24]. Dazu kam, daß bisherige Einnahmequellen der Länder an das Reich abgegeben werden mußten. Da es nicht im Sinne der immer sparsamen württembergischen Finanzverwaltung war, die laufende Verwaltung auf Schulden zu gründen und der auf der gesamten Bevölkerung lastende Steuerdruck immer größer wurde, fand der Ruf nach Sparsamkeit und Staatsvereinfachung überall, auch beim Landtag, volle Zustimmung und beanspruchte äußerste Dringlichkeit[25].

Die damalige Regierung *Hieber*[26] wurde deshalb beauftragt, wirksame Maßnahmen zur Einsparung von Ausgaben und zur Verbesserung von Einnahmen zu treffen[27]. Staatspräsident *von Hieber* setzte daraufhin eine "Kommission für Staatsvereinfachung und Beamtenabbau" ein. Obwohl die Aufgabe mit viel Mut und Tatkraft ergriffen wurde, konnte auch diese Verwaltungsreform nur wenig bewir-

22 Vgl. *Saemisch*, aaO., S.5
23 Vgl. *Saemisch*, aaO., S.5f.
24 Vgl. *Dehlinger*, aaO., S.905
25 Vgl. *Hegelmaier*, Lebenserinnerungen, S.257; *Saemisch*, aaO., S.5
26 *Dr. Johannes von Hieber*, württ.Staatspräsident, 23.6.1920 - 8.4.1924
27 *Ermächtigungsgesetz* v.24.12.1923; Vgl. *Pistorius*, aaO. S.169

ken, was einmal daran lag, daß sie ihren Schwerpunkt nach wie vor bei Organisationsveränderungen hatte. Zum anderen erschwerte die württembergische Eigenart, das Bestehende zu erhalten, die Durchsetzung bestimmter Maßnahmen[28]. An letzterem scheiterte die Regierung *Hieber* trotz einiger Erfolge, die von ihr erreicht wurden. Während der Landtag die von der Regierung angeordnete Aufhebung der Kreisregierungen hinnahm, wurde die teilweise Aufhebung der Oberämter auf den Protest der Bevölkerung hin wieder rückgängig gemacht. Die Regierung mußte zurücktreten[29].

III. Verwaltungsreform der Regierung *Bazille* 1924 - 1928

Die Sorge um die Wirtschaftlichkeit der Verwaltung war auch ein besonderes Anliegen der nachfolgenden Regierung unter dem Staatspräsidenten Wilhelm *Bazille*.

1. Biographie Wilhelm *Bazilles*

Wilhelm *Bazille* wurde am 25.2.1874 als Sohn eines aus Savoyen stammenden Werkführers und einer gebürtigen Württembergerin in Eßlingen geboren. Nach der Reifeprüfung im Jahre 1892 studierte *Bazille* an den Universitäten Tübingen und München Rechts- und Staatswissenschaften. 1897 kam er als Referendar zum Oberamt in Geislingen und nach Bestehen der zweiten höheren Dienstprüfung zur Kreisregierung Ulm.

Im März 1899 wurde er zum stellvertretenden Amtmann beim Oberamt Mergentheim ernannt. Daran anschließend wechselte er zur Stadtdirektion Stuttgart, wo er 1902 etatmäßiger Amtmann wurde. Hier hatte er sich mit der Gesetzgebung über die Arbeiterversicherung und Organisationsfragen zu befassen. 1911 wurde ihm die Stelle eines Regierungsrates im Reichsversicherungsamt in Berlin angeboten, die er jedoch wegen der Unmöglichkeit unmittelbarer Füh-

---

28 Vgl. *Hegelmaier*, Lebenserinnerungen, S.257

29 *Mann/Nüske*, aaO., S.575; *Saemisch*, aaO., S.6

lung mit der Bevölkerung und wegen der Begrenzung in der Entwicklung der Kräfte ablehnte[30].

Von 1913 bis 1920 arbeitete er bei der Zentralstelle für Gewerbe und Handel in Stuttgart. Während des Ersten Weltkrieges war er eine Zeitlang Präsident der Zivilverwaltung der belgischen Provinz Lüneburg.

Schon in jungen Jahren war er politisch stark engagiert. Nachdem er sich zunächst als Führer der jungliberalen Bewegung hervorgetan hatte, wurde er im Sommer 1913 zum Vorsitzenden des Ortsausschusses der nationalliberalen Partei Stuttgart gewählt. 1919 kam *Bazille* als Vertreter der Deutschnationalen Volkspartei in den württembergischen Landtag. Außerdem war er von 1920 bis 1930 Mitglied des Reichstages[31]. Nach dem Rücktritt der Regierung *Hieber*[32] wurde *Bazille* 1924 zum württembergischen Staatspräsidenten gewählt. Gleichzeitig wurde ihm auch das Amt des Kultministers[33] übertragen, das er bis 1933 innehatte. Eine Wiederwahl zum Staatspräsidenten bei der Landtagswahl 1928 erfolgte jedoch nicht.

Schriftstellerisch ist Dr. med. h.c. *Bazille*[34] neben zahlreichen politischen Artikeln durch Veröffentlichungen zu Themen der Staats- und Kommunalverwaltung hervorgetreten[35]. Am 1.02.1934 ist *Bazille* nach schwerer Krankheit in Stuttgart verstorben[36].

---

30 Personalakte, HStA Stgt., E130c, Bü4

31 *Huber, Ernst Rudolf*, aaO., Bd. IV, S.162

32 S.o. B.II.

33 Kultministerium: württenbergische Bezeichnung für das Kultusministerium. Vgl. Staatshandbuch für Württemberg 1928, aaO., S. 55

34 Universität Tübingen, 1927

35 Z.B.: Die Organisation der Ersatzbehörden im Königreich Württemberg; Deutsche Staats- und Rechtskunde für Württemberg, 1909; Das Recht der Staatsangehörigkeit mit besonderer Berücksichtigung Württembergs, 1902; Staats- und Verwaltungsrecht des Königreichs Württemberg, 1908; Das württembergische Gesetz über die Gemeindeangehörigkeit, 1910; Kommentar zur württ. Verfassung von 1919.

36 Staatsanzeiger v.3.2.34, HStA Stgt., E130c Bü4

2. Kritik *Bazilles* an der Verwaltung

Bereits lange vor seiner Wahl zum Staatspräsidenten kritisierte der damalige Amtmann *Bazille* die Zustände in der württembergischen Verwaltung[37]. Er bedauerte außerordentlich, daß der öffentlichen Verwaltung mangels Konkurrenz das Gesetz der Wirtschaftlichkeit, mit geringem Aufwand von Zeit, Geld und Arbeit den größtmöglichen Nutzen zu erzielen, nicht aufgezwungen sei.

Die Notwendigkeit der Verwaltungsreform konnte nach seiner Auffassung nur unter dem Gesichtspunkt der modernen Entwicklung richtig beurteilt werden. Jeder Tag stellte seines Erachtens der öffentlichen Verwaltung neue Aufgaben. Zerbrochen waren für ihn die alten Formen des Wirtschafts- und Gesellschaftslebens. Was noch übrig geblieben sei, so *Bazille*, breche mehr und mehr zusammen, weil nur noch persönliche Tüchtigkeit gefragt sei. Stärker als in früheren Zeiten würden die Völker um die Güter der Welt kämpfen und nur mit einer gut funktionierenden Verwaltung könnten nach Ansicht *Bazilles* größere Werte wirtschaftlicher und kultureller Art und damit eine bessere Konkurrenzfähigkeit des Volkes auf dem Weltmarkt erzielt werden. *Bazille* forderte deshalb eine den neuen Formen des Wirtschafts- und Gesellschaftslebens angepaßte moderne Staatsverwaltung.

Kritik übte *Bazille* an der Beamtenschaft, die sich nach seiner Ansicht bisher gegenüber den politischen und wirtschaftlichen Veränderungen viel zu sehr zurückgehalten habe. Er charakterisierte sie als teilnahmslos, verärgert, arrogant und staubbedeckt wie die Wände ihrer Kanzleien. In diesem Zusammenhang bemängelte er auch, daß die Neigung zu wissenschaftlicher Tätigkeit bei den Verwaltungsbeamten sehr gering sei. Für das 20. Jahrhundert forderte *Bazille* Beamte, die selbst schieben und nicht bloß geschoben werden, die Zöpfe nicht tragen, sondern abschneiden. Nur solche Beamte brauche das mächtig aufstrebende Deutschland.

---

37 *Bazille*, WüRV 1907/08, S.120ff.

Andererseits sah *Bazille* aber auch, daß es den Beamten wegen der zahlreichen, umfangreichen und unübersichtlichen Gesetze, Verordnungen und Erlasse teilweise unmöglich war, sich die notwendige Übersicht über die ganze Staatsgesetzgebung und -verwaltung zu verschaffen und auf dem laufenden zu halten. Eine sofort notwendige Maßnahme könne häufig nicht getroffen werden, kritisierte *Bazille*, weil der Beamte zunächst einige Tage dazu benötige, die gültigen Bestimmungen festzustellen. Statt einer Bestimmung habe man drei zur Auswahl, nämlich das Ergänzungsgesetz, die Bekanntmachung der Neufassung und die Neufassung selbst. *Bazille* warf dem Gesetzgeber vor, daß hierdurch eine einmalige Arbeit unterlassen und eine fortgesetzte Mehrarbeit nötig gemacht werde.

Die Kenntnis der Gesetze war für *Bazille* die Grundlage aller öffentlichen Verwaltungstätigkeit[38]. Er war der Meinung, daß man stets in seiner praktischen Arbeit gehemmt sein werde, wenn die Grundlage der ganzen Tätigkeit unvollkommen sei. Der Staat habe ein unzweifelhaft großes Interesse daran, daß seine Gesetze mindestens seinen Beamten ausreichend bekannt seien. Nach Ansicht *Bazilles* mußte der Staat deshalb dafür sorgen, daß diese Kenntnis in möglichst rascher, zweckmäßiger und zuverlässiger Weise den Beamten vermittelt werde. Er verglich die vorhandenen Gesetze mit Werkzeugen, die der Beamte erst mehrere Stunden suchen müsse und die sich nachher als defekt erwiesen.

Um Zeit und damit hohe Kosten einzusparen und auch wegen der rechtsstaatlichen Nachteile bei der Entscheidungsfindung hielt *Bazille* hier eine Änderung für dringend notwendig. Nach seiner Auffassung sollten die "veralteten Formen und Anschauungen, die kleinlichen Pedanterien, die rostigen Werkzeuge aus der alten Zeit und der Wust verwirrender Vorschriften" endlich über Bord geworfen werden[39].

---

38 *Bazille*, WüRV 1907/08, S.20
39 *Bazille*, WüRV 1907/08, S.147

3. Konzeption *Bazilles* zur Verwaltungsvereinfachung

Beeinflußt vor allem durch die Abhandlung von *Graf Hue de Grais*[40] und von weiteren Veröffentlichungen zum Thema Verwaltungsvereinfachung arbeitete *Bazille* ein Staatsvereinfachungskonzept aus, das die bestehenden Mängel beseitigen sollte.

Wie *Graf Hue de Grais* forderte *Bazille* darin den Gesetzgeber auf, neue Gesetze und Verordnungen nur dann zu erlassen, wenn dafür ein "unabweisbares Bedürfnis" bestand. Bei der Vorbereitung der gesetzlichen Regelungen sollte darauf geachtet werden, so sein Vorschlag, die beteiligten Kreise und diejenigen Behörden, die auf dem betreffenden Gebiet bisher tätig waren, mit einzubeziehen und ihnen Gelegenheit zur Äußerung zu geben. Dadurch könne verhindert werden, daß unvollständige und unzweckmäßige Regelungen getroffen würden[41]. Daneben arbeitete *Bazille* z.T. sehr umfangreiche Verbesserungsvorschläge u.a. für die Gestaltung der Gesetze, für die Modernisierung der Verwaltungsorganisation und für die Beamtenausbildung aus[42].

Den Schwerpunkt seiner Konzeption bildete jedoch die Kodifikation aller Gesetze und Verordnungen[43]. Er war der festen Überzeugung, daß in den meisten Fällen eine Zusammenfassung der Vorschriften "mit Leichtigkeit" vorgenommen werden könnte. Seine Forderung beschränkte sich jedoch nicht nur auf die Kodifikation der besonderen Verwaltungsgesetze. Schon während seiner Tätigkeit in der Innenverwaltung hatte es *Bazille* als besonders schweren Mangel empfunden, **daß dem allgemeinen Verwaltungsrecht die gesetzlichen Bestimmungen, an die sich der Beamte halten konnte, fehlten**[44]. Zu seinen Forderungen gehörte deshalb auch die **Ausarbeitung eines Gesetzes über allgemeines Verwaltungsrecht**. In diesem Zusammenhang machte *Bazille* deutlich, daß man zwar die Kodifikationen in erster Linie den wissenschaftlichen Bearbeitern der Gesetze überlassen könne. Wo aber, wie in Württemberg, die wissenschaftliche Bearbei-

40 *Graf Hue de Grais*, VerwArch. 1907, Bd XV, S.325ff.
41 *Bazille*, WüRV 1907/08, S.123
42 *Bazille*, WüRV 1907/08, S.126ff.
43 *Bazille*, WüRV 1907/08, S.123ff.
44 *Hegelmaier*, Lebenserinnerungen, S.269

tung versage, müsse der Staat bzw. die Zentralbehörde von sich aus vorgehen[45]. Im übrigen befürchtete *Bazille*, daß bei der Wissenschaft die Gefahr bestand, weltfremde Systeme auszuarbeiten[46]. Auf der anderen Seite vermißte er bei der Bearbeitung des Rechts durch Praktiker häufig die folgerichtige Entwicklung der Prinzipien und die Darlegung des Zusammenhangs der Bestimmungen untereinander. Aus diesem Grund hielt *Bazille* eine Verbindung beider Methoden für sehr nützlich und zweckmäßig[47].

Württemberg hat durch *Bazille* eine Reihe größerer Gesetzeswerke erhalten, die sich durch außerordentliche Gründlichkeit in der Behandlung ihres Gegenstandes auszeichneten[48], so die Gemeindeordnung vom 19.3.1930, das Beamtengesetz vom 21.1.1929 und die Verordnung über die Dienstordnung der Staatsbehörden vom 19.7.1928. Da *Bazille* auch das äußere Ansehen, Form und Sprache der Gesetze für wichtig hielt, veranlaßte er am 23.3.1925 das Staatsministerium zur Ausgabe allgemeiner Richtlinien für die künftige Bearbeitung von Gesetzen und Verordnungen mit einer Anleitung zu logischem Aufbau, zweckmäßiger Gliederung und schöner, einfacher, anschaulicher, deutscher Sprache.

Darüber hinaus wurde während seiner Regierungszeit die gewaltige Arbeit der Kodifikation des gesamten württembergischen Rechts in Angriff genommen, eine Arbeit, die bis dahin keine Regierung vor ihm versucht hatte. Eine Gesamtkodifikation des württembergischen Rechts war jedoch aufgrund der politischen Verhältnisse nicht mehr möglich. Auch das Kernstück der Neuordnung, die Verwaltungsrechtsordnung, der man in Württemberg scherzhaft den Namen "Codex Bazilli" gegeben hatte[49], und mit der er dem öffentlichen Recht einen völlig selbständigen Inhalt geben wollte[50], konnte nicht mehr Gesetz werden.

---

45 *Bazille*, WüRV 1907/08, S.127
46 *Bazille*, WüRV 1907/08, S.20
47 *Bazille*, WüRV 1907/08, S.21
48 *Walter Jellinek*, Verwaltungsrechtsordnung, S.5
49 *Walter Jellinek*, Verwaltungsrechtsordnung, S.6
50 *Hegelmaier*, Lebenserinnerungen, S.273

4. Umsetzung der Konzeption

4.1. Verbesserung des positiven Rechts

Als *Bazille* am 3.6.1924 zum Staatspräsidenten gewählt wurde, war es für ihn eine selbstverständliche Sache, mit dem sofort zu beginnen, wofür er mehr als zwei Jahrzehnte lang gearbeitet hatte. Mit der Umsetzung seines Maßnahmekataloges wollte er die württembergische Verwaltung zur besten und vorbildlichsten in Deutschland machen. Dieses Ziel anzusteuern war für ihn der Inhalt des württembergischen Partikularismus[51]. Nach der Konzeption des Staatspräsidenten, die den Mitgliedern des Staatsministeriums zur Entscheidung vorgelegt wurde, sollte die Staatsvereinfachung zunächst folgende Maßnahmen umfassen:

- organisatorische Veränderungen
- Vereinfachung des Verwaltungsverfahrens
- Erziehung der Beamten zu praktischer Arbeit
- Gesetzesvereinfachung

Der Schwerpunkt der Konzeption lag im Gegensatz zu den früheren Verwaltungsreformen nicht im organisatorischen Bereich, sondern in der "Verbesserung des positiven öffentlichen Rechts". Damit erhoffte sich der Staatspräsident eine geringere Inanspruchnahme der Verwaltung, verbunden mit einer wesentlichen Verbilligung des Verwaltungsverfahrens[52].

Neben der Neufassung verschiedener Gesetze wie z.B. der *Gemeinde-* und *Bezirksordnung* und des *Ausführungsgesetzes zum Bürgerlichen Gesetzbuch* wurde vom Staatsministerium auf Vorschlag des Staatspräsidenten zunächst die Schaffung eines "allgemeinen Verwaltungsgesetzes" beschlossen[53]. Ursprünglich war vorgesehen, in dieses Gesetz alles aufzunehmen, was zur "allgemeinen Landes-

---

51 *Bazille*, Vier Jahre württembergische Regierungspolitik 1924-1928, aaO.
52 Sitzungsprotokoll des Staatsministeriums v.2.7.1924, HStA Stgt., E130b, Bü542, As.2
53 Beschl.des Staatsministeriums v. 2.7.24, HStA Stgt., E130b, Bü542, As.1,

verwaltung" gehörte und seiner Natur nach nicht in einem besonderen Gesetz geregelt werden mußte. Vorgesehen war folgender Aufbau des Gesetzes[54]:

- Organisation der Landesbehörden
- Verwaltungsgerichtsbarkeit
- Verfahren der Verwaltungsbehörden
- Personen des öffentlichen Rechts
- Grenze der Polizeigewalt

Das zweite große Vorhaben war die Kodifikation aller in Württemberg geltenden Rechtsvorschriften einschließlich der Vollzugsverfügungen. Die Ministerien wurden damit betraut, eine Zusammenstellung aller in Württemberg geltenden Gesetze, Verordnungen, Verfügungen und allgemeiner Erlasse einschließlich Ausführungsvorschriften zu Reichsgesetzen vorzunehmen, wobei die Bestimmungen aber nicht nur zusammengetragen, sondern auch sachlich geprüft und möglichst vereinfacht werden sollten[55]. Hinsichtlich der Ausführung wurden die Ministerien gebeten, die hohe Bedeutung der geplanten gesetzgeberischen Arbeiten ihren Beamten, die zur Mitwirkung bei dem Werk berufen waren, vor Augen zu führen. Es sei notwendig, so das Staatsministerium, daß jeder Beamte, der in den Ministerien mit der Anwendung von Gesetzen zu tun habe, sich der "Wichtigkeit dieser gesetzgeberischen Aufgabe bewußt werde und mit Eifer daran arbeite"[56].

4.2. Gesetz über materielles Verwaltungsrecht

4.2.1. Bedürfnis nach gesetzlicher Regelung

Eine Reduzierung und Vereinfachung der Gesetze wollte *Bazille* aber vor allem dadurch erreichen, daß alles das, was einer allgemeinen Regelung zugänglich ist,

---

54 Rundschr.des Staatsministeriums v.8.7.24, HStA Stgt. E130b, Bü542, As.4,
55 Beschl.des Staatsministeriums v.2.7.24, HStA Stgt., E130b, Bü542, As.2
56 Rundschr.des Staatsministeriums v.8.7.24, HStA Stgt., E130b, Bü542, As.4

ausgesondert und in allgemeine Bestimmungen zusammengefaßt wird[57]. *Bazille* kritisierte in diesem Zusammenhang, daß in Württemberg die allgemeinen Grundsätze des Verwaltungsrechts, im Gegensatz zum bürgerlichen Recht und zum Strafrecht, nicht zusammenfassend geregelt, sondern in zahlreichen Bestimmungen enthalten seien, die zu verschiedenen Zeiten, je nach Bedarf, geschaffen worden seien. Die dadurch vorhandenen zahlreichen Lücken im öffentlichen Recht hätten bisher nur durch die Praxis der Verwaltungsbehörden, der verwaltungsgerichtlichen Rechtsprechung und der Wissenschaft ausgefüllt werden können[58].

Bazille war sich darüber im klaren, daß sich eine zusammenhängende Regelung des allgemeinen Verwaltungsrechts schwieriger gestalten würde als die des bürgerlichen Rechts und des Strafrechts. Dennoch hielt er sie für notwendig. Der Staatspräsident gab an dieser Stelle noch einmal zu bedenken, daß viel Arbeitskraft vergeudet werde, weil die Verwaltungsbehörden oft in den zahlreichen Bestimmungen nach einer Grundlage für ihre Tätigkeit suchen müßten, ohne sie jedoch immer finden zu können. Er hielt die gefundenen Rechtsgrundlagen vielfach für unsicher. Dieser Unsicherheit entsprach seines Erachtens auf seiten der Staatsbürger vielfach das Gefühl, daß sich die Verwaltung nicht immer in gesetzlichen Bahnen bewege, sondern oft willkürlich handle. Aus diesem Grund beschloß das Staatsministerium, hier eine Änderung herbeizuführen[59].

4.2.2. Vorbereitungsmaßnahmen

Der anfängliche Gedanke war, diese allgemeinen Bestimmungen in das geplante "Allgemeine Landesverwaltungsgesetz" aufzunehmen. Aus Gründen der "Architektonik des Gesetzesaufbaus" erwies es sich aber als notwendig, für das materielle Verwaltungsrecht ein besonderes Gesetz zu erlassen. Als Titel wurde zunächst "Landesordnung des öffentlichen Rechts" vorgeschlagen. Das Verhältnis dieses Gesetzes zum "Allgemeinen Landesverwaltungsgesetz" sollte etwa dem

57 Rundschr.des Staatsministeriums v.8.7.24, HStA Stgt., E130b, Bü542, As.4
58 *Bazille*, Entw.eines Schreibens v.Aug.1924, HStA Stgt., E130b, Bü542, As.9
59 *Bazille*, Entw.eines Schreibens v.Aug.1924, HStA Stgt., E130b, Bü542, As.9

Verhältnis des *Bürgerlichen Gesetzbuches* zum *Gerichtsverfassungsgesetz* und der *Zivilprozeßordnung* oder des *Strafgesetzbuches* zum *Gerichtsverfassungsgesetz* und der *Strafprozeßordnung* entsprechen[60].

Vom Grundsatz her war geplant, in die "Landesordnung des öffentlichen Rechts" alle allgemeinen Rechtsnormen des öffentlichen Rechts aufzunehmen, die nicht in besondere Verwaltungsgesetze gehörten. Für die Ausarbeitung sollte das Staatsministerium die Zuständigkeit erhalten.

Vorgesehen waren folgende Regelungsbereiche[61]:

- allgemeine Rechtsnormen für alle Arten von Rechtsverordnungen, für die Körperschaften, Anstalten und Stiftungen des öffentlichen Rechts
- allgemeine Rechtsnormen über öffentliche Sachen, öffentliche Lasten, öffentliche Rechte und Pflichten
- allgemeines Polizeirecht

Vorgeschlagen wurde, den Stoff im wesentlichen aus den Lehrbüchern des allgemeinen Verwaltungsrechts, wie z.B. von *Otto Mayer*, *Fleiner* und *Goez* zu entnehmen[62].

Gegen die Aufnahme des allgemeinen Polizeirechts, das wegen der bestehenden Unklarheit über dessen Rechtssätze einen Hauptteil bilden sollte, sprach sich Minister *Bolz* vom Innenministerium aus. *Bolz* hatte Bedenken, ob eine gesetzliche Regelung der Grenze der Polizeigewalt zweckmäßig war. Er hielt es für besser, wenn nicht zuviel gesetzlich geregelt sei und ein gewisser Spielraum für das freie Ermessen bleibe. Demgegenüber bedurfte nach Auffassung *Bazilles* auch das Polizeirecht einer gesetzlichen Regelung. Er bewertete das Fehlen einer gesetzlichen Regelung als "ungeheueren Mangel", da bisher über die Rechtssätze

---

60 Schr.des Staatsministeriums v.5.8.1924, HSTA Stgt., E130b, Bü542, As.10a
61 Schr.des Staatsministeriums v.5.8.1924, HSTA Stgt., E130b, Bü542, As.10a
62 Schr.des Staatsministeriums v.5.8.1924, HSTA Stgt., E130b, Bü542, As.10a

des Polizeirechts viel Unkenntnis und große Unklarheit bestehe. Es blieb somit bei der Entscheidung, das allgemeine Polizeirecht mit einzubeziehen[63].

4.2.3. Einrichtung einer Kommission

Mit den Vorbereitungen für ein "Gesetz über materielles Verwaltungsrecht" oder, wie Staatspräsident *Bazille* es nannte, mit der Schaffung eines "öffentlich-rechtlichen Gesetzbuches"[64], wurden zunächst nur die Ministerien betraut. Wegen seiner großen Erfahrungen auf diesem Gebiet ersuchte das Staatsministerium auch den Verwaltungsgerichtshof in Stuttgart, die allgemeinen Grundsätze des materiellen öffentlichen Rechts, die in Württemberg gesetzlich festgelegt oder durch Verwaltungstätigkeit, Verwaltungsrechtsprechung oder Wissenschaft anerkannt waren oder anerkannt zu werden verdienten, zu sammeln, in Form eines Gesetzesentwurfes systematisch zu verarbeiten und dem Staatsministerium vorzulegen[65]. Die Arbeit sollte bis spätestens 1.1.1925 abgeschlossen sein.

Dem Staatspräsident war klar, daß es sich dabei um eine äußerst schwierige Aufgabe handelte, die mit großer Vorsicht vorgenommen werden mußte. Er hoffte jedoch durch die Zusammenarbeit aller Beteiligten **eine brauchbare Lösung zu finden, die jedenfalls eine "bessere" Anwendung des öffentlichen Rechts gewährleiste als der bisherige Rechtszustand**[66].

Der Verwaltungsgerichtshof erklärte sich dazu grundsätzlich bereit[67]. Er gab jedoch zu bedenken, daß die Aufgabe, wenn sie sachgemäß bearbeitet und die hierbei gewonnen Ergebnisse eine brauchbare Grundlage für die gesetzliche Regelung des allgemeinen Teils des Verwaltungsrechts bilden sollten, ein gründliches Studium der Gesetzgebung, der Rechtsprechung sowie der umfangreichen verwaltungsrechtlichen Literatur erforderten. In Anbetracht des vom Staatsministerium

63 Sitzungsprotokoll des Staatsministeriums v.30.7.24, HStA Stgt., E130b, Bü542, As.7
64 *Bazille*, Entw.eines Schreibens v.Aug.1924, HStA Stgt., E130b, Bü542, As.9
65 Schr.des Staatsministeriums v.5.8.1924, HStA Stgt., E130b, Bü542, As.10a
66 *Bazille*, Entw.eines Schreibens v.Aug.1924, HStA Stgt., E130b, Bü542, As.9
67 Schr.des Württ. VGH v.23.12.24, HStA Stgt., E130b, Bü546, As.5

vorgesehenen kurzen Zeitraumes, in dem die Arbeit beendet sein sollte, schlug der Verwaltungsgerichtshof vor, mit der Sammlung des Rechtsstoffes für das geplante Gesetzgebungswerk "nach dem Vorbild bei der Schaffung anderer großer Gesetze" eine aus Vertretern der Wissenschaft, der Verwaltung und der verwaltungsrichterlichen Praxis zusammengesetzte Kommission zu betrauen, der im Anschluß daran die Aufstellung eines Gesetzesentwurfs obliegen würde. Nach Auffassung des Verwaltungsgerichtshofs konnte eine solche Kommission die Beschaffung des in Betracht kommenden sehr umfangreichen Rechtsstoffes erheblich schneller und leichter bewältigen, als wenn diese Arbeit in vollem Umfang einzelnen, zugleich mit den laufenden Amtsgeschäften betrauten Behörden übertragen werden würde.

Bazille unterstützte die Anregung des Verwaltungsgerichtshofs, mit der Bearbeitung der "Landesordnung des allgemeinen öffentlichen Rechts" eine Kommission zu betrauen. Der Vorschlag wurde im Staatsministerium unter Anwesenheit der Oberregierungsräte *von Haller* und *Geier* vom Verwaltungsgerichtshof ausführlich besprochen. Das Staatsministerium beschloß daraufhin die Einsetzung einer Kommission, der jeweils zwei Vertreter des Staatsministeriums, des Verwaltungsgerichtshofs und der Wissenschaft sowie jeweils ein Vertreter eines jeden Ministeriums angehören sollten[68].

4.2.4. Auswahl der Kommissionsmitglieder

Die einzelnen Ministerien, der Verwaltungsgerichtshof und die Universität Tübingen wurden im Anschluß daran gebeten, dem Staatsministerium für die geplante Gesetzgebungsarbeit qualifizierte Vertreter zu benennen. Dabei war darauf zu achten, daß diese Vertreter Vorkenntnisse und Fähigkeiten für die Mitarbeit an einem größeren gesetzgeberischen Werk und daneben Einsicht in die praktischen Bedürfnisse der Verwaltung besaßen[69].

---

68 Sitzungsprotokolle des Staatsministeriums v.3.1.25 u. 5.1.25, HStA Stgt., E130b, Bü546, As.6f.

69 *Hegelmaier*, Lebenserinnerungen, S.270

Vorgeschlagen wurden dann im einzelnen:

vom Staatsministerium	Staatsrat Dr. *Leopold Hegelmaier* Regierungsrat Dr. *Robert Nebinger* Oberregierungsrat *Wilhelm Häffner*
vom Innenministerium	Oberamtmann *Richard Ernst*
vom Finanzministerium	Ministerialrat Dr. *Julius Fischer*
vom Justizministerium	Oberlandesgerichtsrat *Wilhelm Härle*
vom Kultministerium[70]	Regierungsrat *Hans Knörzer*
vom Arbeitsministerium	Regierungsrat *Heinrich Münzenmaier*
vom Verwaltungsgerichtshof	Oberverwaltungsgerichtsräte Dr. *Friedrich von Haller* Dr. *Karl Geier*
von der Universität Tübingen	Prof. Dr. *Ludwig von Köhler*[71], Prof. Dr. *Karl Sartorius*

Während sich die Vorschläge der einzelnen Ministerien und des Verwaltungsgerichtshofs im wesentlichen auf die Nennung des Beamten und dessen Laufbahn beschränkten, begründete der Kanzler der Universität Tübingen, Professor *von Rümelin*, seine Entscheidung ausführlich. Er schlug für die Kommission die Professoren *Sartorius* und *von Köhler* vor. Für am meisten wünschenswert hielt er, wenn beide Professoren berufen werden könnten, da sie sich gegenseitig gut ergänzen würden. *Von Köhler* hätte einen langen Verwaltungsgang hinter sich, *Sartorius* den Verwaltungsgerichtsgang. Die "Arbeitskraft" lag nach seiner Ansicht jedoch bei *von Köhler*. *Von Rümelin* hatte die Erfahrung gemacht, daß *von Köhler* allen Dingen, die er behandelte, vollständig auf den Grund ginge und sie in überaus genauer und übersichtlicher Weise zur Darstellung brächte. Gegenüber *von Köhler* hielt *von Rümelin* aber *Sartorius* für denjenigen, der mehr mit dem Verwaltungsrecht der anderen Länder vertraut sei[72].

---

70 S.o. B III 2.
71 Staatsrat a.D., vgl. u. Abschn. 4.2.6.b. (Biographie)
72 Schr.der Universität Tübingen v.11.1.25, HStA Stgt., E130b, Bü546, As.12

Den Vorschlägen der Ministerien, des Verwaltungsgerichtshofs und der Universität Tübingen stimmte das Staatsministerium zu und bestätigte die Zusammensetzung der Kommission entsprechend den Vorschlägen[73]. Der Vorsitz wurde *Hegelmaier* übertragen. *Von Köhler* wurde zum Stellvertreter ernannt. Für kürzere Verhinderungen sollte *von Haller* die Stellvertretung übernehmen[74]. Die Tätigkeit des Schriftführers wies man auf Vorschlag *Hegelmaiers Nebinger* zu[75].

Überraschend an der Auswahl der Mitglieder war zunächst, daß Ministerialrat Dr. *Wilhelm Hofacker*, der als ausgezeichneter Kenner des württembergischen Verwaltungsrechts galt, nicht in die Kommission berufen wurde[76]. Im nachhinein stellte sich diese Entscheidung jedoch als richtig heraus. *Hofackers* Beurteilung der Verwaltungsrechtsordnung war vernichtend[77]. Nach *Hofacker* war die Hauptursache für die Verteuerung der Verwaltung in den Mängeln des juristischen Aufbaus und der juristischen Hilfsmittel zu suchen. Die Rechtsbegriffe bezeichnete er als verwirrend. Die Problematik des Rechtswesens beruhten seiner Ansicht nach auf Denkfehlern[78]. Bestrebungen der Wissenschaft, die Rechte des Bürgers gegenüber dem Staat zu klären, bekämpfte er beharrlich. Nach Auffassung *Walter Jellineks* könne man *Hofacker* als "Verfechter einer patriarchischen Verwaltungsrechtstheorie" bezeichnen[79]. Für das Innen-ministeriums nahm er jedoch einige Male als Stellvertreter der späteren Kommissionsmitglieder *Scholl* und *Kiefer* an den Beratungen teil[80].

Wegen der voraussichtlich langen Dauer der Vorarbeiten wurde jedes Mitglied für die Zeitdauer der Berichterstattung von seiner bisherigen Tätigkeit freigestellt[81]. Beispielsweise waren *von Haller*, *Härle* und *Häffner* 1927 und 1928 ausschließlich, *Geier* und *Nebinger* überwiegend in der Kommission beschäftigt[82].

73 Beschl.des Staatsministeriums v.18.3.25, HStA Stgt., E130b, Bü546, As.16a
74 Beschl.des Staatsministeriums v.24.3.25, HStA Stgt., E130b, Bü546, As.17
75 Sitzungsprotokoll des Staatsministeriums v.6.4.25, HStA Stgt., E130b, Bü547, As.3
76 *Walter Jellinek*, Verwaltungsrechtsordnung, S. 4
77 S.oben Kap.A., Abschn.III.2.
78 *Hofacker*, Die Neugestaltung der öffentlichen Verwaltung, S.53; s.a. Besprechung des Staatsministeriums v.21.5.26, HStA Stgt., E130b, Bü542, As.62
79 *Walter Jellinek*, Verwaltungsrechtsordnung, S.4
80 S.unten Abschnitt 4.2.5.
81 Vgl. Schr.der Kommission v.16.7.28, HStA Stgt., E130b, Bü546, As.22
82 Schr.des Staatsministeriums v.14.2.25, HStA Stgt., E130c, Bü51, S.421

Die Kommission hatte die Befugnis, andere Beamte zu ihren Arbeiten beizuziehen, ohne daß diese dadurch ordentliche Mitglieder der Kommission wurden[83]. Da die Kommission durch Beschluß des Staatsministerium unmittelbar beim Staatsministerium gebildet wurde, gehörten die Kommissionsmitglieder direkt dem Staatsministerium an. Bis auf die Hochschullehrer hatten die Kommissionsmitglieder deshalb Anspruch auf eine Ministerialzulage, soweit sie diese nicht bereits aufgrund ihres Hauptamtes bezogen. Die Hochschullehrer erhielten statt der Zulage Tagegelder und Reisekostenentschädigung[84].

4.2.5. Änderungen in der Kommissionsbesetzung

Am 30. 6. 1927 wurde auf Antrag des Staatspräsidenten *Bazille* der Ministerialdirektor im Innenministerium *Hugo Neuffer* für die Beratung des Entwurfs der Landesordnung und der Beratung eines Gesetzes über die Ausübung der Polizeigewalt als weiteres Mitglied in die Kommission berufen[85]. Auf Antrag *Hegelmaiers*, der durch die Mitarbeit *Neuffers* eine noch engere Zusammenarbeit mit dem Innenministerium hergestellt sah, wurde im Juni 1928 das weitere Verbleiben von *Neuffer* in der Kommission beschlossen[86].

Als im Mai 1929 *Hugo Neuffer* aus dem Staatsdienst ausschied, trat *Reinhold Scholl* vom Innenministerium seine Nachfolge an. Als Stellvertreter für *Scholl* war Ministerialrat *Dr. Kiefer*, ebenfalls vom Innenministerium, vorgesehen. Als Stellvertreter für beide Beamte wurde von dem Nachfolger *Bazilles*, Staatspräsident *Bolz*[87], *Hofacker* ernannt[88].

Anfang Dezember 1928 schied *Nebinger* nach seinem Wechsel vom Staatsministerium zum Verwaltungsgerichtshof aus der Kommission aus. Bis Ende Januar 1929 besorgte für ihn zunächst Regierungsrat Dr. *Helmut Wider*

---

83 Protokoll des Staatsministeriums v.3.1.25, HStA Stgt., E130b, Bü546, As.7
84 Vgl. Schr.der Kommission v.16.7.28, HStA Stgt., E130b, Bü546, As.22
85 Schr.des Staatsministeriums v.24.6.1927, HStA Stgt., E130b, Bü546, As.19
86 Schr.der Kommission v. 11.07.28, HStA Stgt., E130b, Bü546, As.25
87 *Eugen Bolz*, württ. Staatspräsident 1928-1933
88 Schr.der Kommission v.20.11.29, HStA Stgt., E130b, Bü546, As.27

vom Staatsministerium die Schriftführung, danach übernahm bis zum Schluß der Beratungstätigkeit Regierungsrat Dr. *Kurt Göbel* vom Innenministerium diese Aufgabe[89].

4.2.6. Biographie einzelner Kommissionsmitglieder[90]

a. *Leopold Hegelmaier*

Leopold Hegelmaier wurde am 24.5.1866 in Tübingen als Sohn des Professors der Botanik, Dr. *Friedrich Hegelmaier*, geboren. Nach Abschluß der Schuljahre besuchte er für ein Jahr die Akademie in Lausanne, bevor er im Frühjahr 1885 mit dem Studium der Rechtswissenschaften an der Universität Tübingen begann. Zwischen der Tübinger Universitätszeit studierte er zwei Semester an der Universität in Leipzig. Im Sommer 1889 legte er die Erste Juristische Staatsprüfung ab[91].

Nach Promotion[92] und Zweiter Juristischer Staatsprüfung war *Hegelmaier* von 1893 an bei verschiedenen Amtsgerichten tätig, zuletzt beim Amtsgericht Stuttgart-Stadt, wo er planmäßiger Amtsrichter wurde. Die Tätigkeit als Zivilrichter entsprach jedoch vom Interessengebiet her nicht seinen Vorstellungen, so daß *Hegelmaier* 1900 als Justitiar zur Domänendirektion[93] überwechselte, die dem Finanzministerium unterstand. Hier war er für die Berichterstattung aller Rechtsfragen zuständig.

1903 folgte eine Tätigkeit im Steuerkollegium, Abteilung für direkte Steuern. Im April 1907 wurde *Hegelmaier* ins Finanzministerium einberufen, in dem er bis Ende 1913 seinen Dienst leistete. Sein Aufgabenkreis umfaßte Rechtsstreitigkei-

---

89 *VRO*, Vorwort, S. IV

90 Soweit Unterlagen vorhanden

91 Personalakte, HStA Stgt. E130c, Bü43

92 Grundeigentum im öffentlichen Recht, Eine Studie aus dem Beginne der römischen Kaiserzeit, Tübingen 1891, Tüb.jur.Fak., Diss. 1891

93 Verwaltung von Staatsdomänen und Einzelgrundstücken des Staates, des staatlichen Bauwesens und anderer Güter

ten aus allen Teilen der Finanzverwaltung, Beschwerdeentscheidungen in Steuersachen und auch Entwürfe von Gesetzen. Von Januar bis Dezember 1914 war er Direktor der württembergischen Bankanstalt in Stuttgart. Nach dem Ableisten des Militärdienstes kehrte *Hegelmaier* 1918 als Ministerialrat in das Finanzministerium zurück. Im März 1919 wurde er als wirklicher Staatsrat[94] in das Staatsministerium berufen.

Hegelmaier blieb bis zur Erreichung der Altersgrenze 1933 als Staatsrat beim Staatsministerium. Während dieser Zeit hat er die meisten Gesetze und Verordnungen, soweit sie vom Staatsministerium aufgestellt wurden, entworfen und, soweit sie von den Fachministerien kamen, überprüft. So wurde ihm z.B. die Ausarbeitung eines Entwurfs einer neuen Landesverfassung übertragen, die wegen der *Reichsverfassung* vom 11.8.1919 erforderlich wurde. Ferner hat *Hegelmaier* das Gesetz über den Staatsgerichtshof vom 23.5.1920 vorbereitet und im Landtag vertreten. Er war auch schriftstellerisch tätig[95]. Außerdem erstattete er eine große Zahl von Gutachten über staatsrechtliche Fragen aus dem gesamten Gebiet des Reichsrechts und der württembergischen Staatsverwaltung[96].

In den Jahren 1931 bis 1933 hatte *Hegelmaier* neben seiner Tätigkeit beim Staatsministerium als Vorsitzender des Kompetenzgerichtshofs die Aufgabe darauf zu achten, daß die Grenzlinien zwischen der Zuständigkeit der Verwaltungsbehörden und -gerichte einerseits und den ordentlichen Gerichten andererseits, also zwischen öffentlichem und bürgerlichem Recht, richtig eingehalten wurden[97]. Dabei bekämpfte er die "alteingewurzelte Neigung", Schadenersatzforde-

---

94 Die wirklichen Staatsräte, d.h. die Staatsräte, die nicht nur diesen Titel führten, sondern die Regierung wirklich zu beraten hatten, waren eine Einrichtung der Königszeit. Die Aufgabe der Staatsräte war die Vorbereitung von allen wichtigeren Beschlußfassungen des Staatsministeriums über Gesetze und Verordnungen, die Vorbereitung wichtiger Fragen aus dem Gebiet der gesamten Staatsverwaltung, die Berichterstattung darüber und nach der Beschlußfassung, den Beschlüssen Form und Fassung zu geben.

95 Z.B.: Die direkten Steuern in Württemberg, Stuttgart 1906; Staatsformen - Kritische Betrachtung der heutigen Möglichkeiten, Stuttgart 1927; Die württ. Staatsvereinfachung des Jahres 1924, WüRV 1928, S.33ff., S.64ff.; Reich und Länder, WüRV 1930, S.1ff;

96 Personalakte, HStA Stgt., E130c, Bü43

97 Besonderer Gerichtshof zur Entscheidung von Kompetenzkonflikten. Vgl. *Walter Jellinek*, Verwaltungsrecht, 3.Aufl., S. 56, *Fachet*, aaO., S.206ff.

rungen, die sich auf Handlungen oder Unterlassungen aus dem Gebiet des öffentlichen Rechts gründeten, vor die bürgerlichen Gerichte zu ziehen[98].

Am 24.9.1937 ist *Hegelmaier* im Alter von 71 Jahren gestorben.

b. *Ludwig von Köhler*

Geboren wurde *Ludwig Ferdinand von Köhler* am 20.11.1868 in Elberfeld. Sein Vater war Versicherungsdirektor. Er studierte von 1886 bis 1889 in Tübingen, Bonn und Berlin Rechts- und Staatswissenschaften. Am 8.11.1890 wurde er in Tübingen von der Staatswissenschaftlichen Fakultät zum Doktor der Staatswissenschaften promoviert[99].

Nach verschiedener Verwendung im württembergischen Verwaltungsdienst kam *von Köhler* 1899 als Ministerialsekretär in das württembergische Staatsministerium, in dem er bis zu seiner Ernennung zum Ministerialrat im Jahre 1902 noch verschiedene Nebenämter bekleidete. 1909 wurde *von Köhler* zum stellvertretenden Bundesratsbevollmächtigten in das Ministerium des Innern berufen[100].

Im Frühjahr 1918 ernannte ihn der König von Württemberg zum Minister des Innern. Dieses Amt endete mit der Novemberrevolution 1918[101]. Danach habilitierte sich *von Köhler* an der Universität Tübingen. Der Universität Tübingen erschien zwar zu einem früheren Zeitpunkt die Berufung eines Praktikers nicht unbedenklich. Nach Auffassung der Universität verlange die seit mehreren Jahrzehnten in ganz neue Bahnen gelenkte Disziplin des Verwaltungsrechts von ihrem Lehrer ein Maß theoretischer Vertiefung, das bei einem vielbeschäftigten Prakti-

---

98 *Hegelmaier*, Lebenserinnerungen, S.270
99 Schr. der Universität Tübingen v.4.11.40 UA Tü., Bestand 126/335, As.43
100 Schwäbischer Merkur v.8.2.36, UA Tü., Bestand 126/335, As. 32
101 Vgl. *Huber*, aaO., Bd.V, S.1037ff.; Schr.der Universität Tübingen v.4.11.40, UA Tb., Bestand 126/335, As.43

ker nur in ganz seltenen Fällen anzutreffen sein würde[102]. Trotzdem wurde *von Köhler* 1919 zum Honorarprofessor und 1921 zum ordentlichen Professor der Rechts- und Wirtschaftswissenschaftlichen Fakultät ernannt[103].

Nach der Zusammenlegung der Staatswissenschaftlichen und der Juristischen Fakultät war *von Köhler* erster Dekan der Rechts- und Wirtschaftswissenschaftlichen Fakultät. Von 1925 bis 1926 wurde ihm das Rektorat übertragen. 1936 trat *von Köhler* in den Ruhestand. Am 26.9.1953 ist er nach kurzer schwerer Krankheit im fast vollendeten 85. Lebensjahr in Ludwigsburg gestorben[104].

Seine langjährige und vielseitige praktische Tätigkeit in der Verwaltung hat auch die wissenschaftlichen Interessen *von Köhlers* bestimmt. Neben seinen "Grundlehren des deutschen Verwaltungsrechts"[105], die große Anerkennung fanden, hat er eine Reihe verwaltungsrechtlicher Arbeiten, besonders aus dem Gebiet des Gewerbe- und Sozialrechts, veröffentlicht[106]. Die wissenschaftlichen Leistungen *von Köhlers* fanden, neben vielen anderen Auszeichnungen, ihre Würdigung durch die Verleihung des Ehrendoktors seitens der Juristischen Fakultät der Universität Rostock[107].

c. *Carl Sartorius*

Carl Sartorius, der am 29.1.1865 in Bayreuth geboren wurde, studierte in Erlangen, München und Berlin Rechtswissenschaft. Er legte 1886 und 1889 die juristischen Staatsprüfungen ab. Nach der Promotion im Jahre 1887[108] habili-

---

102 Schr.der Staatswissenschaftlichen Fakultät der Universität Tübingen v.17.6.1908, UA Tü, Bestand 126/566, As.2, S.12.

103 Tübinger Chronik v.19.10.38, UA Tü., Bestand 126/335, As.38

104 Pressestelle der Universität Tübingen, Entwurf eines Schreibens, UA Tü., Bestand 126/335, Generalakten

105 In diesem Lehrbuch nimmt *von Köhler* ständig Bezug auf die *VRO*

106 Schr.der Universität Tübingen v.4.11.40, UA Tü., Bestand 126/335, As.43

107 Tübinger Chronik v.19.10.38, UA Tü., Bestand 126/335, As.38

108 Schr.der Staatswissenschaftlichen Fakultät der Universität Tübingen v.17.6.1908, UA Tü, Bestand 126/566, As.2, S.5

tierte sich *Sartorius* 1891 in Bonn als Privatdozent für Kirchen-, Staats- und Verwaltungsrecht, wo er im Herbst 1895 außerordentlicher Professor wurde. Nachdem er einen Ruf als Extraordinarius nach Jena und eine Berufung als Ordinarius nach Zürich abgelehnt hatte, wurde er 1901 zum ordentlichen Professor für Kirchen- und Staatsrecht in Greifswald als Nachfolger *Bierlings* ernannt. Seine akademische Laufbahn führte ihn im Herbst 1908 nach Tübingen, wo er die Nachfolge von *Fleiner* antrat. Das 1909 an ihn ergangene Angebot, Rat am Preußischen Oberverwaltungsgericht zu werden, lehnte *Sartorius* ab[109].

Vom Jahre 1911 ab vertrat er die Landeshochschule in der Ersten Kammer in Stuttgart[110]. Als 1912 die Universitätsverfassung geändert wurde, ablag ihm die Bearbeitung des Entwurfs. Für die Tübinger Universität von hoher Bedeutung war auch seine langjährige Zugehörigkeit zum Kleinen Senat und seine Mitwirkung in den wichtigsten akademischen Ausschüssen. Nach der Emeritierung von Staatsrat Professor Dr. *von Rümelin* wurde er stellvertretender Vorsitzender der Prüfungskommission für die Erste Juristische Staatsprüfung. Dreimal wurden ihm die Rektoratsgeschäfte übertragen[111].

Neben seiner Lehrtätigkeit gehörte *Sartorius* dem Württembergischen Verwaltungsgerichtshof an. Außerdem war er in den letzten Jahren seiner Lehrtätigkeit erster Vorsitzender der Vereinigung der deutschen Staatsrechtslehrer[112]. Nach 25 Jahren schied *Sartorius* am 1. 10. 1933 durch Emeritierung aus der Reihe der aktiven Lehrkräfte der Universität Tübingen aus[113]. 1945 verstarb er in Tübingen[114].

Sartorius hatte sich besonders den Ausbau einer deutschen Verwaltungsrechtswissenschaft zum Ziel gesetzt. In diesem Zusammenhang ist seine Mitarbeit an der *Verwaltungsrechtsordnung* besonders zu nennen. Von seinen

---

109 Tübinger Chronik v.2.10.33, UA Tü, Bestand 126/566 Generalakten

110 Tübinger Chronik v.28.1.35, UA Tü., Bestand 126/566, Generalakten

111 Tübinger Chronik v.2.10.33, UA Tü, Bestand 126/566 Generalakten

112 Universität Tübingen, Pressestelle, Veröffentlichung v.27/28.01.40, UA Tü, Bestand 126/566, Generalakten

113 Tübinger Chronik v. 2.10.33, UA Tü., Bestand 126/566 Generalakten

114 Schr.des württ.Verwaltungsgerichtshofs v.8.11.45, HStA Stgt., E136, Bü51, As.94

Veröffentlichungen wurden vor allem der Kommentar zum Personenstandsgesetz, der 1902 erschien[115], sowie die Beiträge über die Entwicklung des öffentlichen Rechts in Württemberg[116] hervorgehoben. Ferner stellte er für den akademischen Unterricht im öffentlichen Recht seine Sammlung von Reichsgesetzen staats- und verwaltungsrechtlichen Inhaltes zur Verfügung, die als unentbehrliches Rüstzeug der Studierenden und Lehrenden bezeichnet wurde[117] und die auch heute noch verlegt wird[118]. Zum Ausbau des Staatsrechts trug *Sartorius* vor allem durch seine Bearbeitung des württembergischen Landesrechts bei, die in n des Jahrbuchs des öffentlichen Rechts erschienen sind. Nach Auffassung der Staatswissenschaftlichen Fakultät der Universität Tübingen bewiesen die Veröffentlichungen *Sartorius* alle große Gründlichkeit, umfassendes Wissen, selbständiges Urteil und juristischen Scharfsinn[119].

Große Verdienste hat sich *Sartorius* aber nicht nur um die Wissenschaft erworben, sondern auch um die Organisation und Gestaltung des Tübinger Studentenwerks, das er zehn Jahre lang leitete. Darüber hinaus gründete er den Tübinger Bund für freiwilligen Arbeitsdienst[120].

d. *Richard Ernst*

Richard Ernst wurde am 6.3.1872 geboren. Die beiden höheren Staatsprüfungen in der Verwaltung des Innern hat er in den Jahren 1896 und 1897 abgelegt. Nach unterschiedlicher Verwendung in verschiedenen Oberämtern wurde er am 11.7.1903 zum Amtmann in Backnang ernannt.

1905 wechselte *Ernst* zum Oberamt Ulm, bevor er 1912 als Kollegialhilfsarbeiter zu der Regierung des Donaukreises einberufen wurde. Vier Jahre später wurde er

115 *Otto Mayer*, AöR XVIII, S.279

116 Z.B. Jahrbuch des öffentlichen Rechts, Bd.13, 1925, S. 375ff.; Bd.20, 1932, S. 168ff.

117 Tübinger Chronik v.2.10.33, UA Tü., Bestand 126/566 Generalakten

118 heute: *Sartorius*, Verfassungs- und Verwaltungsgesetze der Bundesrepublik Deutschland, begründet von Dr. *Carl Sartorius*

119 Schr.der Staatswissenschaftlichen Fakultät der Universität Tübingen v.17.6.1908, UA Tü., Bestand 126/566, As.2, S.6

120 Tübinger Chronik v.28.1.1935, UA Tü., Bestand 126/566, Generalakten

als Oberamtsverweser in Waldsee eingesetzt. Ende 1917 wechselte er zu der Zentralstelle für Gewerbe und Handel. Ab 1918 war *Ernst* als Oberamtmann im Ministerium des Innern tätig[121].

e. *Wilhelm Häffner*

Wilhelm Häffner wurde am 28.9.1862 in Crailsheim als Sohn eines Färbereibesitzers geboren. *Häffner* studierte von 1881 bis 1885 Rechts- und Staatswissenschaften an den Universitäten Tübingen und Berlin. Nach der Referendarsausbildung beim Oberamt Crailsheim und der Kreisregierung des Jagstkreises war er in verschiedenen Oberämtern des Landes tätig.

1899 wurde er Regierungsassessor bei der Kreisregierung des Neckarkreises, wo er 1912 zum Oberregierungsrat ernannt wurde. Danach wurde er als Berichterstatter des Ernährungsministeriums beim Staatsministerium eingesetzt[122]. Wie *von Haller* setzte auch *Häffner* nach der Versetzung in den Ruhestand seine Tätigkeit bei der Kommission fort.

Häffner, der auch politisch aktiv war[123], hat sich vor allem als Mitherausgeber der Württembergischen Bauordnung[124] und als Mitarbeiter des Handwörterbuchs der württembergischen Verwaltung einen Namen gemacht[125].

---

121 Schr. d.Innenministeriums v.5.1.1925, HStA Stgt., E130b, Bü546, As.15

122 Personalakte, HStA Stgt., E 136, Bü 40

123 1905 wurde *Häffner* als Vertreter der damaligen Deutschen Volkspartei in die Zweite Kammer des Württ. Landtags gewählt.

124 Württembergische Bauordnung, Kommentar, Stuttgart 1927

125 Weitere Veröffentlichungen: Die privatwirtschaftliche Befähigung des Staates und der Körperschaften des öffentlichen Rechts, öffentlichen Anstalten und wirtschaftlichen Betriebe; Leitfaden des Deutschen und Württembergischen Verwaltungsrechts, Stuttgart 1933.

f. *Heinrich Münzenmaier*

Regierungsrat *Heinrich Münzenmaier* wurde am 18. Februar 1883 geboren. Er hat die erste höhere Justizdienstprüfung im Frühjahr 1909 und zweite höhere Verwaltungsdienstprüfung im Winter 1912/1913 abgelegt. Im Juli 1918 wurde er zum Amtmann beim Oberamt Heidenheim und, nachdem er im Dezember 1918 als Hilfsberichterstatter dem Ernährungsministerium zugeteilt worden war, am 11. Mai 1921 zum Regierungsrat in der Verwaltung des Innern ernannt[126].

g. *Robert Nebinger*

Robert Nebinger wurde am 28.11.1883 in Stuttgart geboren. Nach der Schulausbildung folgte das Studium der Rechtswissenschaften an den Universitäten Tübingen, Berlin und Leipzig. 1907 legte er die erste höhere Justizdienstprüfung. Im Anschluß an Promotion und zweiter höherer Dienstprüfung war *Nebinger* vier Jahre als Rechtsanwalt in Stuttgart tätig. 1914 war er dann als Gerichtsassessor zunächst in Besigheim, danach in Heilbronn tätig. 1919 wurde er zum Amtsrichter in Reutlingen ernannt.

Nach einer kurzen Zeit als Amtsrichter in Reutlingen arbeitete *Nebinger* ab Dezember 1919 in verschiedenen Zweigen der Polizeiverwaltung. So leitete er jahrelang das Wucheramt beim Landespolizeiamt, er war aber auch bei der Verwaltungspolizei und in der Polizeiabteilung des Innenministeriums beschäftigt. Später wurde ihm die Leitung der Kartellüberwachungsstelle beim Landeskriminalpolizeiamt übertragen. Von 1928 bis 1945 gehörte er dem Württembergischen Verwaltungsgerichtshof, von 1947 bis 1951 dem Württembergisch-Badischen Verwaltungsgerichtshof an. *Robert Nebinger* ist am 5. 6. 1963 im Alter von 80 Jahren gestorben.

---

126 Schr. des Arbeits- und Ernährungsministeriums v.3.03.1925, HStA Stgt., E130b, Bü546, As.16

Nebinger hatte einen ganz besondere Vorliebe für Fragen des Polizeirechts und für die Lehrtätigkeit, die sich auch in schriftstellerischer Arbeit auswirkte[127]. Ihm wurde großer Eifer, umfassende Kenntnisse des großen Stoffgebietes und eine hervorragende Lehrbegabung bescheinigt[128]. Nebinger lehrte u.a. an der Staatlichen Verwaltungsschule in Stuttgart und an der Württembergischen Verwaltungsakademie. Ferner hielt er an der Universität Tübingen praktische Übungen im Fach Verwaltungsgerichtsbarkeit ab[129]. Eine ihn stark in Anspruch nehmende Aufgabe war auch die Lehr- und Prüfungstätigkeit bei der dem Polizeipräsidium angegliederten württembergischen Polizeifachschule[130].

h. *Friedrich von Haller*

Friedrich von Haller stammte aus Ulm, wo er am 10.4.1861 geboren wurde. Sein Vater war Verwaltungsoberinspektor. Von 1879 bis 1882 studierte *von Haller* an der Universität Tübingen Regiminalwissenschaften[131]. 1883 legte er die erste höhere Dienstprüfung im Departement des Innern ab. Anschließend leistete er den Referendarsdienst bei verschiedenen Oberämtern und bei der Kreisregierung in Ludwigsburg ab, wo er auch nach Bestehen der zweiten höheren Dienstprüfung eine Zeitlang tätig war[132]. Im Dezember 1900 wurde er von der rechts- und staatswissenschaftlichen Fakultät der Universität Würzburg zum Doktor der Rechte und der Staatswissenschaften ernannt[133].

---

127 Z.B.: Verwaltungsrecht Allgemeiner Teil, 1949, Das württembergische Polizeistrafgesetz und die Handhabung der Polizeigewalt in Württemberg, 2.Aufl.1930; Der Verfolgungszwang bei Übertretungen, WüRV 1927, S.17ff.; Behördliche Rechtsvorschriften, WüRV 1931, S. 81ff.; Gemeingebrauch und Polizeigewalt, WüRV 1930, S. 97ff.

128 Personalakte, HStA Stgt., E136, Bü51

129 *Reiff*, Baden-Württembergisches Verwaltungsblatt 8 (1963), S.120f.

130 Personalakte, HStA Stgt., E136, Bü51

131 Sonderstudium für höhere Verwaltungsbeamte. Die Bezeichnung Regiminalist oder Kameralist wurden bis zum 19.Jh. synonym gebraucht für den höheren Verwaltungsbeamten. Vgl. *Penz*, a.a.O., S. 33

132 Personalakte, HStA Stgt., E130c, Bü41

133 Über Selbstverteidigung und Selbsthilfe nach dem Bürgerlichen Gesetzbuche, Würzburg, jur. Diss. 1900

1904 folgte *von Haller* einem Ruf an den Verwaltungsgerichtshof, dem er fast 25 Jahre hindurch angehörte. Am 1.4.27 wurde er zum Direktor des Gerichts ernannt. Obwohl er 1928 in den Ruhestand trat, war er weiterhin in der Kommission tätig[134]. *Von Haller* verstarb 1938.

Von Haller, der als einer der besten Kenner des württembergischen Verwaltungsrechts galt, hat große Dienste bei dem Aufbau der württembergischen Staatsverwaltung geleistet[135]. In der Ansprache zu seinem 70. Geburtstag wurde besonders seine unermüdlichen Schaffenskraft für den Verwaltungsgerichtshof gewürdigt. Die Rechtsprechung des Verwaltungsgerichtshof verdanke ihre Ausprägung zu einem guten Teil seiner Persönlichkeit. Die Lebensarbeit *von Hallers* spiegelt sich in der *Verwaltungsrechtsordnung* deutlich wieder. Die Mitwirkung an diesem Werk zur Neuordnung des Landesrechts bildete in gewissem Sinne "einen Höhepunkt seines Lebens"[136].

Von Haller war Begründer und Mitherausgeber der württembergischen Zeitschrift für Rechtspflege und Verwaltung[137]. Neben vielen Veröffentlichungen zu Themen des öffentlichen Rechts[138] war er außerdem Bearbeiter und Herausgeber des Handwörterbuchs der Württembergischen Verwaltung.

i. *Karl Geier*

Karl Geier wurde am 4.3.1873 in Künzelsau geboren. Die Erste Juristische Staatsprüfung legte er im Januar 1897 ab. Nach seinem Gerichtsreferendariat von Januar 1897 bis Oktober 1900 mit dem Abschluß der Großen Juristischen Staats-

---

134 Schr.des Staatsministeriums v.7.7.1928, HStA Stgt., E136, Bü51, As.491

135 Stuttgarter Neues Tagblatt v. 28.11.1938, HStA Stgt., E130c, Bü41

136 Staatsrat *Rau*, Präsident des württ. Verwaltungsgerichtshofs, Ansprache zum 70. Geburtstag *von Hallers*, Personalakte, HStA Stgt., E130c, Bü41

137 Fortges. u.d.T. Württembergische Zeitschrift für Verwaltung und Verwaltungsrechtspflege (1931-1938).

138 Z.B.: Der Begriff und die rechtliche Stellung des Interesses im Verwaltungsrecht, WüRV 1927, S. 33ff.; Die Befugnis als besondere Rechtsstellung im Verwaltungsrecht, WüRV 1927, S. 157ff.; Wegerecht und Verwaltungsgerichtsbarkeit, WüRV 1928, S. 145 ff.; Öffentliches Recht - Eine Zusammenstellung von Begriffsbestimmungen - , WüRV 1929, S. 81ff. Außerdem Kommentar zur württ.-bad. Verfassung.

prüfung war er zunächst als Finanzassessor, später als Obersteuerrat, beim württembergischen Steuerkollegium tätig.

Im August 1912 trat *Geier* seinen Dienst als Oberverwaltungsgerichtsrat beim Verwaltungsgerichtshof an. Mit Wirkung vom 1.8.1928 wurde *Geier* nach dem Ausscheiden von *von Haller* Direktor des Verwaltungsgerichtshofs. Neben seiner Tätigkeit als Mitglied der Kommission hielt *Geier* Vorlesungen an der Verwaltungsakademie in Stuttgart. 1928 wurde er zum rechtskundigen Berater des Ehrenrats der württembergischen Zahnärztekammer ernannt[139].

139 Personalakte, HStA Stgt., E130c, Bü31

C. Vorbereitung der Verwaltungsrechtsordnung

I. Konzeption des engeren Ausschusses

1. Einrichtung eines engeren Ausschusses

Bereits in der ersten Sitzung wurde auf Anregung des Vorsitzenden ein engerer Ausschuß bestimmt, der zunächst den gesamten Stoff zu prüfen und dann Bericht darüber zu erstatten hatte. Aus Praktikabilitätsgründen wurde dem Ausschuß die Kompetenz eingeräumt, gewisse Streitfragen vorläufig selbst zu regeln und Umfang und Inhalt des Stoffes festzulegen[1]. Die nicht im engeren Ausschuß vertretenen Mitglieder wurden gebeten, sich ihrerseits mit der von *Sartorius* vorgeschlagenen Literatur zu befassen, damit die Beratungen effektiver verlaufen konnten[2].

Dem engeren Ausschuß gehörten neben *von Haller*, der den Vorsitz übernahm, *Sartorius* und *Nebinger* an. Nach Bedarf und Möglichkeit war aber *von Haller* berechtigt, *Häffner*, *Geier* und *Ernst* zu Arbeiten und Beratungen heranzuziehen. *Härle* sollte erst zu einem späteren Zeitpunkt einzelne Materien zu bearbeiten haben[3].

Hinsichtlich des Regelungsumfangs war der Entwurf nach seiner Zweckbestimmung und nach seiner Stellung innerhalb des deutschen Rechts allein auf die Vorschriften des allgemeinen württembergischen Verwaltungsrechts zu beschränken. Abgesehen von dieser Vorgabe war die Kommission frei in der Beurteilung dessen, was sie für kodifikationsfähig hielt. Es gab weder inhaltliche noch formelle Vorgaben[4]. In bezug auf den Rechtsstoff hatte das Staatsministerium lediglich auf die Lehrbücher des allgemeinen deutschen Verwaltungsrechts verwiesen. Hier wurden beispielhaft die Lehrbücher von *Otto Mayer*, *Fleiner* und *Goez* angeführt[5].

---

1 Sitzungsprotokoll v.20.6.25, HStA Stgt., E130b, Bü547, S.17
2 Sitzungsprotokoll v. 6.4.25, HStA Stgt., E130b, Bü547, S.5
3 Vgl.i.e.: Sitzungsprotokoll v.6.4.25, HStA Stgt., E130b, Bü547, S.5
4 *Hegelmaier*, Lebenserinnerungen, S.270;
5 Vgl. Schr. des Staatsministeriums v.5.8.24, HStA Stgt., E130b, Bü542, As.10a

Der engere Ausschuß hat daraufhin nach der von ihm getroffenen systematischen Einteilung des Stoffes die geltenden landesrechtlichen Gesetze, die Judikatur sowie die von *Sartorius* vorgeschlagene Literatur durchgearbeitet[6]. Die Ergebnisse dieser Arbeit wurden in einem **vorläufigen Arbeitsplan** zusammengefaßt[7]. Das von dem engeren Ausschuß gesammelte Material konnte nach Fertigstellung des vorläufigen Arbeitsplanes den jeweiligen Berichterstattern für deren Ausarbeitung überlassen werden. Der Vorsitzende betonte jedoch ausdrücklich, daß die Ausarbeitungen hinsichtlich ihrer Verwertbarkeit noch genau zu überprüfen seien[8].

2. Inhalt des vorläufigen Arbeitsplanes

2.1. Das öffentliche Recht

Der engere Ausschuß ging davon aus, daß bei der Bearbeitung der Landesordnung alles ausgeschieden werden müsse, was reichsrechtlich zu regeln sei. Es wurde jedoch in diesem Zusammenhang deutlich gemacht, daß auch noch nach der neuen Reichsverfassung, soweit diese keine ausdrücklichen Vorschriften hierzu enthalte, die Vermutung im einzelnen Fall gegen die gesetzgeberische Zuständigkeit des Reichs spreche. Darüber hinaus sollte es sich in der Hauptsache nur um materielles Recht handeln. Die Behandlung des formellen Rechts war nach Meinung des Ausschusses Sache des *Landesverwaltungsgesetzes*.

Der engere Ausschuß lehnte es ab, eine "Grenzabscheidung" von öffentlichem Recht und bürgerlichem Recht in die Landesordnung aufzunehmen. Dabei wurde auf die Gründe Bezug genommen, die für den Reichsgesetzgeber anläßlich der Schaffung des *Bürgerlichen Gesetzbuches* leitend gewesen waren. Unabhängig davon, daß eine solche Abgrenzung nicht für möglich gehalten wurde, schien dem Ausschuß damit auch nicht viel gewonnen zu sein.

---

6 Sitzungsprotokoll v.20.6.25, HStA Stgt., E130b, Bü547, S.2
7 Vorl.Arbeitsplan, HStA Stgt, E130b, Bü542, As.41a, S.2
8 Sitzungsprotokoll v.20.06.25, HStA Stgt, E130b, Bü547, S.2

Dagegen hielt es der Ausschuß für dringend notwendig, eine grundlegende **Begriffsbestimmung des öffentlichen Rechts** zu finden, damit die Verwaltungsbehörden, Verwaltungsgerichte und ordentlichen Gerichte mit dieser Bestimmung arbeiten könnten. Für den Fall, daß die Gesamtkommission sich für die Aufnahme einer solchen Begriffsbestimmung im ersten Abschnitt entscheiden sollte, wurde vom engeren Ausschuß vorgeschlagen, diejenige von *Goez*[9] zu übernehmen. In diesem Zusammenhang erfolgte jedoch ein deutlicher Hinweis, daß die Kommission darauf zu achten habe, kein Lehrbuch aus der Landesordnung zu machen.

Ferner war klar, daß nur eine Festlegung der allgemeinen Rechtssätze und keine Regelung besonderer Rechtsverhältnisse in Betracht kommen konnte. Ebenso mußte nach Ansicht des Ausschusses von einem engeren Begriff des Verwaltungsrechts ausgegangen werden, d.h. nicht von demjenigen, der auch das Strafrecht, Prozeßrecht, Konkursrecht und das Recht der freiwilligen Gerichtsbarkeit zum Verwaltungsrecht im weiteren Sinne rechnete.

Nach Auffassung des engeren Ausschusses war außerdem zu prüfen, inwieweit sich über die Normen des öffentlichen Rechts, also über Gesetz, Rechtsverordnung, Gewohnheitsrecht und Satzung, allgemeine Rechtssätze aufstellen ließen und in diesen Abschnitt aufgenommen werden konnten.

Befürwortet wurde ebenfalls die Aufnahme einer Bestimmung über die zeitliche und örtliche Geltung der Normen. In zeitlicher Hinsicht trat hier insbesondere die Frage der Rückwirkung auf. Denkbar waren für den Ausschuß auch allgemeine Rechtssätze in örtlicher Beziehung, wenigstens soweit die Bedeutung von Wohnsitz und Aufenthalt relevant war. Schließlich sollte noch überlegt werden, ob in diesen Abschnitt zusätzlich allgemeine Bestimmungen über das richterliche Prüfungsrecht hinsichtlich der Gültigkeit der Rechtsquellen gehörten[10].

---

9 "Öffentliches Recht kann im allgemeinen bezeichnet werden als der Inbegriff derjenigen Normen, welche die den Personen und Personengemeinschaften bei Ausübung der staatlichen Hoheitsrechte zukommende rechtliche Stellung und die sich daraus ergebenden Verhältnisse zu regeln bestimmt sind." S. Gutachten zum öffentlichen Recht, HStA Stgt., E130b, Bü553, S.13.

10 Vgl.i.e.: Vorl.Arbeitsplan, HStA Stgt, E130b, Bü542, As.41a, S.1ff.

2.2. Das Personenrecht

Der vorläufige Plan traf im zweiten Abschnitt die übliche Unterscheidung zwischen rechtsfähigen und nicht rechtsfähigen Gebilden, wobei wiederum der Charakter öffentlich-rechtlich oder privatrechtlich sein konnte. Der engere Ausschuß war sich jedoch darüber im klaren, daß die Auswahl der in dieser Hinsicht von der Landesordnung zu regelnden Rechtsgebiete nicht leicht zu treffen sein dürfte. Obwohl die Regelung von Staatsrecht in der *Verwaltungsrechtsordnung* nicht vorgesehen war, sollte nach der Vorstellung des engeren Ausschusses doch geprüft werden, ob die Landesordnung nicht auf die Stellung des **Staates** als Träger konkreter öffentlicher Rechte sowie auf den **Fiskusbegriff** und seine Tragweite eingehen mußte.

Durchaus notwendig erschien dem engeren Ausschuß die Schaffung von Rechtssätzen über die **Körperschaften des öffentlichen Rechts**. Solche Rechtssätze wurden auch in nennenswertem Umfang für möglich gehalten. In diesem Zusammenhang sollte weiter geprüft werden, ob nicht allgemeine Grundsätze über die Entstehung der Körperschaften geschaffen werden konnten. Es wurde außerdem zur Diskussion gestellt, ob man das Recht, eine öffentliche Körperschaft zu sein, nicht ausdrücklich als ein subjektives öffentliches Recht anerkennen sollte.

Was die **Gemeinden** anbelangt, so hielt es der Ausschuß aber für fraglich, ob neben den vorhandenen zahlreichen Vorschriften noch allgemeine Rechtssätze gefunden werden könnten. Man war sich aber darüber im klaren, daß keine Regelung in Frage kommen könne, die als Sonderregelung zu bewerten sei. Entsprechendes galt nach Ansicht des Ausschusses ebenso für die öffentlichen Genossenschaften.

Eine Berücksichtigung der **Kirchen**, die zu den öffentlichen Genossenschaften gerechnet wurden, sollte nur insoweit in Betracht kommen, als es geboten sei, die Kirchen vor der Unterstellung unter das allgemeine Genossenschaftsrecht zu schützen. Allerdings wollte der Ausschuß die Übernahme mancher Rechtsgrundsätze der genossenschaftlichen Behandlung der Kirchen nicht ausschließen.

Ob und in welchem Umfang die zahlreichen anderen öffentlichen **Genossenschaften**, wie z.B. Schulen, Innungen, Anwaltskammern, Krankenkassen usw., in der *Verwaltungsrechtsordnung* zu behandeln waren, bedurfte nach Ansicht des Ausschusses noch eingehender Erörterung.

Weiterhin wurde erwogen, im Personenrecht auf jeden Fall die Stellung der **öffentlichen Anstalten** zu regeln. Dabei erschien die Ausarbeitung einer Begriffsbestimmung ebenso schwierig wie die Abgrenzung zwischen einer selbständigen Anstalt mit Rechtspersönlichkeit von der unselbständigen. Darüber hinaus betrachtete man es als Aufgabe, verbindliche Normen für die Entstehung von Anstalten zu finden und zu prüfen, wie sich der Unterschied von selbständigen und nicht selbständigen Anstalten im Verwaltungsrecht auswirkte. Diese Frage, so der Ausschuß, müsse anders behandelt werden als im Zivilrecht. Das geltende Recht sehe bekanntlich in weitem Umfang davon ab, öffentlich-rechtliche Anstalten in ihrer ganzen Betätigung dem öffentlichen Recht zu unterstellen, sondern es erblicke in ihnen vielfach Gewerbebetriebe. Nach Auffassung des Ausschusses sollte deshalb mit Rücksicht auf die Notwendigkeit, klare Rechtsverhältnisse zu schaffen, vielleicht festgelegt werden, daß ein Gewerbe nur dann vorliege, wenn es sich bei der Gründung der Anstalt darum handele, nur eine Einnahmequelle zu schaffen. Dabei wollte der Ausschuß aber genau gepüft haben, wie weit der Landesgesetzgeber in dieser Richtung gehen durfte. Im Hinblick auf die Frage der Anwendbarkeit der Gewerbeordnung, der staatlichen Aufsicht, der Zuständigkeit der ordentlichen Gerichte, der Anstaltsordnung, des rechtlichen Charakters der Benutzungsgebühr und des Benutzungszwanges, aber auch für die Haftung des Staats für Beamte und für die Verjährung, sah der Ausschuß eine Regelung in der Landesordnung für äußerst wichtig an.

Vorgeschlagen wurde weiterhin, in die *Verwaltungsrechtsordnung* noch Bestimmungen über das Benutzungsverhältnis aufzunehmen, wobei der Ausschuß deutlich darauf hinwies, daß hier ein zivilrechtlicher Vertrag unter keinen Umständen vorliege. Einer gesetzlichen Regelung stand nach Meinung des Ausschusses nicht entgegen, daß die Rechtsentwicklung bezüglich der Behandlung der öffentlichen Anstalten noch stark im Fluß sei.

Bei der Regelung der **Stiftungen** war nach Ansicht des Ausschusses zunächst der Begriff der Stiftung festzulegen. Geregelt werden sollten auch die Entstehung, die Umwandlung und die Beendigung einer Stiftung. Abgeraten wurde allerdings von einer Behandlung der kirchlichen Stiftungen.

Der vorläufige Arbeitsplan sah noch keine Trennung zwischen natürlichen und juristischen Personen des öffentlichen Rechts vor. Beide sollten in einem Abschnitt geregelt werden. Man war der Auffassung, daß hinsichtlich der **natürlichen Personen** Rechtssätze im Personenrecht nicht umgangen werden könnten. Für die Landesordnung müßten die natürlichen Personen als Träger öffentlicher Rechte und Pflichten auf jeden Fall mit einbezogen werden. In dieser Beziehung war nach Auffassung des Ausschusses zu prüfen, ob Rechtssätze über die Fähigkeit, ein solcher Träger zu sein, also insbesondere öffentlich-rechtliche Willenserklärungen abgeben zu können, aufgestellt werden könnten. Weiter war vorgesehen, die Frage der öffentlich-rechtlichen Geschäftsführung, der Stellvertretung und der verwaltungsrechtlichen Deliktsfähigkeit, die nicht nur das Polizeirecht berühre, zu regeln. Es sollte auch der Frage nachgegangen werden, ob Behörden mit Minderjährigen rechtswirksam verhandeln können. "Hinkende Erklärungen" anzunehmen, wollte der engere Ausschuß den Behörden nicht zumuten. Problematisch erschien hier die Frage, wie weit der Landesgesetzgeber dabei gehen könne, ohne mit dem *Bürgerlichen Gesetzbuch* in Konflikt zu geraten[11].

2.3. Die öffentlichen Sachen

Gegenstand des Abschnitts über die öffentlichen Sachen war nach dem vorläufigen Arbeitsplan die Zusammenstellung der für die öffentlichen Sachen maßgebenden allgemeinen Rechtsnormen und Rechtsgrundsätze des württembergischen Verwaltungsrechts, wie sie aus den für die verschiedenen Verwaltungszweigen ergangenen positiven Vorschriften und aus der Praxis der Gerichte und Verwaltungsbehörden abgeleitet werden konnten.

---

11 Vgl.i.e.: Vorl.Arbeitsplan, HStA Stgt, E130b, Bü542, As.41a, S.4ff.

Bereits der engere Ausschuß lehnte aber mit Hinweis auf die württembergische Rechtsprechung für diesen Abschnitt die juristische Konstruktion eines **öffentlichen Eigentums** ab. Man war sich einig, daß eine Sache, die dem Gemeingebrauch diene, dadurch nicht eigentumsunfähig werde. Das Eigentum trete nur mehr oder weniger zurück bzw. nicht in Erscheinung. Geplant waren deshalb von vornherein im wesentlichen Rechtsätze über Entstehung, Untergang, Benutzung und Unterhaltung der öffentlichen Sachen[12].

2.4. Die öffentlichen Rechte und Pflichten

Bei der Regelung dieser Materie standen die subjektiven öffentlichen Rechte im Vordergrund. Insbesondere sollte hier auf die Streitfrage, wo die Grenze zwischen dem subjektiven Recht und den bloßen Interessen liegt, eingegangen werden. Der engere Ausschuß stand damit jedoch nicht nur vor dem Problem, ob die bisherigen Begriffsbestimmungen theoretisch unbedingt haltbar waren, sondern auch, ob mit ihnen schon etwas gewonnen war. Für äußerst fraglich wurde gehalten, ob anhand einer solchen Begriffsbestimmung in jedem einzelnen Fall das Vorhandensein eines subjektiven öffentlichen Rechts bejaht oder verneint werden konnte. Man befürchtete, daß die subjektiven öffentlichen Rechte zu den Teilen des öffentlichen Rechts gehörten, die einer gesetzlichen Regelung am wenigsten zugänglich waren.

Daneben wurden dem Abschnitt über öffentliche Rechte und Pflichten die Rechtstitel[13] für die Entstehung öffentlicher Rechte zugewiesen. Hier sollte untersucht werden, inwieweit öffentliche Rechte durch Vertrag und durch unvordenkliche Verjährung entstehen können. Mit einzubeziehen war nach Ansicht des Ausschusses ebenso, ob öffentliche Rechte durch dritte Personen ausgeübt werden können. Die Frage, in welcher Weise öffentliche Rechte geschützt werden können, ordnete der engere Ausschuß zum großen Teil dem Landesverwaltungsgesetz zu. Endlich wollte der Ausschuß noch geprüft haben,

---

12 Vgl.i.e.: Vorl.Arbeitsplan, HStA Stgt, E130b, Bü542, As.41a, S.10f.
13 Vgl. Kapitel D, III.1.1.3.

ob die *Verwaltungsrechtsordnung* die Gründe für den Untergang öffentlicher Rechte festlegen sollte[14].

Die Regelung der öffentlich-rechtlichen Pflichten, die in einem positiven Handeln, aber auch in einem Unterlassen (z.B. Bauverbot) oder in einem Dulden (z.B. Zwangsenteignung) bestehen könnten, hielt der engere Ausschuß für eine besonders wichtige Materie. Es sei sehr wichtig, in dieser Richtung die Pflichten des Staatsbürgers gesetzlich festzulegen. Dabei konnte es sich nach der Meinung des Ausschusses einmal um Pflichten handeln, die aus einem besonderen Gewaltverhältnis (z.B. Dienst- oder Anstaltsverhältnis) resulierten. In Betracht gezogen wurde aber ebenso die allgemeine Gehorsamspflicht des Staatsbürgers, deren Inhalt und Grenzen bis dahin nirgendwo grundsätzlich geregelt waren. In diesem Zusammenhang wollte der engere Ausschuß auch das **öffentlich-rechtliche Schuldverhältnis** und seine Modalitäten, insbesondere die Wirkung des Verzugs und der Zinsen, grundsätzlich erörtern. Vor allem aber wurden Bestimmungen über die Gründe des Erlöschens solcher Schuldverhältnisse für notwendig gehalten. Schließlich ordnete der engere Ausschuß diesem Abschnitt noch die **Regelung der Rechtsnachfolge** zu, soweit eine solche wegen der Höchstpersönlichkeit der öffentlichen Rechte und Pflichten überhaupt im öffentlichen Recht möglich war[15].

2.5. Die Verwaltungsakte

Nach dem vorläufigen Arbeitsplan war vorgesehen, daß sich die Landesordnung mit dem System der Verwaltungsakte sehr wesentlich zu beschäftigen habe. Ausgehend vom Grundsatz der Gesetzmäßigkeit der Verwaltung dürfe der Staat von seinen Bürgern keine Leistung oder kein Unterlassen fordern, er könne ihnen nichts befehlen oder verbieten, außer aufgrund eines Rechtssatzes. Weiter wurde ausgeführt, daß die Gehorsamspflicht des einzelnen ihrem Umfang nach nicht von der Regierung bestimmt werden dürfe, sondern jeder Verwaltungsbefehl müsse auf einem Gesetz beruhen. In diesem Zusammenhang hielt der Ausschuß

14 Vgl.i.e.: Vorl.Arbeitsplan, HStA Stgt, E130b, Bü542, As.41a, S.12f.
15 Vgl.i.e.: Vorl.Arbeitsplan, HStA Stgt, E130b, Bü542, As.41a, S.13f.

eine Überprüfung des in der Verwaltung nicht selten geltend gemachten Grundsatzes, daß der Verwaltung erlaubt sei, was ihr nicht durch Gesetz verboten sei, für unbedingt erforderlich.

Der engere Ausschuß sah die Notwendigkeit einer gesetzlichen Regelung der Verwaltungsakte darin begründet, daß in Württemberg die polizeilichen Eingriffe bislang aus dem Begriff der Staatsgewalt abgeleitet worden seien. Es wurde darauf hingewiesen, daß inzwischen die Verfassung jedoch ein Gesetz verlange. Der bisherige Zustand in Württemberg entsprach nach Ansicht des Ausschusses nicht den Anforderungen der Reichsverfassung. Es wurde dabei allerdings betont, daß die Kommission bei dieser Materie sehr vorsichtig an die Sache herangehen müsse, um der Verwaltung "keine Fesseln anzulegen".

In bezug auf die Begriffsbestimmung des Verwaltungsakts hielt der engere Ausschuß die Begriffsbestimmung *Otto Mayers*[16] am geeignetsten. Eine weitere Frage war für den Ausschuß die Ausgestaltung einer gesetzlichen Regelung des Ermessens. Dieser Punkt sollte besonders sorgfältig geprüft werden. Indem der Gesetzgeber bei der Begründung und Ausgestaltung öffentlicher Rechtsverhältnisse das freie Ermessen der Behörden mitwirken lasse, füge er dem feststehenden Rechtssatz ein "bewegliches Element" bei. Sowohl die Überschreitung als auch der Mißbrauch des Ermessens seien aber unzulässig und deshalb stelle der Umfang des freien Ermessens in der Tat eine Rechtsfrage dar. Der engere Ausschuß hielt es aber für äußerst fraglich, ob und in welchem Umfang die Landesordnung hinsichtlich des freien Ermessens Rechtssätze aufstellen konnte. Unklar war bereits, ob überhaupt eine brauchbare Begriffsbestimmung des freien Ermessens gefunden werden konnte. Auf jeden Fall sollte jedoch der Versuch unternommen werden.

Weiterhin befürwortete der Ausschuß die Aufnahme von Regelungen über die Klassifizierung, Nichtigkeit und Anfechtbarkeit der Verwaltungsakte. Auch die Frage der Zulässigkeit von Nebenbestimmungen sollte ausführlich behandelt

16 "Ein Verwaltungsakt ist ein der Verwaltung zugehöriger obrigkeitlicher Ausspruch, der für den Untertanen bzw. Staatsbürger im Einzelfall bestimmt, was für ihn rechtens sein soll." *Otto Mayer*, aaO., S.95

werden. Vorschriften über Rechtskraft, Form und Bekanntgabe von Verwaltungsakten sowie über Zuständigkeit der Behörde hielt man ebenfalls für erforderlich.

Im letzten Teil des Abschnitts sollten schließlich die Aufhebungsgründe von Verwaltungsakten, die mehrseitigen Verwaltungsakte und die öffentlichrechtlichen Verträge behandelt werden[17].

2.6. Der Verwaltungszwang

Nach Meinung des Ausschusses war es unumgänglich, auch den Verwaltungszwang, der sich entweder gegen ordnungswidrige Zustände richte, oder die Durchsetzung von obrigkeitlichen Einzelanordnungen bezwecke, in der *Verwaltungsrechtsordnung* zu regeln. Zu erwägen waren seines Erachtens u.a. Bestimmungen über die gesetzliche Grundlage des Verwaltungszwangs, über den Kostenersatz und über die Zulässigkeit von Widerstand gegen eine angeblich rechtswidrige Verfügung. Letzteres sei insbesondere für polizeiliche Akte wichtig. Der Ausschuß wollte schließlich noch geprüft haben, in welcher Weise sich Verwaltungszwang und Polizeizwang bei der gesetzgeberischen Behandlung voneinander trennen ließen[18].

2.7. Die allgemeinen polizeilichen Pflichten

Vorgesehen war, auch das allgemeine Polizeirecht aus Gründen des Zusammenhangs in die *Verwaltungsrechtsordnung* aufzunehmen. Der Ausschuß neigte jedoch mehr der Ansicht zu, dieses Rechtsgebiet in einem besonderen Gesetz zu behandeln. Als Begründung wurde zum einen angeführt, daß das Polizeirecht innerhalb der *Verwaltungsrechtsordnung* unverhältnismäßig viel Raum beanspruchen würde. Zum anderen sei das Polizeirecht, im Gegensatz zu den allgemeinen Materien, doch in gewissem Sinn als ein spezieller Ausfluß der Staatsgewalt anzusehen. Aus diesem Grund würde das Polizeirecht in der Wissenschaft

---

17 Vgl.i.e.: Vorl.Arbeitsplan, HStA Stgt., E130b, Bü542, As. 41a, S.14ff.

18 Vgl.i.e.: Vorl.Arbeitsplan, HStA Stgt., E130b, Bü542, As.41a, S.21

häufig im besonderen Teil des Verwaltungsrechts erörtert werden. Letztendlich hielt der engere Ausschuß eine gesonderte Erörterung auch deshalb für erforderlich, weil eine Neufassung des württembergischen *Polizeistrafgesetzes* einem dringenden Bedürfnis entsprechen würde und es, wenn es dazu komme, zweckmäßig erscheine, den allgemeinen und besonderen Teil des Polizeirechts in einem einzigen zusammenhängenden Gesetz zu behandeln[19].

2.8. Die öffentlichen Lasten und die öffentlich-rechtliche Entschädigung

Bezüglich der öffentlichen Natural- und Geldlasten sollten nach Meinung des engeren Ausschusses ebenfalls allgemeine Rechtssätze gefunden werden. Zu den Naturallasten wurden allgemeine Lasten wie z.B. Kriegslasten, Nothilfepflicht bei Unglücksfällen, Feuerwehrdienstpflicht, ferner Vorzugslasten wie z.B. Anliegerverpflichtungen und Verbandslasten wie z.B. Mitgliedsbeiträge gezählt[20].

Der engere Ausschuß sah in seinem vorläufigen Arbeitsplan ferner einen selbständigen Abschnitt für die öffentlich-rechtliche Entschädigung vor. Da der Staat das Vermögen der Privaten nicht nur durch Zwangsenteignung, sondern z.B. auch durch Bauverbote, Schlachthauszwang, Flußregulierungen usw. schädigen könne, war nach Auffassung des engeren Ausschusses zu prüfen, ob der Staat dem Einzelnen für Schäden entschädigungspflichtig sei, die er ihm in Ausübung der öffentlichen Gewalt zugefügt habe. Diese rein öffentlich-rechtliche Frage, so der engere Ausschuß, würde zwar zum Teil durch die Vorschriften der Verfassung, zum Teil durch das württembergische *Zwangsenteignungsgesetz* gelöst. Es wurde jedoch kritisiert, daß allgemeine rechtliche Grundsätze für die Erscheinungen, die der Enteignung vergleichbar waren, fehlten. Der Ausschuß bezog sich hier auf alle die Fälle, in denen der "befehlende Staat" ein dem Bürger zustehendes Recht derart der öffentlichen Verwaltung "dienstbar" mache, daß er es im wesentlichen der Verfügung dieses Bürgers entziehe.

---

19 Vgl.i.e.: Vorl.Arbeitsplan, HStA Stgt., E130b, Bü542, As.41a, S.21f.
20 Vgl.i.e.: Vorl.Arbeitsplan, HStA Stgt., E130b, Bü542, As.41a, S.22

Es sollte jedoch genau geprüft werden, ob die öffentlich-rechtliche Entschädigung auf die Fälle beschränkt werden mußte, für die sie schon bisher vorgesehen war, oder ob nicht aus diesen Fällen allgemeine Grundsätze abgeleitet werden konnten. Der Ausschuß war der Meinung, daß man auch bei dieser Frage besonders vorsichtig vorgehen müsse, um dem Staat keine vermeidbaren Lasten aufzuerlegen. Andererseits wurde hervorgehoben, daß dort, wo allgemeine Grundsätze des öffentlichen Rechts fehlten, die bürgerlichen Gerichte leicht geneigt seien, in geeigneten Fällen eine Entschädigungspflicht des Staates auf den Grundsätzen des bürgerlichen Rechts aufzubauen[21].

2.9. Fristen, Termine, Verjährung

Der engere Ausschuß kritisierte, daß im Verwaltungsrecht bislang allgemein einheitliche gesetzliche Vorschriften über Fristen und Termine vollständig fehlten. Dann und wann sei auf das *Bürgerliche Gesetzbuch* verwiesen. In anderen Fällen habe man die Fristen abweichend davon geregelt. Aus diesem Grund hielt man entsprechende Vorschriften für notwendig. Geprüft werden sollte allerdings, in welchem Umfang ein Anschluß an das Privatrecht geboten und zweckmäßig erschien[22].

Da man die öffentlich-rechtliche Verjährung, insbesondere im Hinblick auf die Unterbrechung, von der privatrechtlichen unterschied, sah der engere Ausschuß ein Bedürfnis für eine eigenständige Regelung der Verjährung. In diesem Abschnitt sollte auch die **unvordenkliche Verjährung**[23] gesetzlich festgelegt werden[24].

---

21 Vgl.i.e.: Vorl.Arbeitsplan, HStA Stgt., E130b, Bü542, As.41a, S.22f.
22 Vgl.i.e.: Vorl.Arbeitsplan, HStA Stgt., E130b, Bü542, As.41a, S.23f.
23 *VRO*, Begründung zu Art.109, S.336
24 Vgl.i.e.: Vorl.Arbeitsplan, HStA Stgt., E130b, Bü542, As.41a, S.24f.

II. Ausarbeitung eines Grundrisses

1. Entwurf von Hallers

Unter Zugrundelegung des vorläufigen Arbeitsplanes hat *von Haller* daraufhin einen Grundriß ausgearbeitet, der in seinem ersten Teil Ausführungen zum Regelungsumfang, zur Gestaltung und zur Systematik der geplanten Kodifikation enthält. Danach folgt eine Gliederung des Gesetzes. Im dritten Teil finden sich umfassende Ausführungen zu den einzelnen Gliederungspunkten. Die Arbeit *von Hallers*, wie im übrigen auch der vorläufige Arbeitsplan, beinhaltet jedoch noch keine Formulierungsvorschläge einzelner Bestimmungen. *Von Haller* betonte in seinem Grundriß, daß für das geplante Gesetz ein dringendes Bedürfnis bestehe. Das Bedürfnis sei nicht nur begründet in der "inneren Notwendigkeit der Verwaltungsakte", sondern auch in der "äußeren Notwendigkeit der Abwehr der immer mehr überhandnehmenden Überstreckung der Zivilrechtsprechung in die Verwaltung"[25]. Er brachte zum Ausdruck, daß er mit seinem Entwurf der Aufgabe, dem Rechtsstoff ein "äußeres Kleid" zu geben, nachgekommen sei. Allerdings war *von Haller* klar, daß die Ausarbeitung allgemeiner Vorschriften nicht einfach sein würde. Er hatte von Anfang an die im Stoff selbst liegenden Schwierigkeiten nie verkannt[26]. Das Gutachten *von Hallers* wurde auf Vorschlag *von Köhlers* den Kommissionsmitgliedern als Manuskript für ihre Beratungstätigkeit zur Verfügung gestellt. Der Vorsitzende bezeichnete diese Arbeit als "wertvolles Hilfsmittel" auch für den Verwaltungsdienst[27].

2. Aufstellung eines Systems

"Der Entwurf eines Umrisses für die Landesordnung des allgemeinen öffentlichen Rechts in Württemberg", wie von Haller seinen 110 Seiten umfassenden Grundriß nannte, sah folgende Aufteilung vor[28]:

25 *Von Haller*, Grundriß, HStA Stgt., E130b, Bü553, S.14
26 Sitzungsprotokoll v.5.11.26, HStA Stgt., E130b, Bü547, S.9
27 Sitzungsprotokoll v.21.7.25, HStA Stgt., E130b, Bü547, S.25
28 *Von Haller*, Grundriß, HStA Stgt., E130b, Bü553, S.17ff.

A. DAS RECHT (1. Abschnitt)

1. Der Begriff des öffentlichen Rechts
2. Die Normen des öffentlichen Rechts
    - a. Gesetz
    - b. Rechtsverordnung
    - c. Gewohnheitsrecht
    - d. Satzung
    - e. Verwaltungsverordnung
    - f. Vereinbarung
3. Zeitliche und örtliche Grenzen der Normen
4. Das Prüfungsrecht
5. Wohnsitz, Aufenthalt

B. DIE PERSONEN (2. Abschnitt)

1. Die rechtsfähigen Personen des öffentlichen Rechts
    - a. Der Staat
    - b. Die Körperschaften des öffentlichen Rechts
        - aa. Allgemeines
        - bb. Die Gemeinden
        - cc. Die Genossenschaften
    - c. Die Anstalten
    - d. Die Stiftungen
2. Die nicht rechtsfähigen Personen- und Sachgemeinschaften des öffentlichen Rechts
3. Die natürlichen Personen des öffentlichen Rechts
    - a. als Träger öffentlicher Gewalt
    - b. als Gegenstand öffentlicher Gewaltausübung
    - c. als Träger öffentlicher Rechte und öffentlicher Pflichten
4. Ämter, Stellvertreter
5. Die Personen des Privatrechts
    - a. Die rechtsfähigen Personen
    - b. Die nicht rechtsfähigen Personen

C. DIE ÖFFENTLICHE SACHE (3. Abschnitt)

1. Arten und Begriff
2. Entstehung und Untergang
3. Benutzung und Unterhaltung

D. DIE ALLGEMEINEN ÖFFENTLICHEN RECHTE UND PFLICHTEN (4. Abschnitt)

1. Rechte
    - a. Arten
    - b. Entstehung
    - c. Inhalt und Ausübung
    - d. Verletzung und Schutz; Selbstverteidigung und Selbsthilfe
    - e. Auflösung
2. Pflichten
3. Rechtsnachfolge

E. DIE VERWALTUNGSAKTE (5. Abschnitt)
1. Gesetzmäßigkeit der Verwaltung, gesetzliche Normierung, freies Ermessen der Behörde
2. Begriff, rechtliche Natur, Arten der Verwaltungsakte
3. Die einseitigen Verwaltungsakte
a. Positive Verfügungen
aa. Rechtsbestimmende Verfügungen (Feststellungen)
bb. Rechtsschaffende Verfügungen
aaa. Personenrechtliche
aaaa. Schaffung von Verpflichtungen und Lasten (verpflichtende und belastende Verfügungen)
bbbb. Schaffung von Erlaubnissen, Rechten und Fähigkeiten (konstitutive Verfügungen i.e.S.)
cccc. Schaffung von Rechtsverhältnissen
dddd. Schaffung von Rechtslagen
bbb. Sachenrechtliche
cc. Rechtsverändernde Verfügungen
dd. Rechtsvernichtende Verfügungen
aaa. Personenrechtliche
bbb. Sachenrechtliche
b. Negative Verfügungen
4. Die Nebenbestimmungen
5. Voraussetzung, Form und Bekanntgabe der Verfügungen
6. Nichtigkeit, Anfechtbarkeit, Verbindlichkeit und Rechtskraft
7. Aufhebung
8. Die mehrseitigen Verwaltungsakte

F. DER VERWALTUNGSZWANG (6. Abschnitt)
1. Begriff und Wesen
2. Verwirklichung des Verwaltungszwangs
3. Die Vollstreckungsbeamten

G. DIE ALLGEMEINEN POLIZEILICHEN PFLICHTEN (7. Abschnitt)
1. Der Polizeibegriff
2. Die Polizeigewalt
3. Der Polizeibefehl
4. Die Polizeierlaubnis
5. Die Polizeistrafe
6. Der Polizeizwang

H. DIE ÖFFENTLICHEN LASTEN (8. Abschnitt)
1. Die Naturalleistungen
2. Die öffentlichen Abgaben

I. DIE ÖFFENTLICH-RECHTLICHE ENTSCHÄDIGUNG (9. Abschnitt)
1. Die Eingriffe in das Vermögen der Einzelnen
2. Die Rechtsfolgen des Eingriffs

K. FRISTEN, TERMINE (10. Abschnitt)
L. VERJÄHRUNG (11. Abschnitt)
M. SICHERHEITSLEISTUNG (12. Abschnitt)

III. Die Grundsatzfrage

Die Grundsatzfrage der Kodifikation war die Frage nach der Durchführbarkeit, der Notwendigkeit und der Zulässigkeit einer gesetzlichen Regelung des allgemeinen materiellen Verwaltungsrechts.

Sofort nach Bekanntwerden des Vorhabens wurden Stimmen laut, die ein solches Gesetz für "fruchtlos und unnötig" erklärten[29]. Vor allem die höheren Beamten äußerten die Befürchtung, daß damit ein "untragbarer Eingriff" in die Verwaltung verbunden sei. Bezweifelt wurde aber vor allem die Möglichkeit einer rechtssatzmäßigen Fassung des allgemeinen öffentlichen Rechts[30].

Auf der anderen Seite signalisierte jedoch die Verwaltung, daß ein dringendes Bedürfnis für ein solches Gesetz bestand[31]. Man war der Auffassung, daß die geplante Kodifikation die beklagten Mißstände abstellen könne. Zweifellos dürften sich eine Reihe von Materien, so die Befürworter der geplanten Kodifikation, zur Gesetzgebung eignen. Es wurde ferner davon ausgegangen, daß gewisse Grenzen des Ermessens festgestellt werden könnten, ohne die Verwaltung zu sehr einzuengen.

Auch innerhalb der Kommission war das Vorhaben zunächst stark umstritten. Insbesondere nachdem der engere Ausschuß eine systematische vorläufige Einteilung des Stoffes beschlossen hatte und der Grundriß *von Hallers* vorlag, kam es in der Kommission zu einer umfassenden Auseinandersetzung über das Für und Wider der geplanten Kodifikation. Entgegen der Auffassung *von Hallers*, der vorgeschlagen hatte, die Einteilung im vorläufigen Arbeitsplan als Grundlage zu belassen und mit der Ausarbeitung zu beginnen, wollten vor allem die Vertreter der Wissenschaft zunächst eine ausführliche Aussprache über das Vorhaben[32].

---

29 *Hegelmaier*, Lebenserinnerungen, S.270

30 Sitzungsprotokoll v.6.4.25, HStA Stgt., E130b, Bü547, S.1

31 *Verein württembergischer Verwaltungsbeamter e.V.*, Schr.v.12.5.25, HStA Stgt., E130b, Bü542, As.97

32 Sitzungsprotokoll v.20.06.25, HStA Stgt., E130b, Bü547, S.2ff.

Zum besseren Verständnis, insbesondere der Position der Befürworter einer Kodifikation, soll im folgenden zunächst ein Überblick über den damaligen Stand des Verwaltungsrechts gegegeben werden.

1. Die Problematik des Verwaltungsrechts zu Beginn des 20.Jahrhunderts

1.1. Einfluß des Privatrechts auf öffentlich-rechtliche Rechtsverhältnisse

1.1.1. Lückenhaftigkeit des Verwaltungsrechts

Das Verwaltungsrecht, das als objektives Recht erst im Laufe des 19. Jahrhunderts entstanden ist, war zu Beginn des 20. Jahrhunderts noch sehr lückenhaft. Trotz der Zunahme öffentlich-rechtlicher Vorschriften gab es auf weiten Gebieten keine Normen des öffentlichen Rechts, nach denen Verhältnisse der öffentlichen Verwaltung hätten beurteilt werden können[33]. Allgemeine Vorschriften, soweit überhaupt vorhanden, waren in den einzelnen Verwaltungsgesetzen zerstreut, die sich rein äußerlich an die verschiedenen Verwaltungszweige anschlossen und in denen zudem nicht selten das juristisch Wesentliche von einer üppigen Reglementierung verwaltungstechnischer Einzelheiten überwuchert wurde[34]. Eine auch nur annähernd erschöpfende systematisch geordnete Gesetzgebung des für die Verwaltung geltenden öffentlichen Rechts war in keinem deutschen Staat vorhanden[35]. Insgesamt gesehen, befand sich das öffentliche Recht in einem sehr schlechten Zustand. Die junge Wissenschaft des öffentlichen Rechts und auch die Verwaltungsgerichte konnten diese Lückenhaftigkeit durch Entwicklung von Rechtsgrundsätzen und durch Rechtsfortbildung nur sehr begrenzt beseitigen[36].

---

33 *Nebinger*, aaO., S.22
34 *Fleiner*, Institutionen, 4. Aufl. 1919, S. 56
35 Vgl. *von Gehe*, FischersZ. 1908, Bd.34, 141
36 *Von Gehe*, FischersZ 1908, Bd.34, S.142f.

1.1.2. Ergänzung der Lücken durch Privatrecht

Gegenüber der unvollkommenen Ausgestaltung des öffentlichen Rechts war das Privatrecht ein bis in das kleinste Detail mit höchster Feinheit ausgearbeitetes Recht[37]. So lag es nahe und wurde auch von Verwaltungspraxis und Verwaltungsgerichtsbarkeit sehr ausgiebig praktiziert, zur Ergänzung der zahlreichen Lücken des öffentlichen Rechts die entsprechenden privatrechtlichen Normen heranzuziehen. Das Privatrecht diente deshalb allgemein als Fundgrube für das Auffinden korrespondierender Regelungen und juristischer Formen[38]. Eine allgemeine gesetzliche Regelung oder Grundsätze zur Anwendung privatrechtlicher Normen im öffentlichen Recht gab es nicht. Wissenschaft und Praxis waren in dieser Frage auf sich selbst gestellt[39].

Was die Reichsgesetzgebung anbelangt, so hatte diese zumindest auf dem Gebiet der Krankenversicherung keine prinzipiellen Einwände gegen die subsidiäre Anwendung des bürgerlichen Rechts. Aus den Motiven zur Krankenversicherungsnovelle vom 10. April 1892 zu §55 des Gesetzes ist z.B. zu entnehmen, daß die privatrechtlichen Verjährungsvorschriften anzuwenden waren. Ferner wurde in den Motiven ohne weitere Begründung Bezug auf die Bereicherungsregelungen des Privatrechts genommen[40].

Auch die Verwaltungspraxis sah i.d.R. keine Probleme, die privatrechtlichen Vorschriften im öffentlichen Recht anzuwenden, soweit es an einer besonderen gesetzlichen Regelung fehlte[41]. Ob das Privatrecht subsidiär oder analog im öffentlichen Recht Anwendung finden oder ob der in der privatrechtlichen Norm enthaltene allgemeine Rechtsgedanke zur Beurteilung öffentlich-rechtlicher Rechtsverhältnisse herangezogen werden sollte, wurde in den meisten Fällen nicht begründet. Gewöhnlich bezog man sich auf die "aushilfsweise Anwendung" oder stützte sich dabei auf Gewohnheitsrecht[42].

---

37 *Von Gehe*, FischersZ 1908, Bd.34, S.143
38 *Von Gehe*, FischersZ 1908, Bd.34, S.143
39 *Goez*, aaO., S.121
40 Vgl. *Goez*, aaO., S.139
41 Vgl. *Lassalln*, FischersZ. 1926, Bd.59, S.154
42 *Hofacker*, WüRV 1907/08, S.92

Bei den Verwaltungsgerichten im Deutschen Reich bestand eine weitgehende Meinungsverschiedenheit über die Anwendbarkeit der Normen des bürgerlichen Rechts für die Entscheidung öffentlich-rechtlicher Ansprüche. Der Badische Verwaltungsgerichtshof folgte z.B. den Überlieferungen des französischen Rechts und ließ die Anwendung des bürgerlichen Rechts im öffentlichen Recht nur insoweit zu, als letzteres dies ausdrücklich für zulässig erklärt hatte. Einen anderen Standpunkt nahmen z.B. das Preußische Oberverwaltungsgericht und der Bayerische Verwaltungsgerichtshof ein. In unterschiedlicher Weise kamen nach der Rechtsprechung dieser Gerichte gewisse zivilrechtliche Rechtsgrundsätze auch im öffentlichen Recht zur Anwendung, andere wiederum nicht. Auch der Württembergische Verwaltungsgerichtshof wendete in einzelnen Punkten das bürgerliche Recht an, meistens jedoch ohne Klarstellung des Grundes und der Begrenzung. Später hat sich das Gericht jedoch wiederholt gegen die Anwendung privatrechtlicher Vorschriften auf öffentlich-rechtliche Verhältnisse ausgesprochen[43].

Eine Anwendung privatrechtlicher Grundsätze im öffentlichen Recht erfolgte aber nicht allein durch die Verwaltungsgerichte, sondern auch durch die Zivilgerichtsbarkeit, die aufgrund ihrer Rechtswegdefinition ebenfalls über öffentlich-rechtliche Rechtsverhältnisse und öffentlich-rechtliche Vorfragen zu entscheiden hatte[44].

1.1.3. Gründe für die Anwendung von Privatrecht

Neben praktischen Gründen, wie z.B. Arbeitserleichterung und Zeitersparnis, fanden die Zivilrechtsvorschriften im wesentlichen auch deshalb Anwendung, weil sie als allgemeine "Denkregeln"[45] angesehen wurden. Die gebräuchlichen Begriffe des bürgerlichen Rechts beeinflußten das "juristische Denken" so stark, daß bei einer anderen Verwendung die Entscheidung immer noch von privatrechtlichen Vorstellungen und Bindungen, die im Unterbewußtsein vorhan-

---

43 Vgl. i.e.: *Goez*, aaO., S.135

44 Vgl. *Walter Jellinek*, Verwaltungsrecht, S.46ff.; *Friedrichs*, Hirts Ann. 1917, Bd.50, S. 410ff.;

45 *Hofacker*, WüRV 1907/08, S.93

den waren, geprägt war. Diese "metarationalen Imponderabilien" konnten offensichtlich nicht vermieden werden[46].

Außerdem wurde das gesamte Vermögensrecht, wie zu Zeiten des Polizeistaates, für einen Teil des Privatrechts gehalten[47]. So bestand die Ansicht, daß ein Rechtsverhältnis, das durch einen sogenannte Privatrechtstitel, wie z.B. Vertrag, Aufrechnung, Verjährung begründet wurde, allein aus diesem Grund dem Privatrecht angehöre[48]. Dies hatte zur Folge, daß bei lückenhafter Regelung im öffentlichen Recht entweder automatisch die Vorschriften des *Bürgerlichen Gesetzbuches* subsidiär angewandt wurden, oder aber das Schweigen der öffentlich-rechtlichen Gesetze über die Einzelheiten des Rechtsinstituts wurde als eine konkludente Ermächtigung zur Anwendung der entsprechenden privatrechtlichen Vorschriften angesehen[49].

In diesem Zusammenhang dürfte auch eine Rolle gespielt haben, daß trotz der Entwicklung des öffentlichen Rechts zur juristischen Disziplin, die Grundeinstellung der Rechtsgelehrten nach wie vor nicht öffentlich-rechtlich, sondern privatrechtlich orientiert war[50]. Die Anerkennung des öffentlichen Rechts gehörte noch nicht zum gesicherten Bestand der Rechtswissenschaft. Dementsprechend war die juristische Ausbildung überwiegend zivilistisch geprägt[51].

Hinzu kam noch das Legitimationsproblem. Die deutsche Rechtsauffassung erblickte die Garantie der Rechtssicherheit in einer möglichst strengen Bindung an das Gesetz[52]. Es war nicht möglich, wie z.B. in Frankreich, die Lücken im öffentlichen Recht durch freie Rechtsgestaltung zu schließen. Bei den bestehenden Mängeln der Gesetzgebung waren Rechtsprechung und Praxis deshalb fast

---

46 Vgl. *Holstein*, Öff.-rechtl. Abh., Heft 3, S.96
47 Vgl. *Friedrichs*, Hirts Ann. 1917, Bd.50, S.426
48 Vgl. *Fleiner*, Umbildung zivilrechtlicher Institute, S.23
49 Vgl. *Mayer-Branecke*, AöR, Bd.50, NF 11, 1926, S.247; *Lassalln*, FischersZ, Bd. 59, 1926, S. 154
50 Vgl. *Friedrichs*, Hirts Ann. 1917, Bd.50, S.426
51 *Penz*, aaO., S.74ff.
52 Vgl. *Fleiner*, Umbildung zivilrechtlicher Institute, S.17

genötigt, die Zivilrechtsvorschriften auf Verwaltungsrechtsverhältnisse zu übertragen[53]. *Stein*[54] bemerkte dazu:

> "Wo das Privatrecht ein bis ins einzelne durchgebildetes System von Rechtssätzen bildet, steht der Richter, der nach öffentlichem Recht entscheiden sollte und möchte, dem Nichts gegenüber. Da ist es denn psychologisch erklärlich, daß er die Entscheidung da sucht, wo er Aussicht hat, sie zu finden, ohne allzu ängstlich nach der Legitimation der Quelle zu fragen. So war es immer und ist es noch."

1.1.4. Kritik an der Anwendung von Privatrecht

Die ungeprüfte und ohne wissenschaftlichen Hintergrund erfolgende subsidiäre Anwendung privatrechtlicher Bestimmungen auf öffentlich-rechtliche Verhältnisse wurde als äußerst unbefriedigend empfunden. Sie war nach öffentlich-rechtlicher Anschauung verfehlt, weil die öffentliche Verwaltung mit den auf die Bedürfnisse von Privatpersonen zugeschnittenen Regelungen des Privatrechts die immer stärker zunehmenden Aufgaben nicht mehr bewältigen konnte[55]. Es wurde befürchtet, daß es dadurch zu einer "Verkümmerung der staatlichen Zwecke" komme[56].

Zum anderen beanstandete man, daß durch die "Überflutung und Überwucherung"[57] des öffentlichen Rechts mit Zivilrecht eine "Vorherrschaft privatrechtlicher Anschauungen"[58] eingetreten sei. Diese Situation würde nicht nur zu falschen Entscheidungen führen, sondern sie verhindere nach Ansicht der Kritiker auch die Entwicklung eines auf die Bedürfnisse der öffentlichen Verwaltung zugeschnittenen Rechts[59]. Erst durch die "Befreiung von der zivilrechtlichen Schablone" bestehe die Möglichkeit zur Ausbildung derjenigen besonderen Grundsätze des öffentlichen Rechts, die den eigentümlichen Aufgaben und Inter-

---

53 *Hofacker*, WüRV 1907/08, S.93
54 *Stein*, aaO., S.33
55 *Fleiner*, Umbildung zivilrechtlicher Institute, S.9f.
56 *Tezner*, AöR 1894, Bd.9, S.565
57 *Goez*, aaO., S.121
58 *Fleiner*, Umbildung zivilrechtlicher Institute, S.7
59 Vgl. *Von der Mosel*, aaO., S. 1504

essen der öffentlichen Verwaltung Rechnung tragen würden[60]. Gefordert wurde deshalb die umgehende "Emanzipation vom Zivilrecht"[61].

Den Verwaltungsgerichten warf man vor, für den Mißstand mitverantwortlich zu sein. Auch ihnen wurde eine uneinheitliche, unsystematische und ohne wissenschaftlichen Hintergrund vorgenommene Anwendung von Privatrecht zur Last gelegt, die zu einer "prinzipienlosen Vermischung" des öffentlichen Rechts mit Privatrecht und zu einer "ungehörigen Abhängigkeit" der Verwaltungsgerichte von den Vorschriften des Privatrechts geführt habe[62].

1.2. Zuständigkeit der Zivilgerichtsbarkeit bei Rechtsverhältnissen der Verwaltung

1.2.1. Erweiterte Zuständigkeit der Zivilgerichte

Neben den Rechtsverhältnissen der Verwaltung, die ganz dem Privatrecht unterstanden, gab es viele sogenannte "gemischte Rechtsverhältnisse", die weder ganz dem öffentlichen, noch ganz dem privaten Recht zugeordnet werden konnten[63].

Diese "eigentümliche Verknüpfung des Privat- und Verwaltungsrechts"[64] führte häufig zu Problemen bei der Bestimmung des zuständigen Gerichts. Die Zivilgerichtsbarkeit vertrat in diesem Zusammenhang die Auffassung, daß es für den Begriff der bürgerlichen Rechtsstreitigkeit gemäß § 13 *Gerichtsverfassungsgesetz* nicht auf das Ursprungsverhältnis ankomme, aus dem die einzelnen Ansprüche und Rechte erwachsen würden, sondern entscheidend sei dabei das Rechtsverhältnis i.e.S., also das einzelne subjektive Recht und dessen innere Natur. Nach dem Reichsgericht war dieses Recht dann ein privatrechtlicher Anspruch, wenn nichts geltend gemacht wurde, was eine Behörde kraft der ihr verliehenen Verfügungsgewalt fordern darf. Es wurde immer wieder betont, daß es für die innere

60 *Fleiner*, Umbildung zivilrechtlicher Institute, S.10
61 *Fleiner*, Umbildung zivilrechtlicher Institute, S.9; *Zorn*, VerwArch. 1894, Bd.2, S.132
62 *Goez*, aaO., S.151
63 *Fleiner*, Umbildung zivilrechtlicher Institute, S.10
64 *Erich Kaufmann*, aaO., S.714

Natur des Anspruchs unbeachtlich sei, worauf er beruhe, worin er wurzele, welche Grundlage er habe, welchem Gebiet er angehöre und welchen Vorgängen er seine Entstehung verdanke[65]. Demzufolge hat das Reichsgericht in ständiger Rechtsprechung alle vermögensrechtlichen Streitigkeiten, d.h. alle Streitigkeiten, die irgendeine vermögensrechtliche Auswirkung hatten, grundsätzlich auf den ordentlichen Rechtsweg verwiesen, auch wenn es sich dabei um rein öffentlich-rechtliche, vom Reichsgericht als solche anerkannte Rechtsbeziehungen und Fragen gehandelt hat[66].

Nach Auffassung des Reichsgerichts unterstanden ferner alle durch Privatrechtstitel, wie Vertrag, condictio usw. begründeten Rechtsverhältnisse dem Privatrecht[67]. Beispielsweise qualifizierte das Reichsgericht Verträge zwischen einzelnen öffentlichen Verwaltungen als privatrechtliche Verträge, obwohl es sich nach öffentlich-rechtlicher Anschauung hier ausschließlich um Gegenstände der öffentlichen Verwaltung handelte. Des weiteren faßte das Reichsgericht z.B. die Verleihung eines Sondernutzungsrechts an einer öffentlichen Sache als privatrechtlichen Mietvertrag auf. Ebenso erklärte es das Anliegerrecht ausschließlich für ein Privatrecht[68].
Hinzu kam, daß die Zivilgerichte nach dem Reichsgericht verpflichtet waren, bei Entscheidungen über einen privatrechtlichen Anspruch, der von einer öffentlich-rechtlichen Vorfrage abhing, auch diese zum Gegenstand ihrer Entscheidung zu machen[69].

1.2.2. Kritik an der Rechtsprechung der Zivilgerichte

Die vom Reichsgericht bezogene Position, daß gewisse juristische Merkmale eines Rechtsverhältnisses ohne weiteres auf dessen privatrechtliche Natur hinweisen, wurde nach öffentlich-rechtlicher Anschauung abgelehnt. Unter Bezugnahme auf die durch Steuergesetze begründeten finanziellen Ansprüche und Pflichten

65 *Erich Kaufmann*, aaO., S.714
66 *Walter Jellinek*, Verwaltungsrecht, S.46
67 *Friedrichs*, Hirts Ann. 1917, Bd.50, S.426
68 Vgl. *von der Mosel*, aaO., S.1505;
69 Vgl. *von der Mosel*, aaO., S.1510

hielt man den Vermögenswert als Zuordnungskriterium grundsätzlich für unwesentlich, da sich Privatrecht und Vermögensrecht nicht deckten. Als unwesentlich für die Zuweisung einer Streitsache zu den Zivilgerichten bezeichnete man ferner den Rechtstitel, da Vertrag, condictio usw. Formen seien, die in allen Teilen des Rechtssystems ihre Verwendung finden würden. Sie seien nicht auf das Privatrecht beschränkt[70].

Abgesehen davon warf man den Zivilgerichten seitens der Verwaltung vor, sie würden bei der Anwendung privatrechtlicher Bestimmungen auf hoheitliche Rechtsverhältnisse die Entscheidung nicht, wie erforderlich, unter Beachtung ethischer, finanzieller und verwaltungspolitischer Erwägungen treffen, sondern mehr mit "Sorglosigkeit, Naivität und in skrupelloser Weise"[71]. Die Beurteilung öffentlich-rechtlicher Verhältnisse durch die Zivilgerichte wurde als "z.T. fremdartig und schablonenhaft"[72] bezeichnet. Dem Reichsgericht unterstellte man sogar, das Eindringen des Privatrechts in Verhältnisse des öffentlichen Rechts zu beabsichtigen und so weit als möglich zu fördern[73]. Im Interesse einer eigenständigen Entwicklung des öffentlichen Rechts erging deshalb die Forderung, daß die Zivilgerichte grundsätzlich untätig bleiben sollten, soweit verwaltungsgerichtlicher Rechtsschutz gegeben sei[74].

Im Vordergrund der Kritik dürfte jedoch die Empörung darüber gestanden haben, daß die Zivilgerichte über Fragen und Gegenstände des öffentlichen Rechts entscheiden und damit eine Kontrolle über die Verwaltung ausüben konnten. Man vermißte eine rückhaltlose Anerkennung der gleichberechtigten Stellung der Verwaltungsgerichtsbarkeit durch das Reichsgericht. Es wurde befürchtet, daß diese "Privatisierungstendenz" bei schrankenlosem Fortschreiten zu einer vollständigen Verwirrung der Kompetenzen von Zivil- und Verwaltungsgerichtsbarkeit führen und die Verwaltungsgerichtsbarkeit schließlich der Zivilgerichtsbar-

---

70 Vgl. *Fleiner*, Institutionen, 8. Aufl.1928, S.50
71 *Tezner*, AöR 1894, Bd.9, S.566
72 *Tezner*, AöR 1894, Bd.9, S.566
73 *Goez*, Verwaltungsrechtspflege, S.151f.
74 *Tezner*, AöR 1894, Bd.9, S.566

keit unterstellt werden würde[75]. *Hofacker* sprach sogar davon, daß die Verwaltungsgerichtsbarkeit überhaupt nur dem Namen nach bestehe[76].

So erging die Aufforderung, mit allen noch vorhandenen Überstreckungen der Justiz, insbesondere der Zivilrechtsprechung auf die Verwaltung, aufzuräumen. Sie erschien weder aus systematischen noch aus rechtspolitischen Gründe gerechtfertigt zu sein[77].

1.3. Bestrebungen in der Verwaltungsrechtswissenschaft

1.3.1. Erweiterung des Geltungsbereichs des öffentlichen Rechts

Um eine weitere Ausdehnung des Privatrechts im öffentlichen Recht zu verhindern, wurde in der Verwaltungsrechtswissenschaft gefordert, die gesamte öffentliche Verwaltung, also auch die Leistungsverwaltung[78], dem öffentlichen Recht zu unterstellen und die Anwendung von Privatrecht auf öffentlich-rechtliche Rechtsverhältnisse grundsätzlich auszuschließen. Für sämtliche Rechtsverhältnisse zwischen Verwaltung und Bürger sollte, in Anlehnung an das französische Vorbild, ausschließlich das öffentliche Recht maßgebend und allein die öffentliche Gewalt zur Überwachung dieser Rechte und Pflichten berufen sein[79].

Diese Forderung ist vor allem im Zusammenhang mit dem erweiterten Zuständigkeitsbereich der Zivilgerichtsbarkeit zu sehen. Denn soweit Rechtsverhältnisse der öffentlichen Verwaltung nur nach öffentlichem Recht beurteilt werden durften, konnte das öffentliche Recht auf das gesamte streitige Rechtsverhältnis Anwendung finden, also auch hinsichtlich eventueller vermögensrechtlicher Ansprüche[80]. Da aber, soweit Gesetze nichts Abweichendes vorsahen, die Handhabung des öffentlichen Rechts ausschließlich in die Zuständigkeit der Verwal-

---

75 *Tezner*, AöR 1894, Bd.9, S.566
76 *Hofacker*, WüRV 1907/08, S.87
77 Vgl. *Von der Mosel*, aaO., S. 1512
78 Mit Ausnahme der fiskalischen Tätigkeit des Staates
79 Vgl. *von der Mosel*, aaO., S. 1503, 1507
80 *Von der Mosel*, aaO., S. 1508

tungsgerichte gehörte, sollte die Einflußnahme der bürgerlichen Gerichte auf die Tätigkeit der öffentlichen Verwaltung damit ausgeschlossen werden.

1.3.2. Ausarbeitung eines allgemeinen Teils des öffentlichen Rechts

Die Verwaltungsrechtslehre sah als Reaktion auf die Lückenhaftigkeit des öffentlichen Rechts und der damit verbundenen übermäßigen Ausdehnung des Privatrechts ihre Hauptaufgabe darin, das umfangreiche positivrechtliche Material zu reduzieren und konstante Grundfiguren aus den sich zum Teil widersprechenden gesetzlichen Regelungen herauszuarbeiten[81]. Mit der Rückführung auf einfache juristische Grundformen sollte der Richter und Verwaltungsbeamte in die Lage versetzt werden, auch wenn das Gesetz schwieg, jedem neu auftauchenden Rechtsverhältnis gerecht zu werden und nicht auf zivilrechtliche Regelungen angewiesen zu sein. Andererseits wollte man aber auch im Hinblick auf die Entwicklung des Verwaltungsrechts zu einem Glied der juristisch-technischen Disziplinen, den Rückstand an dogmatischer Durchbildung gegenüber dem Zivilrecht verringern[82]. Mit der Schaffung eines "rein juristischen Systems des Verwaltungsrechts" und der damit verbundenen Ausbildung eigener verwaltungsrechtlicher Begriffe, entstand auch die Bestrebung, die entwickelten Grundsätze in einem allgemeinen Teil des öffentlichen Rechts zusammenzufassen[83].

Es wurde deutlich gemacht, daß eine "gedeihliche Entwicklung des Verwaltungsrechts" nicht zu erwarten sei, solange ein allgemeiner Teil nicht existiere[84]. Auf die Notwendigkeit allgemeiner Bestimmungen über die obersten Grundsätze des Verwaltungsrechts hatte bereits *Sarwey* im Jahre 1858 hingewiesen[85]. Aber erst 1910 hat *Karl Kormann* als erster ein System des allgemeinen Teils des öffentlichen Rechts veröffentlicht[86]. Bei seiner Beschäftigung mit dieser Aufgabe kam er allerdings zu der Auffassung, daß die Ausarbeitung eines allgemeinen

---

81 Vgl. *Stolleis*, aaO., S.79,81,89
82 *Stolleis*, aaO., S. 79
83 Vgl. *Dennewitz*, aaO., S.161f.
84 Vgl. *Bernatzik*, aaO., Vorrede IV; *Fleiner*, Institutionen, 8. Aufl. 1928, S.54
85 *Sarwey*, Württ. Arch.f.Recht u. Rechtsverwaltung I, 1858, S.22
86 *Kormann*, Hirts Ann.1911, Bd.44, S.850ff.

Teils die Kräfte eines Einzelnen wahrscheinlich übersteige und deshalb nur von einer möglichst "organisierten Vielheit von Kräften" bewältigt werden könne[87].

2. Diskussion über Pro und Contra eines Gesetzes über allgemeines Verwaltungsrecht

2.1. Einwände gegen eine Kodifikation

Große Bedenken materieller und formeller Art gegen die gesetzliche Regelung allgemeiner Bestimmungen des öffentlichen Rechts hatten die Vertreter der Wissenschaft sowie Oberregierungsrat *Ernst*.

2.1.1. Problem der Abstrahierung allgemeiner Regelungen

Ernst, der zwar für die Verwaltungsgerichte ein gewisses Bedürfnis nach Normen feststellte, um weiteren Einbrüchen der Justiz in die Verwaltung vorzubeugen, hielt es für unmöglich, ein formales System aufzustellen[88]. Seiner Ansicht nach ließe sich das Verwaltungsrecht zwar als ein einheitliches Ganzes denken, tatsächlich habe es sich aber in verschiedene Einzelsysteme verzweigt. Von einzelnen Ausnahmen abgesehen liege es im Wesen des Verwaltungsrechts, und das war sein Haupteinwand gegen die Kodifikation, daß keine allgemeinen Bestimmungen abstrahiert werden könnten. *Ernst* wies in diesem Zusammenhang darauf hin, daß selbst die Privatrechtswissenschaft inzwischen an dem Wert der allgemeinen Bestimmungen zu zweifeln begonnen habe.

Ernst wollte nicht abstreiten, daß diesen Einzelsystemen auch gewisse Rechtsideen gemeinsam sein konnten. Allerdings war für ihn das einzelne System rechtlich in sich derart abgeschlossen, daß es nur aus sich selbst heraus zu verstehen sei. Die gemeinsamen Rechtsideen waren seines Erachtens nicht dazu geeignet, gemeinsame brauchbare Rechtssätze eines allgemeinen Teils des

87 *Kormann*, Hirts Ann.1911, Bd.44, S.851
88 Sitzungsprotokoll v.20.6.25, HStA Stgt., E130b, Bü547, S.4

Verwaltungsrechts zu werden. *Ernst* gab darüber hinaus zu bedenken, daß die in den einzelnen Systemen wiederkehrenden Begriffe nicht immer dasselbe bedeuteten. Wenn auch nur eine Nuance Unterschied bestehe, müsse dies berücksichtigt werden.

Nach Auffassung *Ernsts* setzte die "Aufpropfung eines gemeinsamen Oberteils" auf die verschiedenen Einzelsysteme daher voraus, daß entweder letztere korrigiert werden, oder aber, daß in den allgemeinen Teil nur Begriffe und Rechtsätze aufgenommen werden dürften, die wirklich auch für alle verschiedenen Einzelsysteme passen würden. In der Korrektur des einzelnen Rechtsgebietes lediglich unter dem Gesichtspunkt der Anpassung an das "Oberteil" sah *Ernst* die Gefahr begründet, daß auch die Loslösung nur einzelner Bausteine zu unerwünschten Folgen führen könne. Abgesehen von diesem Aspekt gab er zu bedenken, daß fast jeder Rechtssatz des allgemeinen Teils den Vorbehalt machen müßte "soweit nichts anderes bestimmt ist". Mit solchen noch so gesiebten Rechtssätzen und Begriffen war nach Ansicht *Ernsts* in der Praxis nicht viel anzufangen. Er war davon überzeugt, daß sie auch bei aller Sorgfalt bezüglich ihrer Fassung nur eine neue Unklarheit bringen, dem Verwaltungsbeamten die Arbeit erschweren und keinesfalls das bedeuten würden, was doch der eigentliche Zweck des Entwurfs sein sollte, nämlich eine Vereinfachung. Im Ergebnis ließen sich nach *Ernst* zwar Richtlinien aufstellen, die er auch für sehr nützlich hielt. Die Ausarbeitung eines Gesetzes hielt er jedoch nicht für möglich[89].

2.1.2. Keine Verbesserung der kritisierten Zustände

Nach Ansicht *Ernsts* war ferner zu berücksichtigen, daß es eine wesentliche Aufgabe des Entwurfs sein müßte, eine festere Abgrenzung des hoheitlichen Herrschaftsgebietes gegenüber dem bürgerlichen Recht zu bilden. Wenn dies durch Rechtsätze des öffentlichen Landesrechts geschehen könne und wenn bei Verfolgung jenes Zwecks der Entwurf die Ergebnisse der neueren Wissenschaft berücksichtigen wolle, so stand dem seiner Meinung nach das positive Verwal-

89 Vgl.i.e.: Gutachten zum Recht der öffentlichen Sachen, HStA Stgt, E130b, Bü561, Vorbem.S.IIIff.

tungsrecht des Reichs und des Landes, z.T. sogar das positive bürgerliche Reichsrecht entgegen. Darüber hinaus war es für ihn eine ganz andere Frage, ob die bürgerlichen Gerichte diese Rechtssätze überhaupt respektieren würden.

Ernst machte ferner darauf aufmerksam, daß gerade in Württemberg die einzelnen Verwaltungsrechtsordnungen in bezug auf jene Abgrenzung keineswegs von einem einheitlichen Prinzip getragen seien. Nicht selten enthielten sie Rechtssätze bzw. Rechtsgrundsätze, die der derzeitigen Auffassung über das öffentliche Recht widersprechen würden. Seiner Ansicht nach sollten aber allgemeine Obersätze darauf Rücksicht nehmen. Außerdem bestand für *Ernst* die Gefahr, daß Widersprüche entstehen könnten, soweit diese Sätze dazu dienen sollten, Lücken auszufüllen[90].

Von Köhler bezweifelte, daß durch ein allgemeines Gesetz eine Verbesserung der Beamtenausbildung eintrete. Wegen der daraus entstehenden "schematischen Bindung eines unzureichend gerüsteten Beamten" befürchtete er eher eine umgekehrte Erscheinung[91]. *Von Köhler*, der nach eigenen Angaben bislang davon ausgegangen war, daß es sich bei dem Entwurf in der Hauptsache um eine Zuständigkeitsabgrenzung handele, hatte nach Durchsicht des Stoffplanes erhebliche Bedenken gegen das Vorhaben. Er verwies zunächst darauf, daß die Verabschiedung eines solchen Gesetzes aufgrund der politischen Verhältnisse im Parlament sehr fragwürdig sei. Ferner verneinte er das Bedürfnis für eine Kodifikation der allgemeinen Bestimmungen. Eine Bearbeitung durch den Gesetzgeber erschien ihm nur für einzelne Gesetze notwendig. Als Beispiel nannte er hier das Polizeirecht[92].

---

90 Vgl.i.e.: Gutachten zum Recht der öffentlichen Sachen, HStA Stgt, E 130 b, Bü 561, Vorbem.S.IIIf.

91 Sitzungsprotokoll v.20.6.25, HStA Stgt., E130b, Bü547, S.9

92 Sitzungsprotokoll v.20.6.25, HStA Stgt., E130b, Bü547, S.3

2.1.3. Folgen der gesetzlichen Festlegung allgemeiner Bestimmungen

Gegen das Vorhaben sprach nach Ansicht *von Köhlers* aber besonders, daß auf dem Gebiet, allgemeine Grundsätze und Begriffe festzulegen, alles noch "im Flusse" sei. Auffassungen über viele der zu behandelnden Fragen gingen seines Erachtens noch viel zu weit auseinander. Außerdem machte er deutlich, daß die Kodifikation sowohl eine Bindung des Gesetzgebers für die Zukunft, und was noch schlimmer sei, eine "Hemmung und Einengung" für die Verwaltung zur Folge habe. *Von Köhler* war der Überzeugung, daß der verantwortliche Beamte durch die Normierung von Rechtssätzen gehemmt und der freie Spielraum der Verwaltung eingeschränkt werde. Als Beispiel führte er hier eine gesetzliche Regelung des Ermessens an.

Von Köhler sah es außerdem als problematisch an, wenn Württemberg sich allein Wissenschaft und Praxis durch eine solche Festlegung "entgegenstemme". Insgesamt erschien ihm der Plan wie die "Kodifikation eines Lehrbuchs". Dies sei jedoch keine Arbeit für den Gesetzgeber. Was *von Köhler* befürworten konnte war lediglich die Ausarbeitung eines Gesetzes über die Zuständigkeitsabgrenzung, wofür er ohne Zweifel ein dringendes Bedürfnis sah[93].

Sartorius, der als Mitglied des engeren Ausschusses den vorläufigen Arbeitsplan mit ausgearbeitet hatte, begrüßte zwar eine formelle Zusammenfassung des geltenden Rechts. Denkbar war für ihn auch, in der *Verwaltungsrechtsordnung* das in Württemberg besonders zurückgebliebene Polizeirecht sowie den Verwaltungszwang zu regeln. Die Feststellung allgemeiner Rechtsnormen des öffentlichen Rechts hielt er demgegenüber für "aussichtslos", da gerade in den schwierigsten Fragen[94] die Anschauungen in der Wissenschaft noch völlig ungeklärt seien[95]. Wie *von Köhler* bezeichnete auch *Sartorius* den Stoffplan als "Disposition zu einem Lehrbuch oder zu einer akademischen Vorlesung". Er stand auf dem Standpunkt, daß die allgemeinen Grundsätze nach wie vor Sache der Wissen-

---

93 Sitzungsprotokoll v.20.6.25, HStA Stgt., E130b, Bü547, S.3ff.

94 Z.B. bei der Frage der Nichtigkeit von Verwaltungsakten, bei der Frage der öffentlichen Sachen usw.

95 Sitzungsprotokoll v. 6.4.25, HStA Stgt., E130b, Bü547, S.2

schaft bleiben sollten, die mit Abstraktion arbeite, was der Gesetzgeber nicht könne. Wie *Ernst*, so war auch *Sartorius* der Meinung, daß es nicht gelingen werde Normen zu finden, die die Unsicherheit im einzelnen Fall ausschließen könnten. Im übrigen fragte er sich, ob es pädagogisch zweckmäßig sei, die Verwaltungsbehörden und Verwaltungsgerichte durch eine Gesetzbuch gewissermaßen zu "mechanisieren"[96].

2.1.4. Vorrang reichsrechtlicher Regelung

Es wurde schließlich noch die Frage aufgeworfen, ob die geplante Kodifikation bei der damaligen Gesamtlage der Gesetzgebung im Reich und Land in dieser Begrenzung überhaupt noch durchführbar und erfolgversprechend war. In dieser Beziehung wurde darauf hingewiesen, daß mit Gründung des Reichs ein nicht unerheblicher Teil des öffentlichen Rechts in die Gesetzgebung des Reichs übergegangen und deshalb auf diesen Gebieten für landesrechtliche Vorschriften kein Raum mehr vorhanden sei. Zudem sei durch die Reichsverfassung 1919 die den Ländern bis dahin noch verbliebene Selbständigkeit in bedeutendem Maß weiter zurückgedrängt worden[97].

2.2. Befürwortung einer Kodifikation

2.2.1. Praktisches Bedürfnis nach allgemeinen Rechtssätzen

Staatspräsident *Bazille*, der bei der ersten Sitzung anwesend war, verwies zunächst auf die vom Reich in Angriff genommene, wenn auch mehr formelle Kodifikation des geltenden Reichsrechts. Er hob ferner den materiellen Charakter des zu schaffenden Gesetzes hervor. Den Bedenken von *Sartorius* entgegnete der Staatspräsident mit dem Hinweis, daß die Verwaltung dringend ein solches Ge-

---

96 Sitzungsprotokoll v.20.6.25, HStA Stgt., E130b, Bü547, S.7f.
97 Gutachten zum Gegenstand des Gesetzes, HStA Stgt., E130b, Bü553, S.22

setz benötige. Er forderte die Kommission deshalb zu einer "mutigen Inangriffnahme" der Arbeit auf[98].

Ein dringendes praktisches Bedürfnis für die Ausarbeitung des Gesetzes bejahten aus verschiedenen Motiven heraus auch die Vertreter des Verwaltungsgerichtshofs sowie *Hegelmaier* und *Nebinger*. Zunächst wurde darauf hingewiesen, daß es auch im öffentlichen Recht, wie im bürgerlichen Recht, rechtliche Grundsätze gebe, die sich nicht nur auf Rechte besonderen Inhalts, sondern auf die Rechte als solche beziehen würden. Soweit allgemeine Sätze des öffentlichen Rechts vom Gesetzgeber überhaupt ausdrücklich ausgesprochen worden seien, fänden sich diese vereinzelt in denjenigen Gesetzen verstreut, die besondere öffentliche Rechtsverhältnisse behandelten. Man kritisierte, daß solche Sätze aber meistens in den Gesetzen nicht ausdrücklich ausgesprochen seien, sondern daß sie aus den einzelnen Vorschriften im Wege der Deduktion gewonnen werden müßten[99]. Es wurde zwar die Arbeit der Wissenschaft, der Verwaltungspraxis und besonders der Verwaltungsgerichte in dieser Hinsicht anerkannt. Die Befürworter der Kodifikation bemängelten jedoch, daß die bisherige Herausarbeitung der allgemeinen Sätze für das Bedürfnis der Praxis längst nicht ausreiche[100].

Von Haller hielt die Herausarbeitung allgemeiner Grundsätze bei dem gegenwärtigen Zustand des positiven Rechts nicht nur für sehr zeitraubend und meist mit erheblichen Schwierigkeiten verbunden, sondern auch häufig nicht in so eindeutiger Weise für möglich[101]. Er begründete seine Auffassung damit, daß einerseits die Ergebnisse der Wissenschaft und Praxis den Beamten und Richtern keineswegs immer ohne weiteres erkennbar seien. Andererseits dürfe nicht übersehen werden, daß die wissenschaftlichen Untersuchungen häufig von verschiedenen Gesichtspunkten ausgingen und je nach Standpunkt des Verfassers zu ganz verschiedenen Ergebnissen gelangen würden. *Von Haller* wies in diesem Zusammenhang darauf hin, daß dadurch sich widersprechende Entscheidungen der ver-

---

98 Sitzungsprotokoll v. 6.4.25, HStA Stgt., E130b, Bü547, S.3

99 Gutachten zum Gegenstand des Gesetzes, HStA Stgt, E130b, Bü553, S.4

100 Sitzungsprotokoll v.20.6.25, HStA Stgt., E130b, Bü547, S.5; Gutachten zum Gegenstand des Gesetzes, HStA Stgt., E130b, Bü553, S.13

101 Gutachten zum Gegenstand des Gesetzes, HStA Stgt., E130b, Bü553, S.5

schiedenen Behörden oder sogar derselben Behörde nicht selten seien[102]. Für den Gebrauch der Behörden, ganz zu schweigen für den Bürger, konnten diese Untersuchungen seines Erachtens deshalb nicht so leicht verwertet werden[103].

Diese Situation konnte nach Ansicht *von Hallers* keineswegs durch eine subsidiäre oder analoge Anwendung der Vorschriften des bürgerlichen Rechts geändert werden. Im Gegenteil, für ihn führte eine Anwendung des bürgerlichen Rechts eher zu einer Erhöhung der bereits bestehenden Fehlerquellen. *Von Haller* befürchtete sogar, daß die Rechtsunsicherheit hierdurch nicht nur nicht verbessert, sondern vielmehr noch erheblich gesteigert werden würde.[104]. Gerade vom Standpunkt der Behörden und der Staatsbürger aus betrachtet sei es erforderlich, die allgemeinen Grundsätze des öffentlichen Rechts zusammenzufassen, auszubauen und zu einer gesetzlichen Grundlage des allgemeinen Teils des öffentlichen Rechts zu verarbeiten[105].

Zudem war nach Ansicht *von Hallers* unklar, warum sich, wenn der Grund der subjektiven öffentlichen Rechte die objektive Ordnung des öffentlichen Rechts sei, diese Ordnung in der Gesetzgebung nur auf den besonderen Teil dieses Rechts und nicht auch den allgemeinen Teil erstrecken sollte. *Von Haller* stellte in diesem Zusammenhang die Frage, ob der letztere etwa minder wichtig für die subjektiven Rechte sei als der erstere. Jedenfalls für *von Haller* war das nicht der Fall. Daß eine solche allgemeine Ordnung bislang noch nicht erfolgt war, ließ sich seines Erachtens nicht sachlich, sondern nur historisch erklären[106].

Von Haller machte besonders auf die Situation des Verwaltungsgerichtshofs aufmerksam, der dauernd in die Lage versetzt sei, die allgemeinen Grundsätze erst abstrahieren zu müssen. Für ihn war es wesentlich erstrebenswerter, mit gesetzlich festgelegten Begriffen statt mit dauernd in Fluß befindlichen zu arbeiten. Er sah aber auch für die Verwaltung, hier vor allem für die untere Instanz, Bedarf für die praktischen Rechtssätze. Gerade die unteren Verwaltungsbehörden, bei

102 Gutachten zum Gegenstand des Gesetzes, HStA Stgt., E130b, Bü 553, S.5f.
103 Gutachten zum Gegenstand des Gesetzes, HStA Stgt., E130b, Bü553, S.13
104 Gutachten zum Gegenstand des Gesetzes, HStA Stgt., E130b, Bü553, S.6f.
105 Gutachten zum Gegenstand des Gesetzes, HStA Stgt., E130b, Bü553, S.13
106 Gutachten zum Gegenstand des Gesetzes, HStA Stgt., E130b, Bü553, S.14

denen die Verwaltung anfange, sollten nicht auf die Auslegung durch Erlasse oder verwaltungsgerichtliche Urteile angewiesen sein. Gesammelte, aufeinander bezogene und durchgearbeitete Begriffe konnten seiner Meinung nach für die Verwaltung niemals einen Nachteil bedeuten. Der Gesichtspunkt der Verminderung der Rechtsunsicherheit schien für *von Haller* bereits von Anfang an ein ausreichendes Motiv für die Arbeit zu sein[107].

Für *Hegelmaier* ergab sich ein Bedürfnis für das geplante Gesetz auch aus der derzeitigen Situation Württembergs. Nach dem Wegfall der Kreisregierungen[108] seien die Verwaltungsbeamten auf entsprechende Rechtsätze besonders angewiesen[109].

Nebinger berichtete von Fortbildungsveranstaltungen der Beamtenschaft, wo man auf das dringende Bedürfnis nach einem Lehrbuch hingewiesen habe. Von den Beamten sei der Wunsch zum Ausdruck gebracht worden, wenigstens aus den Vorarbeiten der Kommission Nutzen zu ziehen[110]. Er räumte jedoch ein, daß nicht alle Materien einer gesetzlichen Regelung in gleichem Maße zugänglich seien, teils wegen ihrer "Sprödigkeit", teils aus praktischen Gründen oder aus Gründen der Zuständigkeit[111].

2.2.2. Zurückdrängung der Zivilgerichtsbarkeit

Über die Bedürfnisfrage hinaus wurde ein allgemeines Gesetz aber auch wegen der "Notwendigkeit der Abwehr der immer mehr überhandnehmenden Überstreckung der Zivilrechtsprechung in die Verwaltung" gefordert.

107 Gutachten zum Gegenstand des Gesetzes, HStA Stgt., E130b, Bü553, S.17f.

108 Die Kreisregierungen, die Verwaltungsgerichte erster Instanz für die Verhandlung und Entscheidung der sog. Parteistreitigkeiten waren, wurden mit Verordnung v 10.3.1924 aufgehoben. Die Streitigkeiten wurden zunächst im Verwaltungsweg von den Behörden, in deren Geschäftsbereich der Gegenstand des Streites gehört, entschieden.

109 Sitzungsprotokoll v.20.6.25, HStA Stgt., E130b, Bü547, S.8

110 Sitzungsprotokoll v.20.6.25, HStA Stgt., E130b, Bü547, S.10

111 Sitzungsprotokoll v. 6.4.25, HStA Stgt., E130b, Bü547, S.3

Die Vorwürfe, die man den bürgerlichen Gerichten wegen der "Überstreckung der Zivilrechtsprechung auf das Gebiet der Verwaltung" gemacht hatte, waren aber nach Ansicht *von Hallers* jedenfalls zum Teil durch die Tatsache zu entkräften oder doch zu mildern, daß man es bisher unterlassen habe, das öffentliche Recht in seinem allgemeinen Teil ebenso auszubauen wie das bürgerliche[112]. Er war davon überzeugt, daß durch das Fehlen rechtlicher Vorschriften über die angeführten Materien die Behörden und insbesondere auch die Zivilgerichte zur Heranziehung privatrechtlicher Vorstellungen und Vorschriften gedrängt würden, deren "Haltlosigkeit" sich ihnen andernfalls ohne weiteres aufdrängen würde. Dies hatte seiner Ansicht nach zur Folge, daß eine "überaus schädliche Überstreckung der Zivilrechtsprechung auf die Verwaltung" geradezu begünstigt werde. Für *von Haller* konnte nur ein eigenes Gesetz diesem Bestreben entgegenwirken[113].

2.2.3. Anerkennung des öffentlichen Rechts

Neben dem praktischen Bedürfnis und der Zurückdrängung des Zivilrechts erhofften sich die Befürworter von der Kodifikation aber vor allem eine verstärkte Anerkennung des öffentlichen Rechts. Der Vorsitzende machte darauf aufmerksam, daß die Bedeutung des Verwaltungsrechts durch die Verwaltungsrechtswissenschaft zwar gestiegen sei, aber die Ausbildung des Nachwuchses damit nicht Schritt gehalten habe, weil die Juristen das Verwaltungsrecht nur als sekundäres Arbeitsgebiet betrachten würden. Man ging davon aus, daß das Gesetz die Bestrebungen der Hochschulen unterstütze, weil es dazu zwinge, auf das öffentliche Recht einen ganz anderen Wert zu legen[114]. *Hegelmaier* kritisierte die bisherige analoge Anwendung privatrechtlicher Normen, mit denen bis zum heutigen Tage die Lücken des öffentlichen Rechts gefüllt würden. Nach seiner Auffassung sollte das Verwaltungsrecht "auf eigene Beine" gestellt werden. Der Vorsitzende hielt

112 Gutachten zum Gegenstand des Gesetzes, HStA Stgt., E130b, Bü553, S.14
113 Gutachten zum Gegenstand des Gesetzes, HStA Stgt., E130b, Bü553, S.7
114 Sitzungsprotokoll v.6.04.25, HStA Stgt., E130b, Bü547, S.8

es für einen "unwürdigen Zustand", daß das Verwaltungsrecht so oft auf die "Krücken des Privatrechts" angewiesen sei[115].

2.2.4. Zurückweisung der Bedenken

Im Gegensatz zu *Ernst* wurde auf Seiten der Befürworter die Auffassung vertreten, daß jedem Gesetz, welches sich auf öffentlich-rechtliche Rechtsverhältnisse beziehe, gewisse allgemeine Rechtsbegriffe und Rechtssätze zugrunde liegen, ganz gleich, ob diese vom Gesetzgeber bewußt oder unbewußt verwendet worden seien. Diese Begriffe ließen sich auch feststellen und systematisieren[116]. *Von Haller* hielt z.B. Rechtsätze über öffentlich-rechtliche Geschäftsführung, Aufrechnung, Entschädigung und über Unwirksamkeit von Verwaltungsakten für durchaus möglich[117]. Was die Bindung für die Zukunft anbelange, so sei dies die Eigenschaft überhaupt aller Rechtsätze[118]. Daß die Begriffe im Fluß seien, sollte nicht bestritten werden. Es wurde aber darauf hingewiesen, daß Wissenschaft und Rechtsprechung die Erkenntnis für eine Reihe von Begriffen in den letzten Jahrzehnten so erheblich gefördert hätten, daß auf manchen Gebieten mit endgültigen Ergebnissen zu rechnen sei[119].

Man vertrat ferner die Ansicht, daß die Vielgestaltigkeit der Verwaltung einer gesetzlichen Regelung ebenfalls nicht entgegenstehen dürfe. Niemand könne leugnen, daß auch die Zivilrechtsprechung sich einer ungeheueren Vielgestaltigkeit gegenüber sehe. Dennoch sei aber die Rechtsprechung durch die Festlegung der bürgerlichen Rechtsätze im Bürgerlichen Gesetzbuch nicht geschädigt worden[120]. Parlamentarische Schwierigkeiten, wie sie *von Köhler* befürchtete, stellten für die Befürworter der Kodifikation keinesfalls ein Hindernisse dar. Wenn Württemberg zunächst mit diesem Vorhaben allein da stehe, so sei dies ohne Bedeutung. Die landesrechtliche Zuständigkeit auf dem Gebiet des Verwaltungsrechts hielten sie

115 *Hegelmaier*, Lebenserinnerungen, S. 270
116 Sitzungsprotokoll v.6.4.25, HStA Stgt., E130b, Bü547, S.1
117 Gutachten zum Gegenstand des Gesetzes, HStA Stgt., E130b, Bü553, S.17
118 Gutachten zum Gegenstand des Gesetzes, HStA Stgt., E130b, Bü553, S.18
119 Gutachten zum Gegenstand des Gesetzes, HStA Stgt., E130b, Bü553, S.16
120 Gutachten zum Gegenstand des Gesetzes, HStA Stgt., E130b, Bü553, S.18f.

für keineswegs eng begrenzt. Sie waren sich darüber einig, daß das zu schaffende Werk, wenn es gelinge, für andere Länder oder sogar für das Reich vielleicht sogar vorbildlich werden könnte[121]. *Hegelmaier* erwähnte dabei, daß ein bekannter Rechtslehrer mitgeteilt habe, die Schaffung einer solchen Kodifikation würde für ihn das "Ideal seines Lebens" darstellen[122].

Eingehend auf die Bedenken der Herren von der Wissenschaft verneinte *von Haller* eine unangemessene Gebundenheit für die Zukunft. Er habe schon immer den Standpunkt vertreten, daß bei der Auslegung von Gesetzen nicht ohne weiteres und wohl überhaupt nicht davon ausgegangen werden dürfe, der derzeitige Inhalt eines Begriffes sei ein ganz anderer als der zur Zeit der Entstehung des Gesetzes[123].

Ferner konnte *von Haller* nicht nachvollziehen, warum die Verwaltung durch Rechtssätze über das freie Ermessen eingeschränkt werden könnte. Die Verwaltung sei eher viel unsicherer, wenn man noch weiterhin auf einen diesbezüglichen Begriff verzichte, weil dieser sich gerade wegen Fehlens bestimmter Anhaltspunkte immer wieder verändere. Für eine schwierige Frage hielt er allerdings die der Gesetzmäßigkeit der Verwaltung. Hier sprach er die Empfehlung aus, den gegenwärtigen Zustand zu erhalten[124].

Auch in der Tatsache des Auseinandergehens von Rechtsansichten wurde kein Hindernis für die Kodifikation gesehen. Man ging davon aus, daß der Gesetzgeber sehr wohl das Recht habe, einen bestimmten Standpunkt zu vertreten und andere Meinungen unberücksichtigt zu lassen. Mit bloßen Richtlinien sei nicht geholfen[125]. Im übrigen wurde noch darauf aufmerksam gemacht, daß die Ergebnisse der Wissenschaft durch ihre gesetzliche Festlegung für die Praxis nutzbringend gestaltet werden könnten. Bezugnehmend auf die Einwendung von *Sartorius* entgegnete *von Haller*: "Die Wissenschaft ist Dienerin und nicht Herrin in der Praxis".

---

121 Gutachten zum Gegenstand des Gesetzes, HStA Stgt., E130b, Bü553, S.17
122 Sitzungsprotokoll v.20.6.25, HStA Stgt., E130b, Bü 547, S 8
123 Sitzungsprotokoll v.20.6.25, HStA Stgt., E130b, Bü 547, S 5
124 Gutachten zum Gegenstand des Gesetzes, HStA Stgt., E130b, Bü553, S.18
125 Gutachten zum Gegenstand des Gesetzes, HStA Stgt., E130b, Bü553, S.19

Eingeräumt wurde allerdings, daß es sich bis zu einem gewissen Grad auch darum handeln werde, den Inhalt von Büchern zu kodifizieren. *Von Haller* verwies jedoch auf viele andere Gesetze, insbesondere auf die früheren württembergischen Steuergesetze, die auf dieser Grundlage beruhten und deren hervorragende Brauchbarkeit niemand bestreiten könne[126].

Nach *Geier*, der eine bloße Festlegung von Begriffen ohne praktisches Bedürfnis ebenfalls für wertlos hielt, konnte eine Erstellung eines Lehrbuchs vermieden werden, indem man sich bei der Ausarbeitung nur auf die Schaffung solcher Normen beschränkte, die wirklich gesetzgeberische Anordnungen enthielten. *Geier* wollte dabei einen Vergleich mit dem *Bürgerlichen Gesetzbuch* nicht ohne weiteres zulassen, da Verwaltungsrecht im Gegensatz zum bürgerlichen Recht fast durchweg zwingendes Recht sei[127].

Zuletzt wurde auch das Argument der erweiterten reichsrechtlichen Zuständigkeit auf dem Gebiet der Verwaltung zurückgewiesen. Nach Auffassung der Befürworter sei dem Landesrecht immer noch eine umfangreiche Zuständigkeit und Entwicklungsmöglichkeit verblieben. Das Landesrecht bilde nach wie vor in so beträchtlichem Umfang die Grundlage für die württembergische Verwaltung, daß sich die Aufstellung allgemeiner Grundsätze lohne[128].

Zusammenfassend hielten die Befürworter die Kodifikation im wesentlichen deshalb für unentbehrlich, weil damit endlich eine Abgrenzung von der Zivilgerichtsbarkeit erreicht und der Verwaltung die notwendigen Rechtssätze zur Verfügung gestellt werden könnten. Allein die Bereitwilligkeit zur Mitarbeit biete eine Gewähr für eine Klärung der Rechtsfragen, wodurch dann die Entscheidung über den Umfang einer gesetzlichen Regelung ermöglicht werde[129].

---

126 Gutachten zum Gegenstand des Gesetzes, HStA Stgt., E130b, Bü553, S.18
127 Sitzungsprotokoll v.20.6.25, HStA Stgt., E130b, Bü547, S.10
128 Gutachten zum Gegenstand des Gesetzes, HStA Stgt., E130b, Bü553, S.26
129 Sitzungsprotokoll v.6.4.25, HStA Stgt., E130b, Bü547, S. 3

2.3. Entscheidung für die Ausarbeitung der Kodifikation

Nach langer Diskussion wurde schließlich auch von den Gegnern des Vorhabens der Wert des Entwurfes anerkannt, gleichgültig ob die Arbeit letztendlich zu einem Gesetz führte oder nicht. Die Kommission hat sich deshalb trotz der vorgebrachten Bedenken dafür ausgesprochen, mit der Inangriffnahme der Arbeit zu beginnen[130]. Dabei erschien es der Kommission richtiger, nicht zuviel anzufassen und sich auf das zu beschränken, was "ohne Gefahr der Verwirrung" und ohne allzu große Eingriffe in den bestehenden, von keiner Seite als unhaltbar empfundenen Rechtszustand leicht erreichbar war. Aufgabe des Entwurfs sollte es auch nicht sein, das allgemeine öffentliche Recht der württembergischen Verwaltung vollständig zu ordnen, sondern vielmehr, das bis dahin noch nicht in klare und feste Form gebrachte allgemeine öffentliche Recht endlich festzulegen und damit die Grundlage, das "Gerippe" zu schaffen für eine künftige vereinfachte Gesetzgebung auf den einzelnen Gebieten des öffentlichen Rechts[131].

Die Kommission war sich auch darüber im klaren, daß jede Kodifikation nicht nur Vorteile habe. Insbesondere sei der nicht in Gesetzesform gebrachte Rechtsgedanke beweglicher als der Artikel oder Paragraph. Dennoch müsse dieser Vorzug, soweit es überhaupt einer sei, bei den derzeitigen Verhältnissen ohne Zweifel zurücktreten. Eine Gesetzgebung könne er nicht verhindern[132].

Aus den allgemeinen Vorschriften der *Reichsabgabenordnung* in §§ 79 ff. über Entstehung und Fälligkeit des Steueranspruchs, über Geschäftsfähigkeit, Vertretung, Vollmacht, Haftung, Zahlung, Stundung, Erlaß, Sicherheitsleistung, Verjährung leitete die Kommission die Befugnis zur Regelung des allgemeinen öffentlichen Rechts ab. Wenn der Gesetzgeber für das Steuerrecht derartige Festsetzungen treffen könne, so die Begründung, könnten solche auch ohne Bedenken für das öffentliche Recht überhaupt getroffen werden[133].

---

130 Sitzungsprotokoll v.20.6.25, HStA Stgt., E130b, Bü547, S.12
131 *VRO*, Ergänzungsband II, zu Art.1, S.39
132 Gutachten zum Gegenstand des Gesetzes, HStA Stgt., E130b, Bü553, S.19f.
133 Gutachten zum Gegenstand des Gesetzes, HStA Stgt., E130b, Bü553, S.49

D. Arbeitsweise der Kommission

I. Bildung von Unterkommissionen

Um möglichst effektiv arbeiten zu können, wurden bereits in der ersten Sitzung Unterkommissionen eingesetzt, die die einzelnen Abschnitte vorbereiten sollten. Ihnen wurde die Befugnis eingeräumt, die Einteilung eines Abschnittes selbständig anstelle der Kommission vorzunehmen. Allerdings blieb es dem Vorsitzenden vorbehalten, die von der Unterkommission beschlossene Einteilung erforderlichenfalls zur Beratung zu bringen.

Unterkommissionen wurden außerdem zur Ausarbeitung von einzelnen Rechtssätzen und zur Klärung von Streitfragen eingesetzt. Die Einsetzung solcher Unterkommissionen erfolgte i.d.R. auf Antrag des Berichterstatters[1]. Es kam auch vor, daß die wichtigsten Grundsätze größerer Abschnitte zunächst im kleineren Kreis besprochen wurden. Erst nach dieser Vorbesprechung beriet die Gesamtkommission über den vorgelegten Entwurf. Im Grunde sollten diese Vorbesprechungen dazu dienen, den Berichterstatter bei der Ausarbeitung seines Gutachtens zu unterstützen[2].

II. Berichterstattung

Da die gesamte Ausarbeitung nicht von allen Kommissionsmitgliedern durchgeführt werden konnte, teilte man die Bearbeitung der einzelnen Rechtsgebiete auf. Bei der Verteilung der Berichterstattung, die in der zweiten Sitzung stattfand, gab es einige Unstimmigkeiten, weil *Härle* und *Fischer* es ablehnten, eine solche Arbeit zu übernehmen. Sie begründeten dies damit, daß sie lediglich zu dem Zweck in die Kommission entsandt wurden, die Stellungnahme ihres Ministeriums herbeizuführen, nicht aber als Berichterstatter mitzuwirken. Als der Vorsitzende betonte, daß jedes Mitglied der Kommission zur Mitarbeit herangezogen werde, stellte *Härle* sogar seinen Austritt in Aussicht, wenn ihm zugemutet werde, sich jahrelang mit Dingen zu beschäftigen, die ihn als Ziviljuristen nicht berührten.

1 Z.B. Sitzungsprotokolle v.29.9.27, 6.10.27 HStA Stgt., E130b, Bü547

2 Sitzungsprotokoll v.18.11.26, HStA Stgt., E130b, Bü547, S.70

Fischer, der sich vorbehaltlich der Stellung seines Ministeriums zur Mitarbeit bereit erklärte, hielt "die Herren von der Wissenschaft" für geeigneter, das für ihn vorgesehene Referat zu übernehmen[3]. Die Vertreter der Wissenschaft lehnten die Übernahme eines Referats zunächst ebenfalls ab. *Von Köhler* entschuldigte sich wegen anstehender Rektoratsgeschäfte. *Sartorius* hatte gerade gegen das ihm zugedachte Referat große Bedenken. Er schlug dafür *von Haller* vor.

Nach einer Aussprache konnte dann folgende vorläufige Aufteilung der Berichterstattung beschlossen werden[4]:

Sachgebiet	Berichterstatter	Mitberichterstatter
Öffentliches Recht	*von Haller*	*von Köhler*
Personen des öffentlichen Rechts	*Häffner*	*von Köhler*
öffentliche Sachen	*Ernst*	*Sartorius*
öffentliche Rechte und Pflichten	*von Haller*	*Sartorius*
Verwaltungsakt	*Geier*	*Sartorius*
Verwaltungszwang	*Sartorius*	*Geier*
öffentlich-rechtliche Entschädigung	*Häffner*	*Sartorius*
Fristen, Termine	*Härle*	*von Köhler*
allgemeine polizeiliche Pflichten	*Nebinger*	*von Köhler*
persönliche Leistungen und Geldleistungen	*Münzenmaier*	*Fischer*

Durch die später vorgenommenen Änderungen der Gliederung und der Regelungsbereiche erfolgte zwangsläufig auch eine Änderung in der Berichterstattung[5]. Da die Abschnitte öffentlich-rechtliche Entschädigung, persönliche Leistungen und Geldleistungen sowie öffentliche Rechte und Pflichten gestrichen bzw. unter einem neuen Abschnitt zusammengefaßt wurden, entfiel für

3 Sitzungsprotokoll v.20.6.25, HStA Stgt., E130b, Bü547, S.15
4 Sitzungsprotokoll v.20.6.25, HStA Stgt., E130b, Bü547, S.16
5 Vgl. Kap.F, Abschn.I.2.3.

Münzenmaier und für *Fischer* die vorgesehene Berichterstattung. Nachdem beschlossen wurde, das Polizeirecht aus der *Verwaltungsrechtsordnung* herauszunehmen und als eigenständigen Entwurf zu bearbeiten, erübrigte sich auch für *Nebinger* die vorgesehene Berichterstattung. Für den neu vorgesehenen Abschnitt "Die öffentlichen Rechtsverhältnisse im allgemeinen" übernahm *von Haller* die Berichterstattung, *Sartorius* die Mitberichterstattung. Das ebenfalls neu aufgenommene Gebiet der "Schuldverhältnisse des öffentlichen Rechts" wurde von *von Haller* als Berichterstatter und von *Härle* als Mitberichterstatter bearbeitet[6]. Mit der *Hauptberichterstattung* für die Vorbereitung des Entwurfs und für die Stoffabgrenzung wurde *von Haller* betraut. Ihm wurde im Laufe der Beratungstätigkeit gewissermaßen die Tätigkeit eines Generalberichterstatters für das ganze Kodifikationswerk anvertraut[7]. Zusammen mit *Härle* war er außerdem verantwortlich für die Berichterstattung der Schlußbestimmungen und für die Zusammenstellung des Gesamtergebnisses der Beratungen[8]. Neben der festgelegten Berichterstattung gab es eine Berichterstattung für Sonderaufträge, die im Einzelfall an Mitglieder verteilt wurden.

III. Ausarbeitung einer Gesetzesbegründung

1. Verfahren

Auf Vorschlag *Bazilles* war vorgesehen, dem Entwurf eine Begründung beizulegen. In dieser Begründung sollte in klarer und übersichtlicher Weise die ganze deutsche Literatur und Rechtsprechung verwertet werden. Weiterhin wünschte er, in ihr zumindest einen Vergleich mit dem französischen Recht durchzuführen[9]. Da *Bazille* außerdem die öffentliche Besprechung des Entwurfs für zweckmäßig hielt, sollte nicht nur der Gesetzestext, sondern auch die Begründung veröffentlicht werden[10].

---

6 *VRO*, Vorwort S. IV
7 Sitzungsprotokoll v.23.6.25, HStA Stgt., E130b, Bü547, S.2
8 Sitzungsprotokoll v.11.4.29, HStA Stgt., E130b, Bü549, S.3
9 Sitzungsprotokoll v.11.4.29, HStA Stgt., E130b, Bü549, S.3
10 Sitzungsprotokoll v.11.4.29, HStA Stgt., E130b, Bü549, S.2

In diesem Sinne wurde die Begründung zum Entwurf von den einzelnen Abschnittsberichterstattern aufgestellt und nach Stellungnahme des Mitberichterstatter an den Generalberichterstatter *von Haller* weitergeleitet[11]. Eine Stellungnahme der Gesamtkommission zu der Begründung wurde nicht mehr für erforderlich gehalten. Man hatte die Befürchtung, daß die Zustellung an alle Mitglieder eine beträchtliche Verlangsamung der Arbeiten nach sich ziehen würde. Denn bei Abänderungsvorschlägen hätte die Begründung wieder an den Berichterstatter zur Stellungnahme zurückverwiesen werden müssen[12]. Jedem Kommissionsmitglied wurde jedoch die Möglichkeit eingeräumt, an der Begründung eines Abschnitts mitzuarbeiten und so eventuelle Änderungs- oder Ergänzungsvorschläge vorbringen zu können[13]. Da man die zweite Lesung sehr eingehend durchführte, war es den einzelnen Kommissionsmitglieder auch dort möglich, ihre Stellung zu den verschiedenen Fragen des Entwurfes darzulegen[14].

2. Inhalt und Umfang der Begründung

Bei der Ausarbeitung der Begründung war darauf zu achten, daß aus den Bereichen Gesetzgebung, Lehre und Rechtsprechung nur das angeführt wurde, was für das Verständnis des Gesetzentwurfs wesentlich von Bedeutung war[15]. Was in diesem Sinne für wesentlich gehalten wurde, konnte jeder Berichterstatter selbst entscheiden. Allerdings sollte nicht nur der Wortlaut des Gesetzesvorschlags berücksichtigt werden, sondern auch das, was während der Beratungen gestrichen wurde. Jedem Berichterstatter stand es jedoch frei, ob er einen Vergleich mit dem französischen Recht vornehmen wollte[16].

Da sich die Ausführungen nur auf das Wesentliche beschränken sollten, war insbesondere darauf zu achten, daß keine Übersicht über das gesamte Schrifttum

11 Sitzungsprotokoll v.11.4.29, HStA Stgt., E130b, Bü549, S.3; Sitzungsprotokoll v.18.4.29, HStA Stgt., E130b, Bü549, S.29

12 Sitzungsprotokoll v.18.4.29,HStA Stgt., E130b, Bü549, S.30f.

13 Sitzungsprotokoll v.7.11.29, HStA Stgt., E130b, Bü550, S.32

14 Sitzungsprotokoll v.18.4.29, HStA Stgt., E130b, Bü549, S.30

15 Sitzungsprotokoll v.7.11.29, HStA Stgt., E130b, Bü550, S.32

16 Sitzungsprotokoll v.18.4.29, HStA Stgt., E130b, Bü549, S.29

des allgemeinen Verwaltungsrechts in den deutschen Ländern und eine erschöpfende Darstellung der gesamten bestehenden Gesetzgebung sowie der Rechtsprechung erstellt wird[17]. Auch eine Gesamtzusammenstellung zu Beginn des Entwurfs hielt man für überflüssig, da man in dem Werk von *Walter Jellinek* eine neuere Zusammenfassung sah. Es sollte deshalb genügen, wenn jeder Berichterstatter das anführt, was er dem Schrifttum entnommen hatte. Nebensächlich erschien dabei, ob man damit der ganzen Stand der Literatur berücksichtigt wurde. Eine Verwertung der wichtigsten Erscheinungen der Literatur hielt man im großen und ganzen für ausreichend[18].

Schließlich waren die Ergebnisse der Rechtsprechung besonders zu berücksichtigen. Die Berichterstatter sollten sich dabei jedoch nicht nur auf die württembergische Rechtsprechung beschränken. Für unumgänglich gehalten wurde vor allem die Berücksichtigung der Rechtsprechung des *Preußischen Oberverwaltungsgerichts*, da diese die Rechtsentwicklung sehr wesentlich beeinflußt habe[19]. Demzufolge wurde bei manchen Abschnitten die preußische und die sächsische Rechtsprechung in größerem Umfang herangezogen. Nur dort, wo sich der ganze Aufbau des Verwaltungsrechts in Württemberg von dem in Preußen beträchtlich unterschied, konnte sie nicht verwertet werden[20].

Auf die Geschichte des Entwurfs brauchten die Berichterstatter im allgemeinen nicht einzugehen. Eine Angabe, weshalb eine Bestimmung im Laufe der Beratungen gestrichen wurde, erschien nur da notwendig, wo man im endgültigen Entwurf eine Regelung vermissen würde[21].

---

17 Sitzungsprotokoll v.7.11.29, HStA Stgt., E130b, Bü550, S.32
18 Sitzungsprotokoll v.18.4.29, HStA Stgt., E130b, Bü549, S.31
19 Sitzungsprotokoll v.18.4.29, HStA Stgt., E130b, Bü549, S.31
20 Sitzungsprotokoll v.18.4.29, HStA Stgt., E130b, Bü549, S.31
21 Sitzungsprotokoll v.18.4.29,HStA Stgt., E130b, Bü549, S.31f.

IV. Ablauf und Dauer der Beratungstätigkeit

1. Erste Lesung

Die Kommission traf sich am 6.4.1925 im Sitzungssaal des Staatsministeriums zu ihrer ersten Sitzung. In dieser und auch in der nachfolgenden Sitzung wurde im wesentlichen über das Für und Wider der geplanten Kodifikation und über die Art und Weise der Berichterstattung diskutiert. In der dritten Sitzung wurden Umfang und Inhalt des nach den Vorschlägen des engeren Ausschusses zu behandelnden Stoffes erläutert. In diesem Stadium hielt die Kommission es für zweckmäßig, auf die Erörterung einzelner materieller Rechtsfragen zu verzichten. Man wollte sich vorerst nur darüber im klaren werden, über welche Materien Normen zu suchen waren[22].

Nachdem eine vorläufige Einigung über die Gliederung erzielt werden konnte, ging die Kommission ab der vierten Sitzung, die am 22.2.1926 stattfand, über zur Beratung der einzelnen Regelungsbereiche. Die Beratung der einzelnen Abschnitte erfolgte i.d.R. so, daß der Berichterstatter seinen schriftlich vorgelegten Entwurf zunächst mündlich begründen konnte und der Abschnitt daraufhin von der Kommission im ganzen erörtert wurde. Danach besprach man die einzelnen Artikel hinsichtlich ihres Inhalts und ihrer Notwendigkeit. Zuletzt wurde schließlich deren Fassung diskutiert[23]. Bei der Fassung und der Sprache der einzelnen Artikel mußte nach den Vorstellungen des Vorsitzenden unbedingt darauf geachtet werden, daß das Gesetz auch in dieser Hinsicht mustergültig wird[24].

Die einzelnen Abschnitte wurden zudem ohne weiteres Systematisieren durchberaten. Die Reihenfolge der Abschnitte stand Ende 1928 noch immer nicht endgültig fest. Trotzdem sind bereits zu diesem Zeitpunkt sehr wesentliche Teile des Entwurfs dem Reichssparkommissar zur Verfügung gestellt worden. Sie wurden in den Verhandlungen des Ausschusses der Länderkonferenz für Verwaltungsre-

---

22 Sitzungsprotokoll v.21.7.25,HStA Stgt., E130b, Bü547, S.20
23 Vgl. Sitzungsprotokoll v. 22.2.26, HStA Stgt., E130b, Bü547, S.2
24 Sitzungsprotokoll v.22.2.26, HStA Stgt., E130b, Bü547, S.16

formen, in der auch die Frage der Angleichung des Verwaltungsrechts der deutschen Länder eine Rolle spielte, als Material vorgelegt[25].

Während die meisten Abschnitte in durchschnittlich fünf Sitzungen beraten werden konnten, benötigte die Kommission allein für den Abschnitt "Verwaltungsakte" zwölf Sitzungen, für die Abschnitte "Körperschaften des öffentlichen Rechts, öffentliche Anstalten und Stiftungen" insgesamt sogar achtzehn Sitzungen.

Obwohl zunächst vorgesehen war, die Sitzungen der Gesamtkommission monatlich abzuhalten[26], fanden die Beratungen nicht in regelmäßigen Abständen statt, sondern wurden nach Bedarf und Vorbereitungsdauer der Berichterstattung jeweils am Ende einer Sitzung festgelegt. So erfolgten im Jahre 1925 nur drei Sitzungen, im Jahr 1926 nur fünf Sitzungen. Die meisten Sitzungen wurden im Jahr 1927 mit vierzehn Sitzungen und im Jahr 1928 mit zwanzig Sitzungen abgehalten.

Ende 1928 lag noch kein zusammenhängender Entwurf der *Verwaltungsrechtsordnung* vor. Bis zu diesem Zeitpunkt konnten erst die Abschnitte über öffentliche Sachen, über Verwaltungsakte und über Schuldverhältnisse des öffentlichen Rechts von der Kommission durchberaten werden. Der Abschnitt über Körperschaften des öffentlichen Rechts und öffentliche Anstalten wurde gerade beraten. Die Abschnitte über Verwaltungszwang, über Fristen, Termine, Verjährung, Sicherheitsleistung waren noch zu bearbeiten[27].

Zu Beginn der fünfzigsten Sitzung am 21.3.29 gab der Vorsitzende einen Rückblick auf das bisher Geleistete und sprach den Mitgliedern seinen Dank aus. Er stellte fest, daß nunmehr ein großer Teil des am Anfang fast unübersehbar scheinenden Stoffes bewältigt wurde. Um die Arbeit baldmöglichst zum Abschluß zu bringen, bat *Hegelmaier* die Kommissionsmitglieder, mit gleichem Eifer und mit

---

25 Schr.der Kommission v.10.11.28, HStA Stgt., E130b, Bü542, As.123a

26 Sitzungsprotokoll v.20.6.25, HStA Stgt., E130b, Bü547, S.17

27 Schr.der Kommission v.24.10.28, HStA Stgt., E130b, Bü542, As.119

gleicher Hingabe wie bisher weiterhin mitzuarbeiten[28]. Am 20. Juni 1929 fand die letzte der insgesamt 56 Sitzungen der Ersten Lesung statt. Mit dem Abschluß der Ersten Lesung war nach Auffassung des Vorsitzenden eine gewaltige und, wie er es ausdrückte, erfolgreiche Arbeit zu Ende geführt worden. Sie lasse es als lohnend erscheinen, so *Hegelmaier*, mit neuer Kraft an die Zweite Lesung heranzugehen. Zugleich sprach er allen Mitgliedern der Kommission, insbesondere den Berichterstattern und Mitberichterstattern nochmals den besten Dank für ihre "hingebende Arbeit" aus[29].

2. Zweite Lesung

Die Zweite Lesung, deren erste Sitzung am 19. September 1929 stattfand, hatte den Zweck, den bisher ausgearbeiteten Entwurf noch einmal vollkommen zu überarbeiten und bei Bedarf abzuändern.

Zur Vorbereitung der Zweiten Lesung wurde die bereits früher eingesetzte Unterkommission, der *von Haller* und *Härle* angehörten, damit betraut, das Gesamtergebnis der ersten Lesung zusammenzustellen. Dieses wurde dann den einzelnen Mitgliedern zur Vorbereitung der zweiten Lesung zur Verfügung gestellt[30].

Auch während der Beratungen der zweiten Lesung dankte der Vorsitzende nochmals allen Mitgliedern der Kommission für ihre treue Mitarbeit. Er sprach den Wunsch aus, daß ein "glücklicher Stern über dem Fortgang der Arbeit strahlen möge"[31]. *Von Köhler* sprach seinerseits als stellvertretender Vorsitzender namens sämtlicher Mitglieder dem Vorsitzenden seinen Dank aus für die "umsichtige Leitung" der Verhandlungen. Das Zusammenarbeiten, so *von Köhler*, werde allen Mitgliedern stets eine liebe und wertvolle Erinnerung bleiben[32].

---

28 Sitzungsprotokoll v.21.3.29, HStA Stgt., E130b, Bü549, S.1
29 Sitzungsprotokoll v.20.6.29, HStA Stgt., E130b, Bü549, S.34
30 Sitzungsprotokoll v.20.6.29, HStA Stgt., E130b, Bü 549, S.34
31 Sitzungsprotokoll v.7.11.29, HStA Stgt., E130b, Bü550, S.34
32 Sitzungsprotokoll v.7.11.29,HStA Stgt., E130b, Bü550, S.34f.

Am 9.Januar 1930 endete die Zweite Lesung nach 14 Sitzungen. Obwohl einzelne Referenten mit ihrer Ausarbeitung noch nicht zu Ende gekommen waren, hatte die Kommission am 10.10.1930 ihre Aufgabe im großen und ganzen erledigt. *Von Haller* benötigte jedoch für die Fertigstellung der Begründung noch einige Zeit. Mit dem Argument, die Sache langsam zu einem Abschluß zu bringen, löste das Staatsministerium unter dem neuen Staatspräsidenten Bolz die Kommission mit Wirkung zum 1.11.1930 auf[33].

V. Zusammenarbeit

Bereits von Beginn der Beratungstätigkeit an kam es in der Kommission zu einer Aufteilung in drei Interessengruppen.

1. Interessengruppe Verwaltung

Eine Gruppe bildeten die jüngeren Ministerialbeamten, die sehr vorsichtig und zurückhaltend das Gesetzesvorhaben in Angriff nahmen. Ihr Bestreben war es vor allem, nur das in das Gesetz aufzunehmen, was ganz hieb- und stichfest war. Ihrer Meinung nach sollten nicht sämtliche allgemeinen Begriffe des Verwaltungsrechts durchgearbeitet und gesetzgeberisch gefaßt werden, sondern vielmehr nur das gesetzlich festgelegt werden, was auch tatsächlich notwendig und für die Praxis von Bedeutung sei. Bei jeder einzelnen Regelung wurde geprüft, ob die Praxis diese Vorschrift unbedingt benötigt oder ob sie auch ohne sie auskommen kann. Wie vorsichtig in dieser Gruppe vorgegangen wurde, zeigt sich auch darin, daß im Einzelfall bereits bei Vorlage der einzelnen Berichterstattergutachten das zuständige Ministerium informiert wurde, um Einwendungen rechtzeitig vorbringen zu können[34]. Aus den gesamten Diskussionsbeiträgen ist zu entnehmen, daß die jüngeren Ministerialbeamten, anders als z.B. *von Haller*, einer Anwendung des bürgerlichen Rechts auf öffentliche Rechtsverhältnisse nicht grundsätzlich ablehnend gegenüberstanden.

---

33 Beschl.des Staatsministeriums v.10.10.30, HStA Stgt., E130b, Bü 547, As.28
34 Sitzungsprotokoll v.23.6.27, HStA Stgt.,E130b, Bü547, S.9

2. Interessengruppe Wissenschaft

Die zweite Gruppe bildeten die Vertreter der Wissenschaft. Während der gesamten Beratungstätigkeit war es ihnen ein besonderes Anliegen, einen Einbruch des Gesetzgebers in das Gebiet der Wissenschaft zu verhindern. Dies mag auch der Hauptgrund dafür gewesen sein, warum beide große Bedenken gegen das geplante Gesetz hatten. Die zurückhaltende Einstellung gegenüber dem Gesetzesvorhaben zeigte sich u.a. auch bei der Vergabe von Referaten, die eher mit Zurückhaltung übernommen wurden, aber auch bei der Anwesenheit. *Von Köhler* war von den Kommissionsmitgliedern am häufigsten abwesend. Sowohl *von Köhler* aus auch *Sartorius* machten immer wieder deutlich, daß sie, bei aller Anerkennung der wertvollen und instruktiven Arbeit, besonders der *von Hallers*, schwerste Bedenken gegen die Mehrzahl der Artikel des vorgelegten Entwurfs hatten.

2.1. *Ludwig von Köhler*

Nach Auffassung *von Köhlers*, früher selbst Berichterstatter in Gesetzgebungsarbeiten, mußte sich die Kommission vor allem davor hüten, mit dem Gesetz alles regeln zu wollen[35]. In den Entwurf durfte seines Erachtens nur soviel aufgenommen werden, als für die Praxis von Bedeutung sein kann. Dies war jedoch nach seiner Meinung nicht sehr viel[36]. *Von Köhler* warnte davor, dem öffentlichen Recht zuviel zuzuweisen. Man werde damit große Schwierigkeiten bekommen[37].

Von Köhler war außerdem der Überzeugung, daß man ohne Schaden für die Sache bestimmte gesetzestechnische Forderungen nicht außer Acht lassen dürfe. Zu diesen gesetzestechnischen Forderungen rechnete er in erster Linie, gewisse Grenzen gegenüber Wissenschaft und Rechtsprechung einzuhalten. Ein Gesetzgeber sollte nur dann Begriffe aufstellen, wenn ein zwingender Grund vorliege. Mit

35 Sitzungsprotokoll v.12.7.28, HStA Stgt.,E130b, Bü548, S.11
36 Sitzungsprotokoll v.12.7.28, HStA Stgt.,E130b, Bü548, S.4
37 Sitzungsprotokoll v.15.3.28, HStA Stgt.,E130b, Bü548, S.7

gutem Grund hätten aber die bisherigen Spezialgesetze von einer "ungesunden" Ausdehnung von Begriffsbestimmungen Abstand genommen. Wie bei der Grundsatzfrage[38] machte *von Köhler* deutlich, daß die Verhältnisse, aus denen abstrahiert werde, fortlaufend in Fluß seien. Dies sei unbedingt zu beachten. Für ihn war es kein Geheimnis, daß Wissenschaft und Praxis Begriffe immer wieder variieren und neu formulieren würden. Gerade weil eben neue Momente hinzutreten würden, erschien *von Köhler* deren Aufnahme in die Begriffsbestimmung aus praktischen Gründen für wünschenswert. Durch solche Tätigkeit, nicht aber in derselben Weise durch Eingriffe des Gesetzgebers, würden Wissenschaft und Praxis gefördert. Nach Ansicht *von Köhlers* könne der Gesetzgeber weder dadurch nützen, daß er sich für irgend eine von verschiedenen Begriffsbestimmungen entscheide, noch dadurch, daß er einen neuen Begriff formuliere.

Einen solchen Einbruch in das Gebiet der Wissenschaft und Rechtsprechung hielt *von Köhler* für sehr gefährlich. Die Wissenschaft und auch das geplante Reichsverwaltungsgericht würden sich seiner Ansicht nach an solche gesetzlich festgelegten Begriffe nicht halten. *Von Köhler* befürchtete außerdem, daß der Württembergische Verwaltungsgerichtshof dadurch in seiner "fruchtbaren Tätigkeit" lahmgelegt werden würde, was er gerade gegenüber dem Reichsverwaltungsgericht für nicht angebracht hielt[39].

Nicht aber nur die Schaffung von Begriffen erschien *von Köhler* bedenklich. Nach seiner Überzeugung wurde der Forderung einer klaren und verständlichen Ausdrucksweise durch den Entwurf oftmals nicht genüge getan. Sowohl Behörden als auch die Untertanen, die das Gesetz angehe, würden die Vorschriften des Entwurfs nicht verstehen können. Schon aus diesem Grund sollte man aus Abstraktionen gewonnene Begriffe, die man ohne Studium der Motive nicht verstehen könne, nicht ohne zwingenden Grund in ein Gesetz aufnehmen. Es sei auch nicht derjenige Beamte der beste, der sein Interesse schwerpunktmäßig auf das Studium der Gesetzesmotive richte. Für *von Köhler* bestand die Gefahr, daß die

38 Vgl. Kap.D., Abschn.III.
39 Sitzungsprotokoll v.5.11.26, HStA Stgt., E130b, Bü548, S.6f.

Autorität des Gesetzgebers durch Nichtbeachtung dieser gesetzestechnischen Anforderung bedenklich eingeschränkt werden könnte[40].

Ein weiterer verwaltungstechnischer Fehler lag für *von Köhler* vor, wenn ein Gesetz auf die Verwaltungsbehörden lähmend oder einschüchternd einwirke. Genau das befürchtete aber *von Köhler* von dem bisherigen Entwurf, der seiner Meinung nach die praktische Arbeit mindestens nicht erleichtere. Notwendig sei eine Vereinfachung der Verwaltung und nicht deren Komplizierung. Soweit aber der Entwurf nicht kompliziere, bringe er gewisse Dinge, die, weil sie selbstverständlich seien, nicht in ein Gesetz hineingehören würden[41].

Nach Ansicht *von Köhlers* sollten in keinem Fall die Motive der verschiedenen Gesetze über den Haufen geworfen werden. Er befürchtete, daß die Landesordnung die Entstehungsgeschichte der Gesetze zerstören könnte. Schließlich warnte *von Köhler* davor, den Entwurf korrekt juristisch zu gestalten. Die "Bauernschultheissen" würden sich doch von ihrem im allgemeinen gesunden Gefühl leiten lassen[42].

Von Köhler wollte seine Bedenken allerdings nicht als "oppositionellen Vorstoß" verstanden wissen, sondern nur als Einwendungen, die aus der Not eines Mannes entstanden seien, der selbst an der Spitze einer Verwaltung gestanden habe. Seine Bedenken gingen jedoch einmal soweit, daß er während einer Sitzung anregte, den Staatspräsidenten davon in Kenntnis zu setzen, daß es unmöglich erscheine, in dem vorausgesetzten Umfang positive Arbeit zu leisten. *Von Köhler* hatte, abgesehen von der abfälligen Kritik, die nach seiner Ansicht zu erwarten war, die Sorge, daß der Landtag seine Mitwirkung zu diesem Gesetz versagen werde. Nur wenn die nötige Beschränkung geübt werde, könne auf einen praktischen Erfolg gehofft werden[43].

---

40 Sitzungsprotokoll v.5.11.26, HStA Stgt., E130b, Bü548, S.7f.
41 Sitzungsprotokoll v.5.11.26, HStA Stgt. E130b, Bü547, S.8
42 Sitzungsprotokoll v. 7.7.27, HStA Stgt., E130b, Bü547, S.13
43 Sitzungsprotokoll v.5.11.26, HStA Stgt., E130b, Bü547, S.8f.

2.2. *Carl Sartorius*

Sartorius schloß sich im wesentlichen der Auffassung *von Köhlers* an. Auch er lehnte viele Begriffsbestimmungen im Entwurf mit der Begründung ab, sie seien Formulierungen eines Lehrbuchs und es fehle ihnen an praktischer Tragweite[44]. Unabhängig davon hielt er es immer für bedenklich, wenn ein Gesetz einen ganz neuen Begriff einführe[45]. *Sartorius* hatte mitunter sogar Zweifel, ob man überhaupt Formulierungen gefunden habe, die die praktische Handhabung des öffentlichen Rechts erleichtern würden[46].

Sartorius operierte ebenso vorsichtig wie die jüngeren Verwaltungsbeamten, wenn es darum ging, ob ein bestimmtes Gebiet einer allgemeinen Regelung zugänglich war. Nach seiner Auffassung mußte zuerst jede einzelne Bestimmung nachgeprüft werden. Erst dann könne man feststellen, ob insgesamt Bedarf für eine allgemeine Regelung bestehe bzw. ob es überhaupt zulässig sei, die vorhandenen Lücken durch die *Verwaltungsrechtsordnung* auszufüllen[47]. Auf der anderen Seite machte er aber im Zusammenhang mit der Lückenhaftigkeit vieler Gesetze deutlich, daß die *Verwaltungsrechtsordnung* gewiss nicht nur den "Lückenbüßer" spielen solle[48].

Eine Gefahr für Rechtsprechung und Wissenschaft, wie sie *von Köhler* befürchtete, konnte *Sartorius* allerdings nicht sehen. Die Bindungen, die der Entwurf vorsah, schienen ihm die Praxis nicht sonderlich zu belasten. Er gab sogar zu, daß sich mit dem Entwurf in einigen Punkten ein Fortschritt für die Praxis anbahnen könne[49]. *Sartorius* betonte ferner die Notwendigkeit einer klaren Ausdrucksweise. Man habe durchaus keinen Anlaß, die "verdrehte Sprache" des *Bürgerlichen Gesetzbuches* zu übernehmen[50].

---

44 Sitzungsprotokoll v.5.11.26, HStA Stgt., E130b, Bü547, S.11
45 Sitzungsprotokoll v.5.11.26, HStA Stgt., E130b, Bü547, S.25
46 Sitzungsprotokoll v.5.11.26, HStA Stgt., E130b, Bü547, S.4
47 Sitzungsprotokoll v.12.7.28, HStA Stgt., E130b, Bü548, S.5
48 Sitzungsprotokoll v.12.7.28, HStA Stgt., E130b, Bü548, S.12
49 Sitzungsprotokoll v.5.11.26, HStA Stgt.,E 130b, Bü547, S.11
50 Sitzungsprotokoll v.15.3.28, HStA Stgt.,E130b, Bü547, S.1

3. Interessengruppe Vorsitzender/Verwaltungsgericht

Gegenüber der restriktiven Auffassung der jüngeren Verwaltungsbeamten und der Professoren gingen *Hegelmaier* und die Vertreter des Verwaltungsgerichtshofs mit sehr viel Engagement an die Aufgabe heran. Von ihrer Seite wurde die Aufgabe der Kommission dahingehend definiert, eine allgemeine Grundlage für die schon bestehenden einzelnen Verwaltungsgesetze bzw. für in diesen enthaltenen Rechtsbegriffen zu schaffen. Sie waren davon überzeugt, daß ein allgemeines und gleichzeitig praktikables Gesetz für die Verwaltung geschaffen werden könne. Ihr Ziel war es "wirkliche" Normen zu erarbeiten, die den Verwaltungsbeamten ein langwieriges Studium von Entscheidungen ersparten. Die Kodifikation eines Lehrbuchs lehnten auch sie mangels Nutzen für die Verwaltung ab. Die Diskussionsbeiträge dieser Gruppe waren überwiegend konstruktiv. Unter Berücksichtigung der bestehenden Probleme versuchten sie immer Lösungsmöglichkeiten aufzuzeigen und Alternativen zu finden, um das Werk zu vollenden. Vor allem *von Haller*, das älteste Mitglied der Kommission, und auch *Hegelmaier* stürmten mit Elan in das "Neuland der Gesetzgebung" vor[51].

3.1. *Leopold Hegelmaier*

Hegelmaier sah seine Aufgabe im wesentlichen darin, das ganze im Auge zu behalten und dafür zu sorgen, daß trotz der unterschiedlichen Auffassungen doch ein "Werk aus einem Gusse" zustande kam[52]. Immer wieder forderte er die Kommissionsmitglieder mit Nachdruck zur Weiterarbeit und zur Verwirklichung des Werkes auf[53]. In Situationen, in denen keine gemeinsame Linie gefunden wurde, leitete er mit Geschick und ohne eine weitere Diskussion auf ein neues Thema über, um eine Fortsetzung der Beratungstätigkeit zu ermöglichen[54].

---

51 Vgl. *Hegelmaier*, Lebenserinnerungen, S. 271
52 Vgl. *Hegelmaier*, Lebenserinnerungen, S. 272
53 Sitzungsprotokoll v.23.6.27, HStA Stgt., E130b, Bü547, S.2
54 Sitzungsprotokoll v.23.6.27, HStA Stgt., E130b, Bü547, S.13

Hegelmaier schätzte es im Gegensatz zu *von Köhler*, wenn die vorgelegten Entwürfe der Berichterstatter mit der Aufstellung allgemeiner Grundsätze etwas "zu weit" gingen, weil dadurch eine, nach seiner Auffassung bessere Erörterung der Regelungen erfolgen könne[55]. Bei Bestimmungen, über die kontrovers diskutiert wurde, setzte er, vorsichtiger und kompromißbereiter als *von Haller*, oftmals durch, auf die Bestimmung zu verzichten und eine Erörterung der Problematik in die Begründung aufzunehmen. Nach Auffassung *Hegelmaiers* sollte dieser Weg einen "wertvollen Fingerzeig" für Gerichte und Verwaltungsbehörden darstellen[56].

3.2. *Friedrich von Haller*

Von Haller hatte den größten Teil der Berichterstattung übernommen und arbeitete dazu noch in vielen Ausschüssen mit, meistens als Berichterstatter. Außerdem wurde ihm die Berichterstattung für eine ganze Reihe von Einzelfragen übertragen. Die einzelnen Entwürfe, die *von Haller* der Kommission vorgelegte, waren sehr umfangreich und bis ins kleinste Detail ausgearbeitet.

Von Haller, der ein "Meister der Begiffsbildung"[57] war, diskutierte ausgesprochen gerne. Dabei ging er nicht selten auf Konfrontationskurs. So kam es vor, daß *von Haller* in der Funktion des Mitberichterstatters den Entwurf des Berichterstatters nicht unterstützen wollte und deshalb der Kommission einen von ihm ausgearbeiteten Gegenentwurf vorlegte[58]. Auch die Übernahme der Stellvertretung für einen erkrankten Berichterstatter machte er davon abhängig, daß er bei einer Abweichung von der Ansicht des Berichterstatters seine eigene Meinung in der Kommission zur Geltung bringen konnte[59]. Häufig war er der einzige, der um die Aufnahme einer Bestimmung kämpfte und sehr oft wurde sein Engagement durch die einstimmige Ablehnung seines Vorschlages gebremst.

---

55 Sitzungsprotokoll v.12.7.28, HStA Stgt., E130b, Bü548, S.4
56 Sitzungsprotokoll v.4.10.28, HStA Stgt., E130b, Bü548, S.15
57 *Stuttgarter Neues Tagblatt* v.28.11.38, HStA Stgt, E130c, Bü41, Anl.Zeitungsausschnitte
58 Sitzungsprotokoll v.10.3.27, HStA Stgt., E130b, Bü547, S.4
59 Sitzungsprotokoll v.21.3.29, HStA Stgt., E130b, Bü549, S.1

Von Haller resignierte trotz zum Teil sehr erheblicher Widerstände gegen seine Entwürfe nie, sondern wendete sich nach den Beratungen gleich wieder der Arbeit zu, um die Ergebnisse festzuhalten und neue Vorschläge zu erarbeiten. Selbst in Situationen, in denen keine Einigung erzielt werden konnte, schaffte er es mit seinem "echten, sonnigen, manchmal auch grimmigen Humor"[60], die anderen Mitglieder wieder zur Weiterarbeit zu bewegen. Während z.B. *Sartorius* vor "vergeblicher Arbeit" warnte und eine Zurückstellung der Erörterung vorschlug, drängte *von Haller* darauf, die Formulierung "schon jetzt zu versuchen"[61]. Wie optimistisch *von Haller* eingestellt war, kann man aus seiner Antwort auf eine Äußerung *von Köhlers* entnehmen. Letzterer vertrat im Zusammenhang mit der Begriffsbestimmung der juristischen Personen die Ansicht, daß auch die Kommission, wie die Verfasser des *Bürgerlichen Gesetzbuches*, dafür keine Definition fertigbringen könne. Hierauf erwiderte *von Haller* ohne weitere Ausführungen: "Wir haben schon mehr fertiggebracht"[62].

Im Gegensatz zu *von Köhler* war es für *von Haller* zunächst kein Thema, ob der Landtag die ausgearbeitete Bestimmung bzw. die dazugehörige Begründung akzeptieren würde. Er ging davon aus, daß sich viele Rechtsinstitute im Laufe der Jahrzehnte geändert hatten und er betrachtete es als seine Aufgabe, darzulegen, wie der derzeitige Rechtszustand, der die Unterlage für die Kodifikation sei, sich gebildet habe. Die dem Landtag zu gebende endgültige Begründung sollte natürlich anders gefaßt werden[63]. *Von Haller* versäumte es nie darauf hinzuweisen, wie dringend die Praxis bestimmte Begriffe benötige. Den derzeitigen Zustand hielt er auf die Dauer für nicht erträglich. Er wollte nicht immer wieder von vorne anfangen mit der "Anleitung der ziviljuristisch eingestellten Mitglieder des Verwaltungsgerichtshofs"[64]. Auf der anderen Seite legte *von Haller* besonderen Wert darauf, Begriffe zu finden, die nicht die Gefahr

---

60 *Stuttgarter Neues Tagblatt* v.28.11.38, HStA Stgt., E130c, Bü41, Anl.Zeitungsausschnitte
61 Sitzungsprotokoll v.5.11.26,HStA Stgt., E130b, Bü547, S.23f.
62 Sitzungsprotokoll v.12.7.28, HStA Stgt., E130b, Bü548, S.21
63 Sitzungsprotokoll v.23.6.27, HStA Stgt., E130b, Bü547, S.9
64 Sitzungsprotokoll v.5.11.26, HStA Stgt., E130b, Bü547, S.38

einer "Verknöcherung" in sich tragen[65]. Ferner betonte *von Haller* ständig den Wert allgemeiner Grundsätze auch für die Auslegung von Spezialvorschriften[66].

Ein ganz besonderes Anliegen *von Hallers* war es aber, dem öffentlichen Recht eine gleichwertige Stellung gegenüber dem bürgerlichen Recht zu verschaffen. Wo immer es möglich war, versuchte *von Haller* eine eigenständige Regelung für das öffentliche Recht zu finden, um nicht auf privatrechtliche Vorschriften angewiesen zu sein. Bewertet man den Einsatz und die Arbeitsleistung *von Hallers*, der auch noch nach seiner Pensionierung in der Kommission mitarbeitete[67], so kann der Entwurf, ohne den Beitrag der anderen Kommissionsmitglieder schmälern zu wollen, als sein Werk bezeichnet werden.

65 Sitzungsprotokoll v.5.11.26, HStA Stgt., E130b, Bü547, S.38
66 Sitzungsprotokoll v.12.7.28, HStA Stgt., E130b, Bü548, S.5
67 Sitzungsprotokoll v.12.7.28, HStA Stgt., E130b, Bü548, S.1

E. Ausarbeitung der Verwaltungsrechtsordnung

I. Titel, Systematik, Gegenstand des Gesetzes

1. Titel des Gesetzes

Das Staatsministerium hatte zunächst vorgeschlagen, das Gesetz als "Landesordnung des öffentlichen Rechts" zu bezeichnen[1]. In der Kommission wurde jedoch die Frage erörtert, ob nicht der Begriff "Landesordnung" zu weit war, wenn sie nur Verwaltungsrecht umfassen sollte. Auch die Bezeichnung "Landesordnung des öffentlichen Rechts" hielt man noch für zu weitgehend[2]. Außerdem wurde darüber nachgedacht, ob nicht ein Titel gewählt werden konnte, der den Hauptpunkt des Gesetzesinhaltes herausgreift. Vorgeschlagen wurde u.a. die Bezeichnung "Württembergische Verwaltungsordnung", da nach dem Sprachgebrauch des Gesetzgebers mit "Ordnung" die Festlegung allgemeiner Grundsätze gemeint sei. Andere Kommissionsmitglieder, die auf den Zusatz "allgemein" nicht verzichten wollten, konnten sich mit "Landesordnung" nicht anfreunden. Empfohlen wurde weiterhin, das Gesetz, wie in Preußen, "Allgemeines Landesverwaltungsgesetz" zu nennen. Demgegenüber befürworteten andere Mitglieder die Bezeichnung "Allgemeiner Teil", weil "allgemein" mit allgemeingültig verbunden wurde. Bei "Allgemeiner Verwaltungsordnung" hatte man Bedenken, daß damit mehr an Verfahrensrecht als an materielles Recht gedacht werden könnte. Dagegen hielt es *von Haller* für ziemlich nebensächlich, wie das Gesetz heißen sollte.

Zur Wahl standen dann "Württembergische Verwaltungsordnung", "Allgemeine Verwaltungsordnung" sowie "Allgemeine Landesverwaltungsordnung". Auf den Vorschlag des Vorsitzenden wurde schließlich der Titel "Allgemeine Verwal-

---

1 Schr.des Staatsministeriums v.5.8.24, HStA Stgt., E130b, Bü542, As. 10a

2 Sitzungsprotokoll v.21.7.25, HStA Stgt., E130b, Bü547, S.11

tungsordnung" einstimmig beschlossen[3]. In der nachfolgenden Sitzung erweiterte man den Titel um den Zusatz "für Württemberg"[4].

Im Zusammenhang mit der Diskussion über die Bezeichnung des Verfahrensgesetzes wurde das Problem noch einmal aufgegriffen. Da man eine Verwechslung der beiden Gesetze vermeiden wollte, wurde zunächst entschieden, für das Verfahrensgesetz die Bezeichnung "Landesverwaltungsgesetz" und für das materielle Gesetz den Titel "Verwaltungsrechtsordnung für Württemberg" zu übernehmen. Dabei sollte der Begriff "Ordnung" auf ein Grundgesetz hinweisen, welches ein Rechtsgebiet auch in materieller Hinsicht regelt. Als Beispiel nannte man in diesem Zusammenhang die *Reichsabgabenordnung*[5]. Trotz dieser Entscheidung bestand in der Kommission immer noch Uneinigkeit über den Titel. Bei der nachfolgenden Abstimmung drängte man dann aber auf eine endgültige Bezeichnung für beide Gesetze. Hinsichtlich des Verfahrensgesetzes sprach sich die Mehrzahl der Kommissionsmitglieder schließlich für die bereits früher beschlossene Bezeichnung "Verwaltungsverfahrensgesetz" aus[6]. Eine weitere Abstimmung über den Namen des materiellen Gesetzes fand nicht mehr statt. Es blieb also bei der Bezeichnung "Verwaltungsrechtsordnung für Württemberg".

2. Systematik

2.1. Vorlagen

Bei der Aufstellung des Systems hat sich die Kommission im großen und ganzen an die übliche Einteilung in der Wissenschaft angeschlossen. Insbesondere wurden als Vorlage für den Aufbau die Systeme von *Otto Mayer*, *Fleiner*, *Hatschek*,

---

3 Sitzungsprotokoll v.22.2.26, HStA Stgt., E130b, Bü547, S.20f.
4 Sitzungsprotokoll v. 3.3.26, HStA Stgt., E130b, Bü547, S.2
5 Vgl. Sitzungsprotokoll v.4.4.28, HStA Stgt., E130b, Bü552, S.2ff.; Sitzungsprotokoll v.7.11.29, HStA Stgt., E130b, Bü550, S.33
6 Sitzungsprotokoll v.4.4.28, HStA Stgt., E130b, Bü552, S.7

Goez und *Kormann* herangezogen. Daneben diente aber auch das System des *Bürgerlichen Gesetzbuches* als Vorbild. In diesen Werken der Wissenschaft und Gesetzgebung war für die Kommission der äußere Rahmen für die Arbeit gewissermaßen vorgezeichnet. Auch für den inneren Aufbau des Ganzen sah man darin die geeigneten Vorlagen, das allgemeine öffentliche Recht in Gesetzesform zu bringen[7].

Der Kommission war jedoch unter Bezugnahme auf *Gierke*[8] klar, daß jedes System nur eine "unvollkommene Notlösung" sein konnte. Nach Auffassung der Kommission durften aber derartige Erwägungen nicht dazu führen, die Schaffung eines notwendigen Werkes zu unterlassen.

2.2. Herausnahme des Polizeirechts und des Verwaltungszwangs

Vom Staatsministerium war ursprünglich die Aufnahme von Grundsätzen des allgemeinen Polizeirechts in die Kodifikation vorgesehen. Der engere Ausschuß hatte sich deshalb dazu entschlossen, das allgemeine Polizeirecht vorläufig in die *Verwaltungsrechtsordnung* mit einzubeziehen[9].

Die Kommission war sich aber von Anfang darüber bewußt, daß es nicht leicht sein werde, aus dem großen Stoff des Polizeirechts die Behandlung der allgemeinen polizeilichen Pflichten herauszunehmen[10]. Weitere Bedenken gegen eine Aufnahme lagen für die Kommission hauptsächlich darin begründet, daß in der Lehre des Verwaltungsrechts das Polizeirecht vielfach als Spezialgebiet behandelt wurde. Außerdem hielt man die gesetzliche Festlegung des Polizeirechts nicht

7 Vgl. Gutachten zum Gegenstand des Gesetzes, HStA Stgt., E130b, Bü 553, S.32

8 "Jedes System ist schon deshalb stehts nur eine unvollkommene Notlösung, weil es die Rechtsinstitute gewissermaßen in einer Linie, in der sich eines immer nur mit zwei anderen an je einem Punkt berühren kann, aufreihen muß, während in der wirklichen Rechtswelt die verschiedensten Rechtsinstitute gleich Körpern im Raum einander an vielen Punkten berühren". Gierke, zitiert in Gutachten zu Art.1, HStA Stgt., E130b, Bü553, S.33

9 Vgl. oben Kapitel D, Abschnitt I.2.2.6.

10 Sitzungsprotokoll v.21.7.25, HStA Stgt., E130b, Bü547, S.22

nur für problematischer als die des sonstigen allgemeinen Verwaltungsrechts, sondern hinsichtlich der Flexibilität der Verwaltung auch für schwieriger. Die meisten Kommissionsmitglieder waren deshalb der Ansicht, daß diese Fragen in einem besonderen Gesetz, das natürlich mit der *Verwaltungsrechtsordnung* in Zusammenhang stehen sollte, zu behandeln seien[11].

Trotz der vorgebrachten Bedenken wollte aber der Vorsitzende das Polizeirecht vorerst in der *Verwaltungsrechtsordnung* behandeln, weil nach seiner Meinung verhütet werden müsse, daß der wichtige Abschnitt über Verwaltungszwang durch eine Sonderbehandlung des Polizeizwangs gewissermaßen "ausgebeint" werde. Für ihn stand nichts im Wege, das Polizeirecht in einem besonderen Gesetz zu behandeln, wenn sich später zwingende Gründe für eine Abtrennung des Polizeirechts ergeben würden. Auch *Sartorius* trat dafür ein, das Polizeirecht vorläufig in die *Verwaltungsrechtsordnung* mit einzubeziehen. Er wollte von einer Sonderbehandlung mindestens solange Abstand nehmen, bis die Vorarbeiten im Polizeirecht abgeschlossen waren[12].

Ende November 1926 ließ sich immer noch nicht übersehen, ob die Rechtssätze des allgemeinen Polizeirechts in den Entwurf aufgenommen werden sollten[13]. Erst aufgrund einer Ausarbeitung von *Nebinger*[14] ergaben sich immer mehr Argumente gegen die Aufnahme des Polizeirechts[15]. Auf seinen Vorschlag wurde dann letztendlich beschlossen, das allgemeine Polizeirecht in einem besonderen Gesetz zu kodifizieren[16]. Unter dem Gesichtspunkt, daß der Verwaltungszwang in der Hauptsache in dem *Strafverfügungsgesetz* von 1879 geregelt war, sollte

11 *VRO*, Vorwort S.VI
12 Sitzungsprotokoll v.21.7.25, HStA Stgt., E130b, Bü547,S.22f.
13 Vgl. Schreiben des Staatsministeriums v.24.11.26, HStA Stgt.,E130b, Bü542, As.74
14 "Entwurf des allgemeinen Teils über die Ausübung der Polizeigewalt". Vgl. Schr.des Staatsministeriums Nr. 4360, HStA Stgt., E 130b, Bü542, As.69
15 Sitzungsprotokoll v. 2.2.26, HStA Stgt., E130b, Bü547, S.5
16 Sitzungsprotokoll v.21.7.25, HStA Stgt., E130b, Bü547, S.21

auch dieser Abschnitt in dem eigenständigen Gesetzesentwurf des Polizeirechts seinen Platz finden[17]. Die Beratung dieses Gesetzesentwurfs, dessen Ausarbeitung *Nebinger* übernommen hatte, wurde jedoch später wieder der Gesamtkommission übertragen.

Bis zu Beginn der zweiten Lesung im Jahre 1929 konnte das Polizeiverwaltungsgesetz allerdings noch nicht beraten werden. In der Kommission wurde dies vor allem deshalb bedauert, weil in Württemberg gerade das Polizeirecht außerordentliche Lücken aufwies. Eine gesetzliche Regelung sollte deshalb unbedingt erfolgen. Der Vorsitzende wollte auf diese Frage jedoch erst zurückkommen, wenn der Entwurf der *Verwaltungsrechtsordnung* im Druck vorlag. Danach beabsichtigte er, dem Staatspräsidenten die Frage des Polizeiverwaltungsgesetzes vorzutragen[18].

2.3. Änderungen gegenüber dem vorläufigen Arbeitsplan

Entgegen der Einteilung im vorläufigen Arbeitsplan erschien der Kommission eine eingehendere Gliederung unter Beseitigung der vorgesehenen dreizehn Abschnitte zweckmäßig. Man entschied sich zunächst dafür, einen allgemeinen Teil voranzustellen, dem dann die besonderen Rechtsverhältnisse folgen sollten. Beschlossen wurde ferner die Aufnahme eines eigenen Abschnitts für die Körperschaften, Anstalten und Stiftungen. Die Bestimmungen über Sicherheitsleistung und Hinterlegung sollten aus praktischen Gründen in den allgemeinen Teil aufgenommen werden, auch wenn aus systematischen Gründen eine andere Eingliederung möglicherweise besser gewesen wäre[19].

---

17 Vgl. Sitzungsprotokoll v.21.7.25, HStA Stgt., E130b, Bü547, S.24
18 Sitzungsprotokoll v.7.11.29, HStA Stgt., E130b, Bü550, S.34
19 Sitzungsprotokoll v.19.9.29, HStA Stgt., E130b, Bü550, S.1

Außerdem zeigte es sich, daß für den Bereich der öffentlich-rechtlichen Schuldverhältnisse eine zusammen-hängende Aufstellung in einem selbständigen Teil des Entwurfes notwendig war[20].

Im Verlauf der Beratungen kam die Kommission zu dem Ergebnis, daß nochmals eine weitere Gliederung vorgenommen werden mußte. In diesem Zusammenhang stellte man aber fest, daß das *Bürgerliche Gesetzbuch* dabei nur in beschränktem Umfang als Vorbild dienen konnte. Bei der Festlegung der Abschnitte wurde teilweise darauf abgestellt, welcher Abschnitt für das öffentliche Recht von größerer Bedeutung war. Bei bestimmten Abschnitten erfolgte jedoch wieder eine stärkere Anlehnung an die Reihenfolge des *Bürgerlichen Gesetzbuches*[21].

Dem allgemeinen Teil wurden danach folgende Abschnitte zugewiesen[22]:

- Das Recht
- Die öffentlichen Rechtsverhältnisse im allgemeinen
- Die Willenserklärungen
- Die Verwaltungsakte
- Fristen, Termine
- Die Verjährung
- Die Sicherheitsleistung

Die Kommission war sich bei der Festlegung des allgemeinen Teils zunächst nicht einig, ob der Abschnitt über Willenserklärungen dem Abschnitt über Verwaltungsakte voranzustellen war. Beispielsweise verstand *von Haller* die Verwaltungsakte als "spezielle Willenserklärungen". Er wies darauf hin, daß die Willenserklärungen von *Fleiner* und *Otto Mayer* gar nicht behandelt worden seien, dagegen habe *Jellinek* sie systematisch vor die Verwaltungsakte gestellt. Demgegenüber war *Geier*, der eine Zusammenfassung von Verwaltungsakten und Willenserklärungen versucht hatte, zu der Erkenntnis gelangt, daß beide wenig

20 Vgl. *VRO*, Vorbemerkung zum Vierten Buch, S. 585; Sitzungsprotokoll v.8.3.28, HStA Stgt., E130b, Bü548, S.2

21 Sitzungsprotokoll v.9.1.30, HStA Stgt., E130b, Bü550, S.3

22 Sitzungsprotokoll v.9.1.30, HStA Stgt., E130b, Bü550, S.30

Gemeinsames haben würden. Da sich auch die Mehrheit der Kommissionsmitglieder dieser Auffassung anschloß, wurde eine völlig getrennte Behandlung der beiden Rechtsinstitute vorgenommen[23].

Der besondere Teil wurde in drei Bücher aufgeteilt, wovon das erste Buch die Körperschaften, Anstalten und Stiftungen, das zweite Buch die öffentlichen Sachen und das dritte Buch die Schuldverhältnisse des öffentlichen Rechts umfaßte. Von einer zusammenfassenden Überschrift für den besonderen Teil hatte die Kommission abgesehen[24].

Während das Ausgangssystem des engeren Ausschusses Regelungen über natürliche und juristische Personen in einem Abschnitt vorsah, hielt die Kommission hier eine Aufteilung für notwendig. Im besonderen Teil wurden deshalb nur die juristischen Personen behandelt, während die Regelungen über die natürlichen Personen dem Abschnitt "Willenserklärungen" des allgemeinen Teils zugewiesen wurden.

Obwohl die wichtigsten Abschnitte des Gesetzes Ende 1928 durchberaten waren, gab es bis dahin noch keinen zusammenhängenden Entwurf der *Verwaltungsrechtsordnung*[25]. Erst gegen Ende der zweiten Lesung konnte die endgültige Fassung der *Verwaltungsrechtsordnung* beschlossen werden.

2.4. Auflösung einzelner Abschnitte

Der vierte Abschnitt über öffentliche Rechte und öffentliche Pflichten wurde als eigenständiger Abschnitt ganz aufgelöst. Die Regelungen über öffentliche Rechte wurden in den neu geschaffenen Abschnitt "öffentliche Rechtsverhältnisse im all-

---

23 Sitzungsprotokoll v.19.9.29,HStA Stgt., E130b, Bü550, S.2f.
24 Sitzungsprotokoll v.9.1.30, HStA Stgt., E130b, Bü550, S.30
25 Schr.des Staatsministeriums v. 24.10.1928, HStA Stgt., E130b, Bü542, As.119; Sitzungsprotokoll v.19.9.29, HStA Stgt., E130b, Bü550, S.3

gemeinen" des allgemeinen Teils aufgenommen. Die den öffentlichen Pflichten zugeordneten öffentlichen Schuldverhältnisse erhielten im Vierten Buch eine selbständige zusammenhängende Aufstellung der allgemeinen Grundsätze.

Die Abschnitte öffentlich-rechtliche Entschädigung, Fristen, Termine, Verjährung und Sicherheitsleistung löste die Kommission ebenfalls auf. Die Behandlung der öffentlich-rechtlichen Entschädigung erfolgte bei den inzwischen eigenständig geregelten öffentlich-rechtlichen Schuldverhältnissen, die übrigen Abschnitte wurden dem allgemeinen Teil zugeordnet.

2.5. Vergleich mit dem System des *Bürgerlichen Gesetzbuches*

Vom Vorsitzenden wurde ausdrücklich betont, daß das *Bürgerliche Gesetzbuch* nur in beschränktem Umfang als Vorbild dienen konnte[26]. Als Beispiel dafür nannte er die Grundsätze über das objektive Recht und seine Quellen, die das *Bürgerliche Gesetzbuch*, anders als die *Verwaltungsrechtsordnung*, den Darstellungen der besonderen Rechte nicht vorausgeschickt hat.

Die Kommission war ebenfalls der Meinung, daß das geplante Gesetz mit Bestimmungen über das objektive öffentliche Recht beginnen müsse, wenn es seinen Zweck, eine für die öffentliche Verwaltung brauchbare Grundlage des allgemeinen öffentlichen Recht zu schaffen, erreichen wolle. Erst hieran sollten sich die allgemeinen Sätze über Personen, Sachen, Rechte und Pflichten usw. anschließen[27].

Die Einteilung der *Verwaltungsrechtsordnung* in Bücher, Abschnitte und Titel sowie eine Gegenüberstellung einzelner Abschnitte der *Verwaltungsrechtsordnung* und des *Bürgerlichen Gesetzbuches* zeigt jedoch deutlich, wie stark sich die *Verwaltungsrechtsordnung* am System des *Bürgerlichen Gesetzbuches* orientiert hat.

---

26 Sitzungsprotokoll v.7.11.29, HStA Stgt., E130b, Bü550, S.30
27 *Von Haller*, Grundriß, HStA Stgt., E130b, Bü553, S.16

Insbesondere bei dem Abschnitt über Willenserklärungen ist eine enge Anlehnung an das *Bürgerliche Gesetzbuch* nicht zu übersehen. Diese "Nachbildung" wurde damit begründet, daß die im Entwurf zu regelnden Verhältnisse den im *Bürgerlichen Gesetzbuch* geregelten Verhältnissen im wesentlichen vergleichbar seien. Unter Hinweis auf *Friedrichs*[28] hielt man auch aus sachlichen Gründen eine Übernahme von Vorschriften des *Bürgerlichen Gesetzbuches* für gerechtfertigt, jedenfalls insoweit, als diesen Vorschriften allgemeine Rechtsgedanken zugrunde liegen würden[29].

Gegenüberstellung der Gliederung und einzelner Abschnitte beider Gesetze:

28 *Friedrichs*, Hirts Ann. 1917, S.12

29 Gutachten zum Gegenstand des Gesetzes, HStA Stgt., E130b, Bü553, S.49

BGB: Erstes Buch - Allgemeiner Teil		*VRO*: Erstes Buch - Allgemeiner Teil -	
Dritter Abschnitt:	Rechtsgeschäfte	Erster Abschnitt:	Das Recht
Erster Titel:	Geschäftsfähigkeit	Zweiter Abschnitt:	Die öffentlichen Rechtsverhältnisse im allgemeinen
Zweiter Titel:	Willenserklärung	Dritter Abschnitt:	Willenserklärungen
Dritter Titel:	Vertrag	Zweiter Titel:	Geschäftsfähigkeit
Viertel Titel:	Bedingung, Zeitbestimmung	Fünfter Titel:	Bedingung, Zeitbestimmung
Fünfter Titel:	Vertretung, Vollmacht	Elfter Titel:	Vertrag
Sechster Titel:	Einwilligung, Genehmigung	Zwölfter Titel:	Vertretung, Vollmacht
Vierter Abschnitt	Fristen, Termine	Dreizehnter Titel:	Einwilligung, Genehmigung
Fünfter Abschnitt:	Verjährung	Fünfter Abschnitt:	Fristen, Termine
Sechster Abschnitt:	Ausübung der Rechte	Sechster Abschnitt:	Verjährung
Siebter Abschnitt:	Sicherheitsleistung	Siebter Abschnitt:	Sicherheitsleistung

BGB: Zweites Buch Recht der Schuldverhältnisse		*VRO*: Viertes Buch Die Schuldverhältnisse des öffentlichen Rechts	
Erster Abschnitt:	Inhalt der Schuldverhältnisse	Zweiter Titel:	Inhalt der Schuldverhältnisse
Erster Titel:	Verpflichtung zur Leistung	Artikel 189:	Verpflichtung zur Leistung
Zweiter Abschnitt:	Schuldverhältnisse aus Verträgen	Dritter Titel:	Schuldverhältnisse aus Verträgen
Dritter Abschnitt:	Erlöschen der Schuldverhältnisse	Vierter Titel:	Erlöschen der Schuldverhältnisse
Vierter Abschnitt:	Übertragung der Forderung	Fünfter Titel:	Übertragung der Forderung
Sechster Abschnitt:	Mehrheit von Schuldnern und Gläubigern	Sechster Titel:	Mehrheit von Schuldnern und Gläubigern

3. Gegenstand der Verwaltungsrechtsordnung

3.1. Allgemeines öffentliches Recht

3.1.1. Allgemeine Grundsätze des öffentlichen Rechts

Gegenstand der *Verwaltungsrechtsordnung* war nach der Vorgabe des Staatsministeriums die gesetzliche Zusammenfassung und Festlegung des württembergischen allgemeinen öffentlichen Rechts. Aus der *Verwaltungsrechtsordnung* war deshalb zunächst alles das auszuscheiden, was nicht dem allgemeinen öffentlichen Recht angehörte.

Es wurde darauf hingewiesen, daß auch die Bearbeitungen des bürgerlichen Rechts von jeher ihren Darstellungen des Sachenrechts, des Rechts der Forderungen, des Familienrechts usw. einen Abschnitt vorausschickten, der von dem Recht und von den Rechten überhaupt handelte. Als Beispiel führte man hier die Regelungen über den Begriff des Rechts, über Quellen, Auslegung, Begriff und Arten der subjektiven Rechte an. Diesen Brauch habe das *Bürgerliche Gesetzbuch* übernommen und seiner Regelung der einzelnen Rechtsverhältnisse einen allgemeinen Teil vorausgeschickt, der über Personen, Sachen, Rechtsgeschäfte, Fristen, Termine, Verjährung, Ausübung der Rechte und Sicherheitsleistung allgemeine Grundsätze aufstellt[30].

Grundsätze, die sich nicht nur auf Rechte besonderen Inhalts beziehen, sondern auf die Rechte als solche, ganz abgesehen von ihrem besonderen Inhalt, gab es nach Ansicht der Kommission selbstverständlich auch im öffentlichen Recht. Zumindest sollte es diese Grundsätze entsprechend der überaus wichtigen Aufgabe des öffentlichen Rechts geben. Mit Hinweis auf die Lehrbücher des Verwaltungsrechts, die zahlreichen Einzeldarstellungen auf diesem Gebiet und insbesondere die ihrem Umfang nach immer mehr anschwellenden, vielseitigen und in großer Zahl erscheinenden Sammlungen der Entscheidungen der Verwal-

---

30 Gutachten zum Gegenstand des Gesetzes, HStA Stgt., E130b, Bü553, S.1

tungsbehörden, der Verwaltungsgerichte und der bürgerlichen Gerichte, rechtfertigte die Kommission das Gesetzesvorhaben[31].

Das in dieser Beziehung Vorhandene zu sichten, zusammenzufassen und soweit es lückenhaft war, zu ergänzen und so für den allgemeinen Teil des Verwaltungsrechts eine zusammenhängende, gesetzliche Grundlage zu schaffen, war danach die Aufgabe des Entwurfs[32].

3.1.2. Vorrang der Einzelgesetze

Erörtert wurde in der Kommission, ob an die Stelle der in den besonderen Gesetzen enthaltenen allgemeinen Rechtsvorschriften, soweit sie von den im Entwurf vorgesehenen abwichen oder ihnen widersprachen, grundsätzlich die Vorschriften des Entwurfs treten sollten[33].

Die Kommission befürchtete jedoch, daß angesichts der erheblichen Zahl der Sondervorschriften, ihrer Zerstreuung in den verschiedensten Gesetzen und ihres verschiedenartigen Inhalts eine für die praktische Anwendung dieser Gesetze "schädliche Verwirrung" entstehen würde. Diese Frage wurde deshalb in den Beratungen dahingehend entschieden, daß die Vorschriften der *Verwaltungsrechtsordnung* nicht als zwingend angesehen werden mußten, sondern immer die Vorschriften der Einzelgesetze vorgingen[34]. Die Vorschriften der *Verwaltungsrechtsordnung* sollten allerdings bei der Auslegung der bisherigen allgemeinen Regeln angewendet werden. Die Aufnahme einer entsprechenden Bestimmung in den Entwurf erschien der Kommission aber nicht erforderlich[35].

---

31 Gutachten zum Gegenstand des Gesetzes, HStA Stgt., E130b, Bü553, S.4
32 Gutachten zum Gegenstand des Gesetzes, HStA Stgt., E130b, Bü553, S.13f.
33 Gutachten zum Gegenstand des Gesetzes, HStA Stgt., E130b, Bü553, S.20
34 *VRO*, Begründung zu Art. 1, S. 71
35 Sitzungsprotokoll v. 22.2.26, HStA Stgt., E130b, Bü547, S.5

3.2. Recht der württembergischen Verwaltung

Gesehen wurde zunächst, daß die meisten Gebiete des öffentlichen Rechts im württembergischen Landesrecht bereits eine eingehende Behandlung erfahren hatten. Man ging jedoch davon aus, daß in ihrer Gesamtheit und im einzelnen immer noch reichlich Stoff für den Entwurf geblieben war. Allerdings verkannte man nicht, daß dem Entwurf durch die Gebiete, die außerhalb seines Bereiches standen, "manch wichtiger Stoff" entzogen worden war. Man dachte hier z.B. an das Gewerberecht, das so häufig Grund zu öffentlich-rechtlichen Verfügungen geboten habe. Die Kommission stand jedoch auf dem Standpunkt, daß die auf diesem und anderen Gebieten des Reichsrechts geltenden allgemeinen Grundsätze auch für die gesetzliche Ausgestaltung des württembergischen öffentlichen Rechts herangezogen werden konnten[36].

Aus dem Landesrecht und damit aus dem Bereich der Landesordnung sollte aber alles das ausscheiden, was nach der *Reichsverfassung* nicht landesrechtlich, sondern reichsrechtlich geregelt werden mußte und eine reichsrechtliche Regelung schon gefunden hatte.

Die Kommission prüfte dann kurz vor der Fertigstellung des Entwurfs nochmals ausführlich, ob das geplante Gesetz bei der inzwischen weiter fortgeschrittenen Einschränkung der Landesgesetzgebung überhaupt noch durchführbar und erfolgversprechend war. In diesem Zusammenhang räumte die Kommission zwar ein, daß ein nicht unerheblicher Teil des öffentlichen Rechts mittlerweile auf das Reich übergegangen war. Nach Auffassung der Kommission war dem Landesrecht aber immer noch eine umfangreiche Zuständigkeit und Entwicklungsmöglichkeit verblieben. Das Landesrecht bildete für sie auch weiterhin noch in einem beträchtlichen Umfang die Grundlage für die Württembergische Verwaltung. Man sah deshalb keinen Grund, warum sich eine Aufstellung allgemeiner Grundsätze nicht lohnen sollte[37].

---

36 *Von Haller*, Grundriß, HStA Stgt., E130b, Bü553, S.3
37 Gutachten zum Gegenstand des Gesetzes, HStA Stgt., E130b, Bü553, S.70

Mit der Feststellung, daß die im Entwurf enthaltenen Rechtssätze zunächst nur für die Verwendung im württembergischen Verwaltungsrecht bestimmt sein sollten, war nach Auffassung der Kommission natürlich nicht gesagt, daß sie nicht an sich für das öffentliche Recht überhaupt Geltung beanspruchen könnten[38]. Im Gegenteil, erwünscht war, die Lücken im Reichsrecht auf diese Weise auszufüllen[39] und schließlich eine generelle Geltung für das öffentliche Recht herbeizuführen[40].

3.3. Abgrenzung zum bürgerlichen Recht

Die zweite Grenzlinie für den Entwurf ergab sich für die Kommission aus der "Grenzscheide"[41] zwischen öffentlichem und bürgerlichem Recht. Alles, was nicht dem öffentlichen, sondern dem bürgerlichem Recht angehörte, schied für den Entwurf somit von vornherein aus.

Als zutreffend anerkannt wurde der von *Otto Mayer* aufgestellte Satz, daß das Land eine vom Reich privatrechtlich geregelte Materie nicht an sich ziehen und öffentlich-rechtlich regeln könne. Zugleich wurde jedoch deutlich gemacht, daß sich aus der Beachtung dieses Satzes keinerlei Schwierigkeiten für die Ausarbeitung des Entwurfs ergeben konnten. Die allgemeinen Vorschriften des Entwurfs sollten an keiner Stelle dem bürgerlichen Recht einen von ihm geregelten Stoff entziehen. Sie sollten vielmehr, neben anderem, nur "die bisher ohne gesetzliche Nötigung geübte Verwendung von privatrechtlichen Vorschriften auf die Voraussetzungen der öffentlich-rechtlichen Verhältnisse" künftig ausschließen, indem sie für diese Verhältnisse "eigene Bestimmungen" treffen würden[42].

---

38 Gutachten zum Gegenstand des Gesetzes, HStA Stgt., E130b, Bü553, S.21
39 Gutachten zum Gegenstand des Gesetzes, HStA Stgt., E130b, Bü553, S.32
40 Gutachten zum Gegenstand des Gesetzes, HStA Stgt., E130b, Bü553, S.22
41 *Von Haller*, Grundriß, HStA Stgt., E130b, Bü553, S.4
42 Gutachten zum Gegenstand des Gesetzes, HStA Stgt., E130b, Bü553, S. 31

3.4. Abgrenzung zum Verfahrensrecht

Von Anfang an stand fest, daß der Entwurf nur materielles Recht enthalten und daß alles Verfahrensrecht von ihm ausgeschlossen sein sollte. Dies ergab sich einmal aus der Sache selbst. Zum anderen war ein Landesverwaltungsgesetz in Bearbeitung, das entsprechend der *Zivilprozeßordnung* und dem *Gerichtsverfassungsgesetz* das gesamte Verfahren und die Tätigkeit der Verwaltungsbehörden einschließlich der Verwaltungsgerichte zu regeln und Aufbau und Einrichtung dieser Behörden zu behandeln hatte[43].

Die Ausarbeitung eines Landesverwaltungsgesetzes war zunächst dem Innenministerium übertragen worden. Da aber Verfahren und materielles Recht manchmal ineinandergriffen und es oft zweifelhaft sein konnte, ob eine Bestimmung ins materielle Recht oder ins Verfahrensrecht gehört, wurde der Kommission aus Gründen der Zweckmäßigkeit auch die Beratungen des vom Innenministerium ausgearbeiteten *Verwaltungsverfahrensgesetzes* übertragen[44]. Zu diesem Zweck entsandte das Innenministerium Ministerialdirektor *Neuffer*[45] in die Kommission[46].

Zweifel über die getrennte Ausarbeitung der beiden Gesetze sind aber während der Beratungstätigkeit immer wieder aufgetreten. So war u.a. *Sartorius* der Auffassung, daß man es im konkreten Fall mit einem "Schulbeispiel für die Unmöglichkeit einer getrennten Behandlung von zwei Gesetzen" zu tun habe. Beide würden notwendigerweise zusammengehören[47].

---

43 *Von Haller*, Grundriß, HStA Stgt., E130b, Bü553, S.15
44 Schr.des Staatsministeriums v. 25.5.26 u. 24.5.27, HStA Stgt., E130b, Bü542, As.63 u.19
45 Vgl.oben, Kapitel C, Abschnitt III.4.2.5.
46 Beschl.des Staatsministeriums v. 18.11.26, HStA Stgt., E130b, Bü542, As.72,
47 Sitzungsprotokoll v.23.6.27, HStA Stgt., E130b, Bü547, S.39; Schr.des Staatsministerims v.24.10.28, HStA Stgt., E130b, Bü 542, As.119

Auch *von Haller* hatte Bedenken, ob eine Beratung von Vorschriften, die mit dem formellen Recht aufs engste zusammenhängen, überhaupt zu einem brauchbaren Ergebnis führen würden[48]. Man schlug deshalb vor, die Beratung des Verfahrensgesetzes vorzuziehen. Im übrigen sollte im Einzelfall geprüft werden, was dem materiellen oder dem formellen Recht zugeordnet werden mußte.

Der Vorsitzende sah eine Lösungsmöglichkeit in der "Hinüberverweisung" einzelner Vorschriften in das Verfahrensgesetz. Er hoffte dadurch zumindest zu einem vorläufigen Ergebnis gelangen zu können. Nach diesem Vorschlag wurde dann auch verfahren. Teilweise stellte aber die Kommission die Beratung einzelner Regelungen bis zur Beratung des Verfahrensgesetzes zurück[49].

3.5. Vorbehalt für Kirchen

Von Haller vertrat in seinem Grundriß die Auffassung, daß das Recht der württembergischen Verwaltung auch das auf kirchlicher Satzung beruhende öffentliche Recht der kirchlichen Körperschaften umfasse[50]. In der Kommission war man jedoch unterschiedlicher Ansicht darüber, ob bzw. in welcher Weise die Kirchen in der *Verwaltungsrechtsordnung* berücksichtigt werden mußten.

Knoerzer lehnte eine Einbeziehung der Kirchen in die *Verwaltungsrechtsordnung* ab. Er warnte davor, in dieser Hinsicht etwas zu regeln. Die Kirchengesetze hätten wegen gewisser ungelöster Streitfragen zur Zurückhaltung in dieser Hinsicht geführt[51]. Seines Erachtens ging bereits aus Art. 137 Abs.3 *Reichsverfassung*[52] hervor, daß die *Verwaltungsrechtsordnung* in dieser Hinsicht

---

48 Schr.des Staatsministeriums v.24.5.27, HStA Stgt., E130b, Bü546, As.19
49 Sitzungsprotokoll v.23.6.27, HStA Stgt., E130b, Bü547, S.39
50 Vgl. *von Haller*, Grundriß, HStA Stgt., E130b, Bü553, S. 37ff.
51 Sitzungsprotokoll v. 6.4.25, HStA Stgt., E130b, Bü542, S.5
52 "Jede Religionsgemeinschaft ordnet und verwaltet ihre Angelegenheiten selbständig innerhalb der Schranken des für alle geltenden Gesetzes. Sie verleiht ihre Ämter ohne Mitwirkung des Staates oder der bürgerlichen Gemeinde."

nichts regeln könne. Es stellte sich deshalb für ihn die Frage, ob nicht auch das staatliche Kirchenrecht durch eine besondere Vorschrift dem Geltungsbereich der *Verwaltungsrechtsordnung* entzogen werden mußte. In diesem Zusammenhang teilte *Knoerzer* der Kommission mit, daß der Berichterstatter für Kirchenrecht im Kultministerium[53] ihn dringend ersucht habe, einen entsprechenden Vorbehalt für Kirchen zu machen. *Knörzer* betonte dabei den praktischen Gesichtspunkt. Er hielt es für ungemein schwierig, eine allgemein gefaßte Bestimmung für die *Verwaltungsrechtsordnung* zu finden, die sich auf die Kirchengesetze anwenden lassen würde. *Knörzer* vermutete, daß von katholischer Seite unter Hinweis auf das kanonische Recht und von evangelischer Seite unter Bezugnahme auf die ständige Praxis, Widerstand zu erwarten sein werde. Er wollte deshalb "reinen Tisch" machen. Für den Fall, daß kein Vorbehalt gemacht werde, rechnete er im Landtag mit Schwierigkeiten[54].

Von Haller wollte jedoch nicht einsehen, warum im Entwurf eine besondere Ausnahmevorschrift für die Kirchen gemacht werden sollte. "Unklugerweise" habe die *Reichsverfassung* den Satz geprägt, daß die Kirchen Körperschaften des öffentlichen Rechts seien und das württembergische Kirchengesetz habe das nachgemacht. In Wahrheit seien die Kirchen keine Körperschaften des öffentlichen Rechts in dem Sinn, in dem man im allgemeinen Körperschaften des öffentlichen Rechts verstehe. Vielmehr handle es sich selbst nach der Auffassung der Kirchen um freie Körperschaften, die mit dem Staat nichts gemein haben würden. *Von Haller* war der Meinung, daß die Kommission die Fehler der Gesetzgebung nicht verbessern könne. Allerdings hielt er es für zulässig, eine selbständige Auffassung für den Begriff der Körperschaften des öffentlichen Rechts zu haben und zum Ausdruck zu bringen[55].

Da die Kirchen nach der *Reichsverfassung* Körperschaften des öffentlichen Rechts waren, stand für *von Haller* fest, daß eben gerade diese Eigenschaft nach dem bestehenden allgemeinen öffentlichen Recht auszulegen sei. Er befürchtete hier-

53 S.o. Kapitel B III 2.
54 Sitzungsprotokoll v.22.2.26, HStA Stgt., E130b, Bü547, S.7
55 Sitzungsprotokoll v.22.2.26, HStA Stgt., E130b, Bü547, S.12

von keine Schwierigkeiten, da die Kirchengesetze alles Erforderliche enthielten. In bezug auf eine Bemerkung von *Sartorius* hob *von Haller* hervor, daß es doch niemand einfalle, das allgemeine öffentliche Körperschaftsrecht auf die Kirchen anwenden zu wollen. Die Frage der Staatsaufsicht werde sich ohnehin nach den besonderen Vorschriften regeln, die für jede einzelne Art von öffentlich-rechtlicher Körperschaften gegeben sei[56].

Demgegenüber glaubte *Sartorius*, daß nicht nur praktische, sondern auch systematische Gründe dazu führen müßten, die Kirchen wegen ihrer Sonderstellung ganz außer Betracht zu lassen. Er betonte, daß bisher eben nicht von der Staatsverwaltung schlechthin die Rede gewesen sei, sondern von dem allgemeinen öffentlichen Recht. Darunter falle eben auch die staatliche Aufsicht über die Körperschaften, folglich also auch über die Kirchen. Aus diesem Grund war für ihn klar, daß eine abweichende Auffassung der Kommission irgendwie zum Ausdruck gebracht werden mußte. Außerdem hielt *Sartorius* es für zwecklos, den Begriff der öffentlich-rechtlichen Körperschaft so verschwommen zu fassen, daß auch die Kirchen darunter fallen würden[57]. Er schlug deshalb vor, nicht nur das Satzungsrecht, sondern das ganze kirchliche Selbstverwaltungsrecht aus dem Bereich der *Verwaltungsrechtsordnung* auszunehmen[58].

Ebenso wie *Sartorius* war auch *Hegelmaier* davon überzeugt, daß das staatliche Hoheitsrecht gegenüber den Kirchen an und für sich systematisch der *Verwaltungsrechtsordnung* unterfalle. Er stellte zur Erwägung, ob die beabsichtigte Ausnahme hinsichtlich der Kirchen nicht in dem Abschnitt über das Personenrecht ihren richtigen Platz finden könnte. Andere Kommissionsmitglieder hielten es jedoch für zweckmäßiger, dies in der Regelung über den Gegenstand des Gesetzes selbst zu sagen[59].

---

66 Sitzungsprotokoll v.22.2.26, HStA Stgt., E130b, Bü547, S.8
57 Sitzungsprotokoll v.22.2.26, HStA Stgt., E130b, Bü547, S.8
58 Sitzungsprotokoll v.22.2.26, HStA Stgt., E130b, Bü547, S.11
59 Sitzungsprotokoll v.22.2.26, HStA Stgt., E130b, Bü547, S.12

Fischer war der Meinung, daß es nicht ausreiche, das Kirchengesetz als lex specialis zu bezeichnen. Vor allem dann nicht, wenn in der Begründung hervorgehoben werde, daß die Einzelvorschriften nur aus den im Entwurf aufgestellten allgemeinen Grundsätzen heraus ausgelegt werden sollen. *Fischer* befürchtete, daß man in späteren Zeiten aus dem Artikel Folgen ableiten würde, die dem Staat oder der Kirche sehr abträglich sein könnten. Eine solche Gefahr sah er im übrigen auch bei der Regelung des Verfahrens, des Polizeirechts und anderer Fragen[60].

Nach ausführlicher Diskussion kam die Kommission zu dem Ergebnis, daß das Verhältnis von Staat und Kirche aus dem Bereich der *Verwaltungsrechtsordnung* völlig ausgeschieden werden mußte[61]. Eine entsprechende Ausnahmevorschrift wurde in die Regelung über den Gegenstand des Gesetzes aufgenommen[62].

3.6. Allgemeine Bestimmung über den Gegenstand des Gesetzes

3.6.1. Abgrenzungsfunktion

Von Haller betonte, daß eine allgemeine Bestimmung über den Regelungsumfang gewissermaßen einen "Programmsatz" des ganzen Gesetzes geben sollte. Er räumte zwar ein, daß dies in anderen Gesetzen nicht üblich sei. Wegen der "Besonderheit" der *Verwaltungsrechtsordnung*, die seines Erachtens eine "Handhabe für die Abgrenzung des Rechtsstoffes gegenüber dem gesamten übrigen Recht" schaffen sollte, hielt er in diesem Fall eine Abweichung für erforderlich[63].

---

60 Sitzungsprotokoll v.22.2.26, HStA Stgt., E130b, Bü547,S.13f.
61 Sitzungsprotokoll v.22.2.26, HStA Stgt., E130b, Bü547, S.14
62 *VRO*, Art.1 Abs.2;
63 Sitzungsprotokoll v.22.2.26, HStA Stgt., E130b, Bü547, S.4

Von Haller schlug deshalb folgende Fassung des geplanten Artikel 1 vor:

> "Das gegenwärtige Gesetz regelt unter Ausschluß des Verfahrens das allgemeine öffentliche Recht der württembergischen Verwaltung."[64]

Demgegenüber bezweifelten andere Kommissionsmitglieder angesichts der verschiedenen Vorbehalte, die zu treffen wären, ob es richtig sei, einen allgemeinen programmatischen Artikel an die Spitze zu stellen. Sie wollten vermeiden, daß insbesondere die Parteien an einen solchen einleitenden Artikel "allerlei hinein interpretierten", was der Gesetzgeber gar nicht beabsichtigt habe.

Im übrigen erinnerte man daran, daß sich das Gesetz auf Rechtssätze beschränken müsse, da deren Wirkungen sich im allgemeinen überschauen ließen. Bei programmatischen Erklärungen könne dies keineswegs gesagt werden. Für die Gegner eines Programmsatzes zeigte sich auch, daß man im Gesetzestext eigentlich nur sagen könne, was sich von selbst verstehe. Bei einer weitergehenden Regelung befürchtete man, vor allem im Hinblick auf das *Bürgerliche Gesetzbuch*, mit irgend einem Grenzgebiet in Konflikt zu kommen[65]. Da ein zwingender Grund, einen solchen Satz voranzustellen, nicht vorzuliegen schien, regte man an, auf diesen Artikel überhaupt zu verzichten[66].

Von Köhler lehnte den bisherigen Formulierungsvorschlag des Artikels ab, weil er ihn für "sprachlich unrichtig" hielt. Er wollte vermeiden, daß eine solche Fassung den Eindruck hervorrufe, es handle sich um das Recht, das die Verwaltung schaffe. Die von *Otto Mayer* verwendete Formulierung, Verwaltungsrecht stelle das der Verwaltung eigentümliche Recht dar, brachte nach Ansicht *von Köhlers* klar zum Ausdruck, was gemeint sei. Er bedauerte, daß diese Wendung jedoch leider nicht in ein Gesetz passe[67].

---

64 Gutachten zum Gegenstand des Gesetzes, HStA Stgt., E130b, Bü553, S.1
65 Sitzungsprotokoll v.22.2.26, HStA Stgt., E130b,Bü547, S.18f.
66 Sitzungsprotokoll v.22.2.26, HStA Stgt., E130b,Bü547, S.9
67 Sitzungsprotokoll v.19.9.29, HStA Stgt., E130b, Bü550, S.5

V*on Köhler* schlug deshalb folgende Fassung vor:

> "Dieses Gesetz gilt, soweit die württembergische Verwaltung allgemeines württembergisches Verwaltungsrecht anzuwenden hat."

Der Vorschlag wurde von der Kommission jedoch abgelehnt[68].

Nach ausführlicher Beratung entschloß sich die Kommission mehrheitlich für die Aufnahme einer Begriffsbestimmung über den Gegenstand des Gesetzes. Es wurde folgende Fassung in die *Verwaltungsrechtsordnung* aufgenommen:

> "Dieses Gesetz ordnet das allgemeine öffentliche Recht der württembergischen Verwaltung."[69]

3.6.2. Allgemeiner Vorbehalt gegenüber Einzelgesetzen

In der Kommission wurde angeregt, das Verhältnis zu den bisherigen Gesetzen klar zum Ausdruck zu bringen. Soweit keine Abänderung durch die *Verwaltungsrechtsordnung* vorgesehen war, hielt man jedoch einen allgemeinen Vorbehalt für das bestehende Recht nicht für notwendig. Bedenken ergaben sich für einige Mitglieder aber für den Fall, daß mit der *Verwaltungsrechtsordnung* das bestehende Recht abgeändert werden sollte. Sie befürchteten, daß damit eine Durchprüfung des ganzen bisherigen Rechts notwendig werde, was eine ungeheuere Arbeit bedeute. Aus diesem Grund wollten sie das bisherige Recht bestehen lassen[70].

Andere Kommissionsmitglieder glaubten nicht, daß sich aus der Abänderung des bisherigen Rechts durch die *Verwaltungsrechtsordnung* große Schwierigkeiten ergeben könnten. Beispielsweise stand *von Haller* auf dem Standpunkt, daß man

---

68 Sitzungsprotokoll v.19.9.29, HStA Stgt., E130b, Bü550, S.9
69 *VRO*, Art.1
70 Sitzungsprotokoll v.19.9.29, HStA Stgt., E130b, Bü550, S.5f.

keine besonderen Bestimmungen über die Aufhebung bisheriger Gesetze treffen müsse[71]. Er trat für Einzelvorbehalte bei den in Betracht kommenden Bestimmungen ein. *Von Haller* war der Ansicht, daß die Anwendung der *Verwaltungsrechtsordnung* sich erschwere, wenn nur ein allgemeiner Vorbehalt für das Weitergelten von Sondergesetzen aufgenommen werde[72].

Trotz dieser Erwägungen hat sich die Kommission für einen allgemeinen Vorbehalt gegenüber den Einzelgesetzen ausgesprochen. In Anbetracht der erheblichen Zahl der zerstreuten und unterschiedlichen Sondervorschriften befürchtete die Kommission eine "schädliche Verwirrung" bei der Anwendung dieser Gesetze, wenn der Entwurf zwingendes Recht schaffe[73].

3.7. Kriterien für die Auswahl der Regelungsinhalte

In seiner Begrüßungsansprache zur ersten Sitzung hatte Staatspräsident *Bazille* auf das praktische Bedürfnis des Gesetzes hingewiesen. Er wollte damit deutlich machen, daß eine "brauchbare Arbeitsgrundlage" und kein theoretisches Werk für die öffentliche Verwaltung geschaffen werden sollte[74].

Was die Auswahl des Stoffes, die innere und äußere Ausgestaltung der einzelnen Rechtssätze und deren Einordnung innerhalb des Ganzen anbelangte, mußte deshalb der oberste Leitsatz bei der Ausarbeitung des Entwurfs sein, ein grundlegendes Werk für längere Dauer zu schaffen, ein Werk das geeignet war, aufgrund seines Inhalts die Staatsverwaltung sachlich zu fördern und den Verwaltungsbehörden die Erfüllung ihrer Aufgaben zu erleichtern[75].

---

71 Sitzungsprotokoll v.19.9.29, HStA Stgt., E130b, Bü550, S.6
72 Sitzungsprotokoll v.19.9.29, HStA Stgt., E130b, Bü550, S.7f.
73 *VRO*, Begründung zu Art.1, S.71
74 Sitzungsprotokoll v.6.4.25, HStA Stgt., E130b, Bü547, S.2
75 *Von Haller*, Grundriß, HStA Stgt., E130b, Bü 553, S.16

Dementsprechend war sich die Kommission darüber einig, kein Lehrbuch des württembergischen Verwaltungsrechts zu schaffen, sondern nur das gesetzgeberisch zu fassen, was an positiven Rechtssätzen für das Verwaltungsrecht notwendig war. Außerdem kamen nur solche positiven Bestimmungen in Betracht, die sich nicht von selbst verstanden.

Es wurden deshalb bestimmte Voraussetzungen festgelegt, nach denen die Aufnahme in die Kodifikation erfolgen sollte. Wichtigste Voraussetzung war danach in erster Linie immer das öffentliche Interesse, also das "Ermöglichen einer reibungslosen Erfüllung" der den Staatsorganen obliegenden Aufgaben. Ferner bedurfte es für die Aufnahme noch der weiteren Voraussetzung, daß der Gegenstand für das Verwaltungsrecht eine "gewisse Bedeutung" hat und daß er bei dessen Handhabung derart oft wiederkehrt, daß das Fehlen von allgemeinen Rechtssätzen für ihn als Lücke empfunden werden mußte.

Schließlich hielt die Kommission neben einer vollkommenen Gesetzestechnik einen engen Anschluß an die praktischen Erfahrungen der Verwaltungsbehörden und Verwaltungsgerichte sowie an die Ergebnisse der Wissenschaft für unbedingt notwendig. Nicht zuletzt sollte aber auch eine "gesunde Empfindung" dafür vorhanden sein, inwieweit eine Feststellung von Normen "segensreich" wirken kann, ohne als "Fessel" für die Verwaltung empfunden zu werden[76].

---

76 Sitzungsprotokoll v.6.4.25, HStA Stgt., E130b, Bü547, S.2

II. Schwerpunktthema der Verwaltungsrechtsordnung - Die Abgrenzung des öffentlichen Rechts gegenüber dem Privatrecht -

1. Die Abgrenzungsproblematik in der Verwaltungsrechtswissenschaft

1.1. Theorien über die Abgrenzung zwischen Privatrecht und öffentlichem Recht

Gerade wegen der Schwierigkeiten bei der Rechtswegbestimmung, aber auch wegen der materiellen Beurteilung der Rechtsverhältnisse selbst, war die Abgrenzung von öffentlichem und privatem Recht nach öffentlich-rechtlicher Anschauung von großer praktischer Bedeutung. Betrachtet man das einschlägige Schrifttum, so fällt auf, daß es bei der Abgrenzungsfrage weniger um die rechtliche Qualifikation der einzelnen Rechtssätze ging. Mangels entsprechender Beurteilungsnormen stellte sich die Abgrenzungsfrage häufig als Zuordnungsproblem der Rechtsverhältnisse zum einen oder anderen Rechtsgebiet dar.

Beispielsweise definierte *Otto Mayer* Verwaltungsrecht als "Ordnung von Verhältnissen an welchen ein Träger öffentlicher Gewalt als solcher und damit die öffentliche Gewalt selbst beteiligt ist"[1]. Auch für *Fleiner* war das Rechtsverhältnis maßgebend für die Unterscheidung zwischen öffentlichem und privatem Recht. Er definierte öffentliches Recht als "die Summe aller Rechtsvorschriften für die Regelung der herrschaftlichen Rechtsverhältnisse zwischen Staat und Untertan"[2]. *Richter* fand einen öffentlichen Rechtssatz da vorliegend, "wo der Satz ein Rechtsverhältnis regelt, in dem notwendig ein öffentlicher Verband, ein Träger öffentlicher Gewalt, als Subjekt steht"[3]. Nach *Goez* ließ sich das öffentliche Recht darstellen als der "Inbegriff derjenigen Normen, welche die den Personen und Personengemeinschaften bei Ausübung der staatlichen Hoheitsrechte zukommende rechtliche Stellung und die sich daraus ergebenden Verhältnisse zu regeln bestimmt sind"[4]. Für *Herrnritt* kam es für die

1 *Otto Mayer*, aaO., S.16
2 *Fleiner*, Institutionen, Aufl. 1911, S.45
3 *Richter*, AöR 1925, Bd.47, NF.8, S.4
4 *Goez*, aaO., S.15

Kennzeichnung eines Rechtsverhältnisses als eines solchen des privaten oder des öffentlichen Rechts darauf an, "ob die rechtliche Regelung desselben eine Individual- oder eine Verbandsbeziehung betrifft"[5]. *Erich Kaufmann* definierte Verwaltungsrecht als "ein Sonderrecht, nicht für den verwaltenden Staat, nicht einmal für die öffentliche Verwaltung, sondern nur - soweit nicht Spezialnormen noch andere Verhältnisse zu verwaltungsrechtlichen stempeln - für die Verfügungsgewalt der Verwaltungsbehörden und die dadurch geschaffenen besonderen Gewaltverhältnisse zu den Verfügungsadressaten"[6].

1.2. Beziehungen zwischen Privatrecht und öffentlichem Recht

1.2.1. Zwei selbständige Rechtsordnungen

Zu Beginn des 20. Jahrhunderts herrschte in der Verwaltungsrechtswissenschaft z.T. noch die Vorstellung, daß öffentliches Recht und Privatrecht zwei gegeneinander abgeschlossene, voneinander unabhängige Rechtskategorien bildeten[7]. Das Recht erschien nicht als eine, lediglich durch Schwerpunkte gegliederte Einheit. Die grundsätzliche Verschiedenheit bzw. der Wesensgegensatz der beiden Rechtsgebiete wurde darauf zurückgeführt, daß privatrechtliche Rechtssätze auf ganz anderen rechtspolitischen Motiven und Interessenabwägungen beruhten und deshalb in keiner Weise den Eigenarten des öffentlich-rechtlichen Subjektionsverhältnisses Rechnung tragen könnten[8]. Da das bürgerliche Recht nach dieser Auffassung auf die Ausgleichung gleichberechtigter Einzelinteressen zugeschnitten sei, passe es nicht für die ganz anders gearteten Verhältnisse des öffentlichen Rechts. Man war deshalb geneigt, das Privatrecht wegen seiner grundsätzlichen inneren Verschiedenheit der Struktur als im Grunde ungeeignet für die öffentliche Verwaltung und speziell auch für die Leistungsverwaltung anzusehen[9].

---

5 *Herrnritt*, aaO., S.62
6 *Erich Kaufmann*, aaO., S.714f.
7 Vgl. *Bullinger*, aaO., S.60ff.; 75f.; *Maier-Branecke*, AöR 1926, Bd.50, NF. 11, S.233f.
8 *Sohm*, aaO., S.25f.
9 Vgl. *Bullinger*, aaO., S.67

1.2.2. Eine gemeinsame Rechtsordnung

Nachdem die Lehre von der Selbständigkeit des öffentlichen Rechts gegenüber dem Privatrecht mehr und mehr zum gesicherten Besitz der Rechtswissenschaft gehörte, gab es Stimmen, die die Vorstellung zweier vollkommen selbständiger Rechtsgebiete für nicht mehr notwendig hielten. Untersuchungen wurden veröffentlicht, die zeigen sollten, daß die Beziehungen und Berührungspunkte beider Rechtssysteme doch enger und häufiger seien, als früher angenommen wurde und eine Zweiteilung des Rechts nicht mehr gerechtfertigt erscheine. Nach dieser Auffassung beruhten die Vorschriften des bürgerlichen Rechts auf einem Rechtsempfinden, das für die gesamte Rechtsordnung gelte[10].

Die kategorische Abgrenzung zwischen beiden Rechtsgebieten entfiel. Man betrachtete diese nunmehr wieder als Teile eines einheitlichen Großen und Ganzen. Privatrecht und öffentliches Recht wurden zu selbständigen Rechtszweigen im Rahmen einer gemeinsamen Rechtsordnung. Dies führte dazu, daß das Privatrecht unbefangener zur Ergänzung des öffentlichen Rechts herangezogen wurde[11].

1.3. Grundsätze über die Anwendbarkeit privatrechtlicher Normen im öffentlichen Recht

Obwohl der Anwendbarkeit von privatrechtlichen Normen auf öffentliche Rechtsverhältnisse gerade im Hinblick auf die unkontrollierte Ausdehnung des Privatrechts eine erhebliche praktische Tragweite zukam, gingen Theorie und Praxis einer grundsätzlichen Untersuchung lange Zeit aus dem Wege.

Tezner war der erste, der sich mit diesem Thema ausführlich befaßte. Nach seiner Ansicht war die "hilfsweise Anwendung von Privatrecht" im öffentlichen Recht ausnahmsweise dann zulässig, wenn sich die herangezogenen Rechtssätze als

---

10 Vgl. *Meier-Branecke*, AöR 1926, Bd.50, NF.11, S. 233; *Lassaln*, FischersZ. 1926, Bd.59, S.154f.

11 Vgl. *Stolleis*, aaO., S.87

zwingende logische Konsequenzen eines aus dem geltenden öffentlichen Recht nachweisbaren Rechtsbegriffs darstellen würden. Eine Ausnahme wollte *Tezner* aber auch für den Fall zulassen, daß das Gesetz bei der Regelung von öffentlich-rechtlichen Verhältnissen zunächst auf dem Gebiet des Privatrechts ausgebildete Rechtsbegriffe verwende, dabei aber Fragen unbeantwortet lasse, deren Lösung aus dem Begriff allein nicht erfolgen könne. Seines Erachtens handele es sich hier um eine konkludente gesetzliche Ermächtigung zu einer derartigen Ausfüllung der Gesetzeslücke. Allerdings dürfe die Anwendung von Privatrechtsnormen nicht zu einer "Verkümmerung der staatlichen Zwecke" führen[12].

Nach Inkrafttreten des *Bürgerlichen Gesetzbuches* wurde die Problematik noch einmal aufgegriffen und zum Gegenstand vieler wissenschaftlicher Untersuchungen gemacht. *Otto Mayer*, der ein entschiedener Gegner jeglicher Form der Anwendung von bürgerlichem Recht auf öffentlich-rechtliche Verhältnisse war, unterschied scharf zwischen privatem und öffentlichem Recht und verwarf jede analoge Anwendung zivilrechtlicher Normen. Seiner Ansicht nach könne für den Willen eines Zivilrechtssatzes ein öffentlich-rechtliches Verhältnis nie etwas Rechtsähnliches sein. Deshalb gab es für *Otto Mayer* auch keine Rechtsinstitute, die dem öffentlichen und privaten Recht gemeinsam waren. Er erhob den Vorwurf, daß man mit Begründung der Gemeinsamkeit lediglich privatrechtliche Rechtsinstitute ins öffentliche Recht "hinüberschmuggeln" wolle[13].

Ebenso wie *Otto Mayer* lehnte auch *Hartmann* die Anwendung von Privatrecht im öffentlichen Recht wegen der Unterschiedlichkeit der Rechtsgebiete ab. *Hartmann* hielt die Anwendung privatrechtlicher Vorschriften auf öffentlich-rechtliche Verhältnisse nur dann für zulässig, wenn das positive Recht dies ausdrücklich zulasse[14].

---

12 *Tezner*, AöR 1894, Bd.9, S. 563ff.
13 *Otto Mayer*, aaO., S.117f.
14 *Hartmann*, DJZ 1912, S.1519

Einen weniger ablehnenden Standpunkt gegenüber der Anwendung von Privatrecht im öffentlichen Recht nahm *Goez* ein. Zwar sah auch er zwischen Privatrecht und öffentlichem Recht einen wesentlichen Unterschied und lehnte deshalb eine generelle Anwendung der privatrechtlichen Normen auf öffentlich-rechtliche Rechtsverhältnisse im Wege der Analogie ab. Wie *Tezner*, so ließ aber auch *Goez* die Analogie in gewissen, fest bestimmten Ausnahmefällen zu. Er hielt eine Anwendung der privatrechtlichen Normen auf die Vermögensansprüche ausnahmsweise für zulässig, wenn das öffentliche Recht selbst auf das Privatrecht verweise. Nach Auffassung von *Goez* könne die Verweisung unmittelbar oder mittelbar in der Weise erfolgen, daß das öffentliche Recht einen Begriff des Privatrechts wie Vertrag, Zahlung u.ä. verwende, ohne weitere Bestimmungen zu treffen. In letzterem Fall müsse angenommen werden, daß die Anwendung der jeweils geltenden privatrechtlichen Normen der Absicht des öffentlichen Rechts entsprechen würde[15].

Demgegenüber hielten andere Autoren, wie z.B. *von Gehe*[16], die Anwendung privatrechtlicher Normen im Wege der Analogie für unbedenklich. Sie begründeten ihre Ansicht damit, daß die Vorschriften des bürgerlichen Rechts auf einem Rechtsempfinden beruhe, das für die gesamte Rechtsordnung einheitlich gelte. Wegen der zwischen öffentlichem Recht und Privatrecht bestehenden Wechselwirkung könne das öffentliche Recht aus dem Privatrecht ergänzt werden[17].

Fleiner[18], *Kormann*[19] und *Lassar*[20] standen der Anwendung von Privatrecht ebenfalls nicht ablehnend gegenüber. Allerdings bedurfte es ihrer Meinung nach nicht unbedingt der Analogie, mit deren Hilfe das öffentliche Recht ergänzt werden könne. Ihres Erachtens gebe es eine Anzahl von Rechtssätzen, die zwar im Privatrecht normiert seien, im öffentlichen Recht aber genauso gelten würden, weil es sich dabei um Rechtssätze handle, die allen Rechtsgebieten gemeinsam angehören würden. Die Tatsache, daß diese Rechtssätze zuerst im Privatrecht

---

15 *Goez*, aaO., S.153f.
16 *Von Gehe*, FischersZ. 1908, Bd.34, S. 142f.
17 Vgl. *Lassaln*, FischersZ. 1926, Bd.59, S. 154f.
18 *Fleiner*, Institutionen, Aufl.1919, S.56ff.
19 *Kormann*, System, S. 10
20 *Lassar*, aaO., S. 230

normiert worden seien, bedeute nicht, daß es sich dabei auch um rein privatrechtliche Regelungen handle[21]. Ähnlich äußerte sich auch *Georg Jellinek* zu dieser Problematik. Er ging davon, daß das Recht mit nur verhältnismäßig wenigen und für alle Rechtsgebiete gemeinsam geltenden Begriffen aufgebaut sei[22].

Unterschiedlich beurteilt wurde allerdings die Anzahl derjenigen privatrechtlichen Regelungen, die für das öffentliche Recht unmittelbar gelten sollten. Zu diesen Rechtsformen gehörten nach *Fleiner* die Verjährung sowie die zur Begründung subjektiver Rechte geeigneten Rechtstitel wie z.B. Vertrag, negotiorum gestio und condictio. *Georg Jellinek* zählte zu den beiderseits verwendbaren allgemeinen Rechtssätzen beispielsweise die Normen über Irrtum, Vorsatz und Fahrlässigkeit. Andere Rechtssätze, wie z.B. die Grundsätze über die Aufrechnung, Gesamthaftung, Bürgschaft und Verjährung, müßten jedoch seiner Meinung nach für die Anwendung im öffentlichen Recht mehr oder minder modifiziert werden[23].

Friedrichs ging unter Berufung auf einen "allgemeinen Teil des Rechts" in der Bestimmung des Umfanges der allgemeinen Rechtssätze noch einen Schritt weiter. Er wies dem Allgemeinen Teil des Rechts einen ganz erheblichen Teil der Normen des *Bürgerlichen Gesetzbuches* zu, z.B. das allgemeine Schuldrecht sowie die Grundsätze über Willenserklärungen, subjektive Rechte, Rechtsfähigkeit, Geschäftsfähigkeit usw.[24]. Das Reichsgericht, so *Friedrichs*, habe den berechtigten Grundsatz aufgestellt, daß die Subsidiarität der Bestimmungen des *Bürgerlichen Gesetzbuches* für alle Gesetze vom Jahre 1900 ab gelte, wenn diese nichts Abweichendes bestimmen würden. *Friedrichs* machte aber deutlich, daß, unabhängig davon, ob und in welchem Umfang gemeinsame Rechtssätze bestehen würden, bei der Praxis der Zivilgerichte im Grunde gar nichts anderes übrig bleibe, als einen Teil der Vorschriften des *Bürgerlichen Gesetzbuches* über das Recht der Schuldverhältnisse dem Allgemeinen Teil des Rechts zuzuweisen[25].

---

21 Vgl. *Fleiner*, Institutionen, Aufl.1919, S.58
22 *Georg Jellinek*, aaO., S.204
23 *Fleiner*, Umbildung zivilrechtlicher Institute, S.23
24 *Friedrichs*, Hirts Ann. 1917, Bd.50, S. 430
25 *Friedrichs*, Hirts Ann. 1917, Bd.50, S. 427

Im neueren Schrifttum schließlich wurden konkludente Verweisung, Analogie und allgemeinen Rechtssätze nebeneinander als Mittel zur Ergänzung des öffentlichen Rechts herangezogen. *Meier-Branecke*[26] und *Lassaln*[27] z.B. sahen trotz der grundsätzlich inneren Verschiedenheit der Strukturen von öffentlichem Recht und Privatrecht soviel Gemeinsames im Aufbau, daß in vielen Fällen eine Anwendung privatrechtlicher Normen im öffentlichen Recht nicht nur zulässig, sondern sogar geboten erscheine. *Meier-Branecke* hielt den Standpunkt von *Otto Mayer* und *Hartmann* für nicht mehr zeitgemäß. Er machte auch darauf aufmerksam, daß bei der "Lückenhaftigkeit des öffentlichen Rechts" im Grunde gar keine andere Möglichkeit bestehe, als das öffentliche Recht mit Privatrecht zu ergänzen[28]. Auch *Lassaln* hielt unter diesen Umständen die Anwendung von Privatrecht für unentbehrlich[29].

1.4. Entwicklung eines Vollrechtssystems des öffentlichen Rechts

Die Vertreter der Theorie von einer gemeinsamen Rechtsordnung konnten die trotz der Entwicklung öffentlich-rechtlicher Grundbegriffe weiterhin bestehenden Lücken im öffentlichen Recht im Wege der Analogie ergänzen. Demgegenüber mußte nach der Theorie von zwei selbständigen Rechtssystemen, wonach bestehende Lücken nicht mit privatrechtlichen Normen ausgefüllt werden durften, der Ausbau des öffentlichen Rechts notgedrungen ein vollkommener sein. Idealbild war ein geschlossenes, abstraktes Begriffs- und Regelsystem des öffentlichen Rechts[30].

Um eine durchgehende Abtrennung vom Privatrecht zu erreichen, wurde es deshalb für notwendig gehalten, den zum Ausbau des öffentlichen Rechts erforderlichen Rechtsstoff, soweit er nicht im Wege der Gesetzgebung geschaffen wurde oder sich gewohnheitsmäßig entwickelt hatte, dem Privatrecht zu entneh-

---

26 *Meier-Branecke*, AöR 1926, Bd.50, NF 11, S.233
27 *Lassaln*, FischersZ 1926, Bd.59, S.167f.
28 *Meier-Branecke*, AöR 1926, Bd.50, NF 11, S.246
29 *Lassaln*, FischersZ 1926, Bd.59, S.166
30 Vgl. *Bullinger*, aaO., S.62

men und dem öffentlichen Recht einzuverleiben[31]. Aber nicht nur einzelne Rechtsgrundsätze und Rechtsgedanken, sondern vielmehr ganze Rechtsgebilde und Rechtsinstitute sollten aus dem bürgerlichen in das öffentliche Recht übernommen werden. Da ein vom Privatrecht gänzlich unabhängiges Rechtssystem des öffentlichen Rechts angestrebt wurde, war es unumgänglich, grundsätzlich für alle Rechtsvorgänge des öffentlichen Rechts, für welches dieses keine Vorschriften oder Grundsätze enthält, zur Ausfüllung der Lücken das entsprechende privatrechtliche Gegenstück in das Verwaltungsrecht als dessen nunmehrigen festen Bestandteil zu übernehmen. So wurde sogar gefordert, u.a. auch die privatrechtlichen Regelungen über Erbfolge, Aufrechnung von Forderungen, Hinterlegung, Gesamthaftung, Erlaß, Stundung Bedingung, Auflage, Befristung, Geschäftsfähigkeit, Genehmigung und Bestätigung von Rechtsgeschäften, Zubehör, Ersitzung, Abtretung, Verzug, Widerruf Vorbehalt, Mängel der Willenserklärung, Einwilligung, Zustimmung, Gemeinschaft, Nießbrauch, Vertretung, Vollmacht und das Recht der Schuldverhältnisse in das öffentliche Recht zu übertragen. Die "Herübernahme" des bürgerlichen Rechts in das öffentliche Recht sollte jedoch nur insoweit erfolgen, als es mit der Natur des öffentlichen Rechts, d.h. dessen grundsätzlich zwingendem Charakter und dem in ihm verkörperten öffentlichen Interesse vereinbar sei[32].

Der Vorteil eines Vollrechtssystems wurde einmal darin gesehen, daß man auf Anleihen beim Privatrecht nicht mehr angewiesen war. Vor allem hoffte man aber, daß bei Vorliegen entsprechender öffentlich-rechtlicher Regelungen die Zuständigkeit der Zivilgerichte nicht mehr so einfach angenommen werden konnte. Man wollte also der Zivilrechtsprechung vor Augen führen, daß sie nicht zuständig sei für die Beurteilung der Verwaltungsrechtsverhältnisse[33]. Das Bestreben der Zivilrechtsprechung, über Rechtsverhältnisse der Verwaltung zu entscheiden, stieß somit zusammen mit dem gegenteiligen Bestreben, das Recht der öffentlichen Verwaltung zu verselbständigen.

---

31 Vgl. *Von der Mosel*, aaO., S.1504
32 Vgl. *Von der Mosel*, aaO., S.1509
33 Vgl. *Von Köhler*, aaO., S.23

2. Abgrenzungsversuche in der *Verwaltungsrechtsordnung*

2.1. Abgrenzungsbestimmung zwischen öffentlichem Recht und Privatrecht

2.1.1. Aufnahme in die *Verwaltungsrechtsordnung*

In seinem vorläufigen Arbeitsplan ging der engere Ausschuß davon aus, daß bei der Bearbeitung der *Verwaltungsrechtsordnung* auf eine "Grenzscheidung" von öffentlichem Recht und bürgerlichem Recht verzichtet werden sollte[34]. Dagegen wurde es für notwendig gehalten, eine grundlegende Begriffsbestimmung des öffentlichen Rechts zu finden. Daraus ist zu entnehmen, daß der engere Ausschuß zunächst eine Differenzierung zwischen einer Abgrenzungsbestimmung der beiden Rechtsgebiete und einer Begriffsbestimmung des öffentlichen Rechts vorgenommen hat.

Auch *von Haller* traf anfangs eine solche Unterscheidung. Er bemängelte in seinem Grundriß zum einen, daß eine auf einen allgemeingültigen Satz gegründete "Grenzscheidung" zwischen öffentlichem und bürgerlichem Recht bislang weder in der Gesetzgebung des Reiches noch in der württembergischen Landesgesetzgebung vorhanden war. Zum anderen vermißte er eine gesetzliche Begriffsbestimmung sowohl des bürgerlichen als auch des öffentlichen Rechts.
Von Haller beanstandete, daß die Abgrenzung des bürgerlichen Rechts gegen das öffentliche Recht mit erheblichen Schwierigkeiten verbunden sei. Die "Grenzlinie" zwischen beiden "im Leben ineinander greifenden Reichen" sei bislang nicht allgemein, sondern nur im einzelnen durch rein positive Bestimmungen wie z.B. durch die Ordnung der Gerichtszuständigkeit gezogen. Aber auch diese Regelungen stellten für *von Haller* vielfach keine sichere Unterscheidungsmöglichkeit dar. Er kritisierte auch das Fehlen ausdrücklicher Feststellungen über das Verfahren im Bereich des öffentlichen Rechts. Um über die Zulässigkeit oder Unzulässigkeit des Zivilprozesses zu entscheiden zu können, müsse meist zuerst die Frage nach der privatrechtlichen oder öffentlich-rechtlichen Natur des in Be-

---

34 Vorl. Arbeitsplan, HStA Stgt., E130b, Bü542, S.1

tracht kommenden Rechtssatzes beantwortet und somit auf dessen inneren Gehalt zurückgegangen werden[35].

Von Haller war davon überzeugt, daß sich aus der Verschiedenheit der bürgerlichen und öffentlichen Zwecke, der Lebensbedingungen und Lebensaufgaben des Einzelnen und des Staates sowie aus der geschichtlichen Entwicklung und der Gestaltung des positiven Rechts für die "Grenzscheidung" leitende Grundsätze gewinnen ließen[36]. Die Feststellung einer **allgemeingültigen Abgrenzung** war seines Erachtens auch vom Standpunkt der öffentlichen Verwaltung aus dringend geboten[37].

Allerdings war sich *von Haller* darüber im klaren, daß es bei der "Mannigfaltigkeit der zu beachtenden Gesichtspunkte" sehr schwierig sein werde, im Wege der bloßen Abstraktion einen "unfehlbaren Schlüssel, eine einfache, in allen Fällen ohne weiteres anwendbare Formel" für die Abgrenzung zu gewinnen. *Von Haller* vermutete, daß auch die Verfasser des *Bürgerlichen Gesetzbuches* aus diesem Grund keine Abgrenzung getroffen hätten[38]. Einen Vorschlag für eine solche Abgrenzungsbestimmung legte *von Haller* jedoch nicht vor. Aus seinen weiteren Ausführungen zu dieser Problematik beschränkte er sich vielmehr auf eine Begriffsbestimmung des öffentlichen Rechts. Auch seine Berichterstattung über den Abschnitt "Öffentliches Recht" sah keine weitere Differenzierung mehr vor.

Im Zusammenhang mit der Begriffsbestimmung des öffentlichen Rechts befaßte sich auch die Kommission mit der Frage, ob es Sache des Entwurfs sein konnte, das öffentliche Recht gegenüber dem bürgerlichen Recht durch einen Rechtssatz abzugrenzen. Es sollte also geprüft werden, ob "die, die beiden Rechtsgebiete im letzten Grund trennenden, für das öffentliche Recht im wesentlichen bestimmenden Merkmale", herausgefunden und begrifflich festgelegt werden konnten. Man kam jedoch zu dem Ergebnis, daß es bislang nicht gelungen sei und es wohl auch

---

35 *Von Haller*, Grundriß, HStA Stgt., E130b, Bü553, S.4f.
36 *Von Haller*, Grundriß, HStA Stgt., E130b, Bü553, S.5
37 *Von Haller*, Grundriß, HStA Stgt., E130b, Bü553, S.11
38 *Von Haller*, Grundriß, HStA Stgt., E130b, Bü553, S.5

in Zukunft nicht gelingen werde, eine Fassung zu finden, die es ermögliche, die Grenzen von öffentlichem und privatem Recht zweifelsfrei zu ziehen[39].

2.1.2. Aufnahme in das Landesverwaltungsgesetz

Entsprechend dem Wunsch des Staatspräsidenten *Bazille* wurde der Versuch unternommen, Rechtssätze über die Abgrenzung von Zivil- und Verwaltungsgerichtsbarkeit, wozu insbesondere auch die Frage der Bindung der bürgerlichen Gerichte an Verwaltungsverfügungen gehörte, zu kodifizieren. Aus diesem Grund sollte auch eine Abgrenzungsbestimmung in das geplante Landesverwaltungsgesetz aufgenommen werden. Ministerialrat *Dr. Schmid* vom Staatsministerium, der den Auftrag bekommen hatte, einen Entwurf für eine gesetzliche Abgrenzung auszuarbeiten[40], vertrat jedoch die Ansicht, daß es sich zumindest im Rahmen des Landesverwaltungsgesetzes als eines Verfahrensgesetzes nicht darum handeln könne, eine Formulierung für eine materielle Abgrenzung von Justiz und Verwaltung zu finden. Ein solcher Versuch war seiner Meinung nach nur der *Verwaltungsrechtsordnung* vorbehalten. Seine Aufgabe sah er allein darin, Vorschriften vorzuschlagen, die geeignet waren, die in Ausübung der Staatshoheit ergehenden Bescheide der Verwaltungsbehörden vor "unberechtigten Eingriffen" der Zivilgerichtsbarkeit zu schützen[41].

Schmid unterbreitete der Kommission folgenden Regelungsvorschlag:

> (1)
> Die auf Gründe des öffentlichen Rechts gestützten Verwaltungsverfügungen können im ordentlichen Rechtsweg nur angefochten werden, soweit Reichs- oder Landesgesetze dies ausdrücklich zulassen.

---

39 *VRO*, Begründung zu Art. 1, S.67

40 *Schmid*, Ausarbeitung einer Abgrenzungsbestimmung, HStA Stgt., E130b, Bü542, As 113a, S.1

41 Sitzungsprotokoll v.4.10.28,HStA Stgt., E130b, Bü548, S.2

(2)
Dies gilt auch dann, wenn

1. die Anfechtung nur auf Gründe des bürgerlichen Rechts gestützt wird, oder

2. die Anfechtung in die Form einer Forderung auf Schadenersatz aus ungerechtfertigter Bereicherung oder aus unerlaubter Handlung gekleidet wird, in Wahrheit aber die Abänderung oder Aufhebung einer auf Gründe des öffentlichen Rechts gestützten Verwaltungsverfügung den Gegenstand des Rechtsstreits bildet, oder

3. sich erst im Laufe eines Rechtsstreits, namentlich infolge der Einlassung des Beklagten, ergibt, daß der Rechtsstreit die Abänderung oder Aufhebung einer auf Gründe des öffentlichen Rechts gestützten Verwaltungsverfügung zum Gegenstand hat.

(3)
Bildet die Verwaltungsverfügung nur den Gegenstand einer Vor- und Zwischenfrage in einem Rechtsstreit, für den der Rechtsweg zulässig ist, so ist die Verfügung für das bürgerliche Gericht nur maßgebend, soweit besondere Gesetze dies bestimmen.

Schmid gab jedoch zu bedenken, daß die Abgrenzung der Zuständigkeit von Justiz einerseits und Verwaltung und Verwaltungsgerichtsbarkeit andererseits grundsätzlich durch das Reichsrecht geregelt sei. Sie beruhe auf dem reichsrechtlichen Begriff der "bürgerlichen Rechtsstreitigkeit". Lediglich für einzelne Arten von Rechtsverhältnissen sah er die Möglichkeit, die materiellrechtliche Natur und damit indirekt die Zuständigkeit bestimmen zu können. Die Aufnahme einer allgemeinen Vorschrift in den Entwurf des *Landesverwaltungsgesetzes* hielt er nicht für zulässig[42].

---

42 Sitzungsprotokoll v.4.10.28,HStA Stgt., E130b, Bü548, S.5

Die Kommission, der auch die Beratung des Verfahrensgesetzes übertragen war, lehnte entgegen der Auffassung *Schmids* noch einmal die Aufnahme einer materiellrechtlichen Abgrenzungsregelung in die *Verwaltungsrechtsordnung* ab[43]. Die Aufnahme einer Abgrenzungsbestimmung in das Verfahrensgesetz wurde, nachdem der Entwurf von *Schmid* vorlag, kontrovers diskutiert.

Von Haller, der eine solche Bestimmung für zweckmäßig ansah, wies darauf hin, daß das *Landesverwaltungsgesetz* sich ganz allgemein an die Verwaltungsbehörden wende, die sehr oft prüfen müßten, ob eine Sache nicht der Zivilgerichtsbarkeit unterliege. Für ihn ging es hier also nicht um eine "bloße Geschmackssache"[44]. In diesem Zusammenhang wurde noch einmal deutlich zum Ausdruck gebracht, daß es u.a. Aufgabe des Entwurfs sein sollte, eine "Überstreckung der Zivilgerichtsbarkeit" zu verhindern. Andere Mitglieder verneinten die praktische Bedeutung einer solchen Bestimmung für die Verwaltungsbehörden. Man ging davon aus, daß an die Verwaltungsbehörden Rechtswegfragen in der Regel gar nicht gelangten. Es wurde vielmehr die Auffassung vertreten, daß die Rechtsanwälte den Versuch unternehmen würden, eine die Verwaltung angehende Angelegenheit vor das ordentliche Gericht zu bringen.

Sartorius konnte aber auch hinsichtlich des Reichsgerichts keinen Regelungsbedarf mehr erkennen. Er gab zwar zu, daß das Gericht früher "ganz falsche Vorstellungen von den zu ziehenden Grenzen" gehabt und von bürgerlichen Rechtsstreitigkeiten immer schon dann gesprochen habe, wenn eine vermögensrechtliche Forderung irgendeiner Art erkennbar gewesen sei. Da *Sartorius* diese Praxis aber inzwischen für überwunden hielt, verneinte er diesbezüglich eine besondere Gefahr[45]. Für *Geier* bestand das Problem darin, ob im Einzelfall überhaupt eine Verwaltungsverfügung erlassen werden konnte, was sich wiederum nur aufgrund einer materiellrechtlichen Würdigung des einzelnen Gegenstandes entscheiden ließe. Eine Vorschrift darüber konnte seines Erachtens aber nicht gefunden werden. Eine andere Frage war für ihn, wie es sich verhält, nachdem die Verwaltungsverfügung erlassen worden ist und dann der Versuch gemacht wird,

43 Sitzungsprotokoll v.4.10.28,HStA Stgt., E130b, Bü548, S.11
44 Sitzungsprotokoll v.4.10.28,HStA Stgt., E130b, Bü548, S.11
45 Sitzungsprotokoll v.4.10.28,HStA Stgt., E130b, Bü548, S.12.

die Sache auf den ordentlichen Rechtsweg zu bringen[46]. In diesem Zusammenhang wies er darauf hin, daß man früher den Inhalt der Klage als das entscheidende Kriterium angesehen habe. Nunmehr sei eine Änderung in der Rechtsprechung dahingehend eingetreten, daß es nicht darauf ankomme, was in der Klage vorgetragen werde, sondern was Streitgegenstand sei[47].

Nach ausführlicher Beratung entschied sich die Kommission mehrheitlich gegen die Aufnahme einer Abgrenzungsregelung. Der Vorsitzende legte aber Wert darauf, in der Begründung zum *Landesverfahrensgesetz* zum Ausdruck zu bringen, daß die Aufnahme einer "Grenzabscheidung" geprüft wurde. Insbesondere sollte auch gesagt werden, aus welchen Gründen man eine entsprechende Norm nicht aufnehmen wollte. Eine solche Aussage stellte für *Hegelmaier* einen "wertvollen Fingerzeig" für Gerichte und Verwaltungsbehörden dar[48].

2.2. Begriffsbestimmung des öffentliche Rechts

2.2.1. Notwendigkeit einer Begriffsbestimmung

Von Haller führte in seinem Gutachten aus, daß auch von den Verfassern des *Bürgerlichen Gesetzbuches* das Bedürfnis der Praxis nach einer festen Umgrenzung eines Begriffs des bürgerlichen Rechts gesehen worden sei. Allerdings hätten sie wegen der Schwierigkeiten, eine nach allen Seiten zutreffende, erschöpfende Lösung zu finden, auf einen solchen Versuch verzichtet. Man sei davon ausgegangen, daß die Grenze zwischen beiden Rechtsgebieten nicht aprioristisch, sondern nur anhand der Rechtsentwicklung, die sich in den einzelnen Bundesstaaten teilweise verschieden gestaltet habe, bestimmt werden könne. Aus diesem Grund hätten die Verfasser keine andere Möglichkeit gesehen, als der Jurisprudenz die Aufgabe zuzuweisen, die der Sachlage entsprechende Entschei-

---

46 Sitzungsprotokoll v.4.10.28,HStA Stgt., E130b, Bü548, S.11f.
47 Sitzungsprotokoll v.4.10.28,HStA Stgt., E130b, Bü548, S.14
48 Sitzungsprotokoll v.4.10.28,HStA Stgt., E130b, Bü548, S.15

dung im Einklang mit der Verfassung und den öffentlichen Einrichtungen der einzelnen Bundesstaaten zu treffen[49].

Demgegenüber vertrat *von Haller*, der Berichterstatter für dieses Sachgebiet war, in bezug auf eine Begriffsbestimmung des öffentlichen Rechts eine andere Auffassung. Für ihn bestand die Aufgabe der *Verwaltungsrechtsordnung* u.a. darin, das öffentliche Recht gegenüber dem bürgerlichen abzugrenzen, indem sie "das die beiden Rechtsgebiete im letzten Grund trennende, für das öffentliche Recht allein bestimmende Merkmal herausfindet und begrifflich festlegt"[50]. *Von Haller* machte deutlich, daß nach seiner Ansicht bei einem Verzicht auf diese Begriffsbestimmung das ganze Gesetz "keinen Wert" habe. Es erschien ihm undenkbar, daß ein Gesetz, welches die allgemeinen Vorschriften über eine Reihe rechtlicher Beziehungen enthält, keinerlei Rechenschaft über die allgemeinen Merkmale öffentlicher Rechtsverhältnisse geben konnte. Das Fehlen einer solchen Begriffsbestimmung bedeutete für ihn, daß dem Gesetz von vornherein ein "wesentlicher Mangel" anhaftet[51].

Darüber hinaus hoffte *von Haller* mit dieser Begriffsbestimmung die Zivilrechtsprechung "beschämen" und vor Schwierigkeiten stellen zu können. Seiner Meinung nach handelte es sich vor allem darum, die Verwaltung vor "Einbrüchen der Ziviljustiz" zu schützen. Die Definition stellte für ihn also eine Art "Warnungstafel" dar, die den Zweck habe, darauf hinzuweisen, daß man zwischen beiden Rechtsgebieten immer scharf trennen müsse[52]. Die Entscheidung, im *Bürgerlichen Gesetzbuch* keine positivrechtliche Begriffsbestimmung aufzunehmen, war für *von Haller* kein Grund, in der *Verwaltungsrechtsordnung* von einem solchen Vorhaben abzusehen. Unter Hinweis auf das einschlägige Schrifttum zu diesem Thema lagen für ihn zum einen die derzeitigen Verhältnisse bei der Entwicklung und Bearbeitung des öffentlichen Rechts erheblich günstiger als zur Zeit der Ausarbeitung des Entwurfs für das *Bürgerliche Gesetzbuch*[53]. Zum anderen wollte er von einem solchen Vorhaben nicht deshalb Abstand nehmen,

49 Vgl. *Von Haller*, Grundriß, HStA Stgt., E130b, Bü553, S.7
50 Gutachten zum öffentlichen Recht, HStA Stgt., E130b, Bü553, S.4
51 *Von Haller*, Grundriß, HStA Stgt., E130b, Bü553, S.12
52 Sitzungsprotokoll v.20.6.25, HStA Stgt., E130b, Bü547, S.13f.
53 Gutachten zum öffentlichen Recht, HStA Stgt., E130b, Bü553,S.3f.

weil der Gesetzgeber in dieser Hinsicht noch nichts unternommen hatte. *Von Haller* konnte für eine solche Unterlassung keinen stichhaltigen Grund finden. Für ihn waren Lücken in der Gesetzgebung dazu da, daß sie zu gegebener Zeit und bei sich bietender Gelegenheit ausgefüllt werden[54].

2.2.2. Versuch einer Begriffsbestimmung

Um eine Ausweitung des öffentlichen Rechts zu erreichen, kam es *von Haller* darauf an, der Verwaltung eine möglichst weitreichende Begriffsbestimmung, die an die Spitze des Gesetzes sollte, zur Verfügung stellen zu können. Deshalb erschienen ihm die meisten der von der Rechtslehre herausgearbeiteten Unterscheidungsmerkmale als zu eng[55]. Beispielsweise kam für *von Haller* das "Wesen der Rechtsnorm" als maßgebende Grundlage für die Begriffsbestimmung am wenigsten in Betracht. Er befürchtete, daß damit in jedem einzelnen Fall besonders geprüft und festgestellt werden müßte, von welchem Standpunkt aus der Gesetzgeber das einzelne Rechtsverhältnis bestimmt hatte. Das Problem bestand für ihn darin, daß dann nicht allein nach dem mutmaßlichen, im positiven Gesetz nicht zum Ausdruck gelangten Willen des Gesetzgebers geforscht und entschieden werden müßte, sondern zu berücksichtigen wären dann auch die jeweils bestehenden, nach Zeit und Ort maßgebenden Lebens- und Rechtsanschauungen. Da aber besondere Merkmale zur Erkenntnis des Standpunktes, von dem aus der Gesetzgeber ein Lebensverhältnis geordnet hatte seiner Ansicht nach völlig fehlen würden, sei man mit seinem Urteil ganz auf die positive einzelne Rechtsvorschrift angewiesen. Dies hielt er für einen Mangel, den der Entwurf beheben sollte[56].

Bedeutungslos war für *von Haller* ohne weitere Ausführungen auch "die Eigenschaft des an dem betreffenden Rechtsverhältnis beteiligten Rechtssubjekts" sowie "die Art der vom Recht zu schützenden Interessen". Ebenso hat er "die Beziehung des Rechtsverhältnisses zum Vermögen" oder "die Form des Rechtstitels", auf den ein Anspruch gestützt wird, oder "den Umstand, daß ein Anspruch als

---

54 Gutachten zum öffentlichen Recht, HStA Stgt., E130b, Bü553,S.3
55 Sitzungsprotokoll v.2.2.26, HStA Stgt., E130b, Bü547, S.23
56 Gutachten zum öffentlichen Recht, HStA Stgt., E130b, Bü553, S.18f.

ein Privatrechtsanspruch erhoben wird", als unwesentliche Kriterien zur "Grenzbestimmung" abgelehnt[57]. Zu den verwertbaren Begriffsbestimmungen der wissenschaftlichen Literatur rechnete *von Haller* z.B. die Definitionen von *Otto Mayer, Fleiner, Hatschek, Georg Jellinek, Goez, Herrnritt* und auch die von *Erich Kaufmann*[58]. Als bewährteste Definition erschien ihm nach wie vor die Begriffsbestimmung von *Goez*[59].

Aus diesen Begriffsbestimmungen der Literatur und aus verschiedenen Verwaltungsgerichtsurteilen und einzelnen gesetzlichen Regelungen schälte *von Haller* dann als für ihn einziges wirklich entscheidendes Merkmal der öffentlichen Rechtsverhältnisse dasjenige der "Beteiligung der Staatsgewalt" heraus. Öffentliches Recht lag für ihn da vor, "wo die tatsächliche Macht des Staates allein oder anteilsmäßig die Willensmacht für die Entstehung, Gestaltung, Ausübung und Beendigung von Rechtsverhältnissen" darstellte. Von Haller war sich sicher, daß das "Merkmal der Gewalt" auf keinem Gebiet der öffentlichen Verwaltung versagen würde. Überall stoße man bei Verwirklichung der Aufgaben der öffentlichen Verwaltung und den hieraus resultierenden Rechtsverhältnissen als letzte Grundlage auf die Staatsgewalt. Mit dem Kriterium der Staatsgewalt, der wesentlich bestimmenden Willensmacht, konnte nach Ansicht *von Hallers* somit die Grenze zwischen den beiden Rechtsgebieten scharf und bestimmt gezogen werden[60].

Der Kommission wurde folgende Fassung des Artikels vorgelegt:

> "Das öffentliche Recht regelt auf dem Gebiet der Verwaltung diejenigen rechtlichen Beziehungen, in denen der Staat, andere Personen- oder Sachgemeinschaften oder Einzelne vermöge der Staatsgewalt zueinander oder zu Sachen stehen"[61].

57 Gutachten zum öffentlichen Recht, HStA Stgt., E130b, Bü553, S.15f.
58 Vgl. Gutachten zum öffentlichen Recht, HStA Stgt., E130b, Bü553, S.7ff.
59 Sitzungsprotokoll v.2.2.26, HStA Stgt., E130b, Bü547, S.23
60 Gutachten zum öffentlichen Recht, HStA Stgt., E130b, Bü553, S.14f.
61 Gutachten zum öffentlichen Recht, HStA Stgt., E130b, Bü553, S.1

2.2.3. Einwände gegen die Aufnahme einer Begriffsbestimmung

Gegen die vorgeschlagene Begriffsbestimmung des öffentlichen Rechts wandten sich vor allem die Vertreter der Wissenschaft. *Sartorius* erkannte zwar an, daß der Entwurf zur Lösung der schwierigen Frage beitragen müsse. Er konnte sich aber von der vorgeschlagenen Vorschrift nichts versprechen, weil sie in allen wirklich schwierigen Verhältnissen versage. Insbesondere hatte er erneut den Eindruck gewonnen, daß es eben bislang nicht gelungen sei, ein allgemeines Merkmal für die Abgrenzung von öffentlichem Recht und Privatrecht zu finden. Er war überzeugt davon, daß es auch nicht gelingen werde, eine "zweifelsfreie Formulierung" zu finden, die diese Grenzen ziehen konnte[62]. Aus diesem Grund hielt es *Sartorius* für ein "verzweifeltes Unternehmen", im Rahmen der *Verwaltungsrechtsordnung* eine Abgrenzung geben zu wollen. Zudem trug die vorgelegte Begriffsbestimmung seines Erachtens zu sehr einen "lehrbuchmäßigen Charakter"[63].

Von Köhler wies auf die Schwierigkeiten der Formulierung hin. Er hielt es für besser, die Erörterung des Begriffs des öffentlichen Rechts in die Begründung aufzunehmen und im Gesetz selbst keine Bestimmung zu treffen[64]. *Nebinger* regte angesichts der kaum überwindlichen Schwierigkeiten bei der Abgrenzung von öffentlichem Recht und Privatrecht an, auf eine Abgrenzungsbestimmung zu verzichten und statt dessen nur von "Rechtsstreitigkeiten" auszugehen. Erst dann könne bestimmt werden, daß für das Vorliegen einer öffentlich-rechtlichen Rechtsstreitigkeit die Natur des in Frage stehenden Rechtsverhältnisses maßgebend sei. Er ging dabei davon aus, daß sich für die Feststellung der Natur eines Rechtsverhältnisses sicher Merkmale finden ließen. Dieser Vorschlag wurde von der Kommission allerdings ohne weitere Diskussion mit der Begründung abgelehnt, der Entwurf habe sich allein auf materielles Recht zu beschränken[65].

---

62 Sitzungsprotokoll v.2.2.26, HStA Stgt., E130b, Bü547, S.22f.
63 Sitzungsprotokoll v.2.2.26, HStA Stgt., E130b, Bü547, S.24f.
64 Sitzungsprotokoll v.19.9.29,HStA Stgt., E130b, Bü550, S.10
65 Sitzungsprotokoll v.2.2.26, HStA Stgt., E130b, Bü547, S.24

Im Laufe der Beratung wurde ferner der Vorschlag gemacht, lediglich eine Regelung aufzunehmen, die eine Zuweisung bestimmter Rechtsverhältnisse zum öffentlichen Recht beinhaltet. Die Begriffsbestimmung hätte sich dann auf die Formulierung beschränken können, daß dem öffentliche Recht alle vorwiegend nach den Bedürfnissen der öffentlichen Gewalt gestalteten Rechtsverhältnisse angehören[66].

Sartorius brachte in diesem Zusammenhang nochmals zum Ausdruck, daß eine wirklich einwandfreie Begriffsbestimmung der öffentlich-rechtlichen Rechtsverhältnisse nicht gefunden werden könne. Es werde auch bei den vorgeschlagenen Begriffsbestimmungen immer wieder darauf hinauslaufen, daß man im Einzelfall wie bisher untersuchen müsse, ob das Rechtsverhältnis dem öffentlichen Recht oder dem Privatrecht angehöre. So sehr er dies für eine Resignation hielt, so glaubte er doch, daß es besser sei, auf diese Begriffsbestimmung zu verzichten[67]. Durch keine Definition könne der Richter von der Prüfung befreit werden, ob eine vor ihn gebrachte Sache als öffentlich-rechtlich oder als privatrechtlich zu charakterisieren sei[68]. Auch schien *Sartorius* der Versuch, die Abgrenzung für das relativ enge Gebiet von Württemberg gesetzlich festzulegen, ein Unternehmen zu sein, das nicht nur vergeblich, sondern auch sachlich nicht berechtigt sei[69].

Ernst teilte diese Auffassung. Er war sich sicher, daß die vorgelegte Begriffsbestimmung gerade die Schwierigkeiten nicht beseitigen könne, die sich aus den sowohl öffentlich-rechtlichen als auch privatrechtlichen Auswirkungen gewisser Rechtsverhältnisse ergeben würden[70]. Auch er glaubte, es sei nicht gelungen, die Begriffsbestimmung dem positiven Recht anzupassen. Diese Tatsache ließ für *Ernst* die schon früher geäußerten Zweifel an der Möglichkeit der ganzen Kodifikation wieder aufleben[71].

---

66 Sitzungsprotokoll v.2.2.26, HStA Stgt., E130b, Bü547, S.29
67 Sitzungsprotokoll v.2.2.26, HStA Stgt., E130b, Bü547, S.30
68 Sitzungsprotokoll v.2.2.26, HStA Stgt., E130b, Bü547, S.36
69 Sitzungsprotokoll v.1.3.26, HStA Stgt., E130b, Bü547, S.6f.
70 Sitzungsprotokoll v.2.2.26, HStA Stgt., E130b, Bü547, S.30
71 Sitzungsprotokoll v.2.2.26, HStA Stgt., E130b, Bü547, S.33

Trotz dieser Einwände sah *von Haller* nach wie vor eine praktische Notwendigkeit und auch die Möglichkeit, einen Begriff für das öffentliche Recht zu finden. Er bemerkte nochmals, daß bei einer Streichung der Begriffsbestimmung das ganze Gesetz "keinen Wert" habe[72]. Der Vorsitzende bestand ebenfalls darauf, daß zumindest der Versuch, eine brauchbare Begriffsbestimmung zu finden, nicht von vornherein aufgegeben werde[73]. Die daraufhin durchgeführte Abstimmung ergab, daß die Mehrheit der Kommission sich dafür aussprach, den Versuch einer Neufassung der Begriffsbestimmung zu unternehmen[74].
Nach ausgiebiger Beratung beschloß die Kommission dann folgende vorläufige Fassung[75]:

> "Das öffentliche Recht umfaßt alle Verhältnisse, in welcher der Staat als Träger der Staatshoheit einzelnen Personen, Personengemeinschaften oder Sachgemeinschaften gegenüber steht und außerdem die Verhältnisse der Personen, Personengemeinschaften oder Sachgemeinschaften zueinander, insoweit diese Verhältnisse überwiegend nach den Bedürfnissen der Staatshoheit geordnet sind."

Da man mit dieser Fassung jedoch immer noch nicht einverstanden war, wurde in der Zweiten Lesung eine nochmalige Neufassung der Begriffsbestimmung angeregt. Die Diskussion der einzelnen Vorschläge zeigte aber, daß eine befriedigende Fassung nicht gefunden werden konnte. Den Schwachpunkt der Vorschläge sah man hauptsächlich darin, daß durch diese Bestimmung Fälle geregelt werden würden, die ohne jeden Zweifel dem öffentlichen Recht zuzurechnen seien. Die Schwierigkeiten waren für die Kommission jedoch genau da zu suchen, wo der Staat dem Einzelnen gleichgeordnet gegenübertritt. Aber gerade hier glaubte man, daß die Begriffsbestimmung eine klare Abgrenzung von öffentlichem Recht und Privatrecht nicht vornehmen könne. Da es unmöglich erschien, eine genaue Fassung zu finden, wurde befürchtet, daß jede Formulierung von der Wissenschaft stark angefochten werden würde. Zudem sollte nicht übersehen werden,

---

72 Sitzungsprotokoll v.2.2.26, HStA Stgt., E130b, Bü547, S.31
73 Sitzungsprotokoll v.2.2.26, HStA Stgt., E130b, Bü547, S.33
74 Sitzungsprotokoll v.2.2.26, HStA Stgt., E130b, Bü547, S.34
75 Sitzungsprotokoll v.1.3.26, HStA Stgt., E130b, Bü547, S.14f.

daß sich die Anschauungen über das, was dem öffentlichen Recht angehöre, mit dem Wechsel der Verhältnisse ändern würden[76].

Letztendlich hielten es mit Ausnahme von *von Haller* alle Kommissionsmitglieder für unmöglich, eine klar definierte Abgrenzung zu finden. Deshalb wurde von einer Aufnahme einer gesetzlichen Bestimmung des öffentlichen Rechts endgültig abgesehen. Es sollte also weiterhin die Feststellung des Begriffs des öffentlichen Rechts der Arbeit der Wissenschaft und der Praxis überlassen und die Erörterung des Begriffs des öffentlichen Rechts in die Begründung aufgenommen werden[77].

2.3. Begriffsbestimmung der öffentlichen Gewalt

Eine weitere Abgrenzungsmöglichkeit zum Privatrecht wurde in der Begriffsbestimmung der öffentlichen Gewalt oder der Ausübung staatlicher Hoheitsrechte gesehen. Die Vertreter des Verwaltungsgerichtshofs machten darauf aufmerksam, daß in der Verwaltung und auch bei den Gerichten in dieser Richtung immer wieder Zweifel auftauchen würden. Als Beispiel wurde hier der Streit über die "Straßenstreupflicht des Staates" angeführt, in dem das Reichsgericht davon ausgegangen sei, daß es sich bei dieser Betätigung nicht um Ausübung eines Hoheitsrechts, sondern um eine bürgerlichrechtliche Tätigkeit handle. Des weiteren wurde in diesem Zusammenhang darauf hingewiesen, daß hier auch die Frage der Haftung des Staates für "in Ausübung der öffentlichen Gewalt zugefügte Schäden" eine große Rolle spiele. Es wurde aber davor gewarnt, lediglich die Befehlsgewalt in den Vordergrund zu stellen, weil damit die gesamte Fürsorgetätigkeit des Staates dem bürgerlichen Recht zugewiesen würde. *Sartorius* hob hervor, daß dagegen nicht zu Unrecht angekämpft werde. Er schlug deshalb vor, eine entsprechende Formulierung in die *Verwaltungsrechtsordnung* aufzunehmen[78].

---

76 Sitzungsprotokoll v.19.9.29,HStA Stgt., E130b, Bü550, S.12
77 Vgl. *VRO*, Begründung zu Art. 1, S.68
78 Sitzungsprotokoll v.21.7.25, StA Stgt.,E130b, Bü547, S.15f.

Über die Aufnahme einer Begriffsbestimmung der öffentlichen Gewalt wurde daraufhin ausführlich diskutiert. Mit der Begründung, die Feststellung des Begriffs sei Sache des jeweils geltenden Staatsrechts, entschied sich die Kommission im Ergebnis jedoch gegen eine Aufnahme[79].

2.4. Regelungen über Wohnsitz und Aufenthalt

Hinsichtlich der Frage der Behandlung von Wohnsitz und Aufenthalt ergaben sich in verschiedener Richtung Meinungsverschiedenheiten. *Von Köhler* vertrat z.B. den Standpunkt, daß es überaus schwierig sein werde, einen Rechtssatz hierfür zu finden, weil die einzelnen Gesetze unter Wohnsitz etwas ganz anderes verstünden. Es bestand für ihn deshalb die Gefahr, daß man Unsicherheit schaffe. Jedenfalls erschien *von Köhler* die Festlegung durch ein württembergisches Gesetz bedenklich[80].

Andere Kommissionsmitglieder hielten eine Bestimmung dieser beiden Begriffe dennoch für notwendig. *Von Haller* wies darauf hin, daß es genug Gesetze gebe, in denen einfach von Wohnsitz die Rede sei. Er wollte nicht einsehen, warum hierfür an Stelle der Anwendung des *Bürgerlichen Gesetzbuches* nicht ein Rechtssatz in einem öffentlich-rechtlichen Gesetz das Nötige bestimmen konnte[81]. *Sartorius* hob hervor, daß einzelne Gesetze allerdings absichtlich verschiedene Begriffe von Wohnsitz verwenden würden. Für ihn stand aber fest, daß auch das württembergische öffentliche Recht immer vom Wohnsitzbegriff des *Bürgerlichen Gesetzbuches* ausgegangen sei. Aus diesem Grund sah er keine Möglichkeit, "alles auf eine Linie zu bringen"[82].

Fischer bezeichnete es als ein "Unding", wenn innerhalb eines Rechtsgebietes derselbe Begriff mit einem verschiedenen Inhalt erfüllt werde. Der Begriff Wohnsitz war für ihn kein öffentlich-rechtlicher, sondern ein tatsächlicher. Er

---

79 Vgl. *VRO*, Begründung zu Art.11, S.105
80 Sitzungsprotokoll v.21.7.25, HStA Stgt., E130b, Bü547, S.6f.
81 Sitzungsprotokoll v.21.7.25, HStA Stgt., E130b, Bü547, S.7
82 Sitzungsprotokoll v.21.7.25, HStA Stgt., E130b, Bü547, S.7

wollte nicht einsehen, warum man Wohnsitz nicht so definieren solle, wie ihn das *Bürgerliche Gesetzbuch* bestimmt habe. *Fischer* war ebenfalls gegen die Aufnahme einer Regelung, wonach für das öffentliche Recht derselbe Begriff gelte, wie ihn das *Bürgerliche Gesetzbuch* aufstelle. Er befürchtete, daß durch eine solche Bestimmung Verwirrung entstehen würde. Ein Bedürfnis nach gesetzlicher Festlegung des Wohnsitzes war für ihn nicht vorhanden[83].

Der überwiegende Teil der Kommission war jedoch der Auffassung, daß die vorhandene Rechtsunsicherheit im öffentlichen Recht nur durch eine gesetzliche Festlegung der Begriffe Wohnsitz und Aufenthalt beseitigt werden könne[84]. Aus diesem Grund wurde eine entsprechende Bestimmung in die *Verwaltungsrechtsordnung* aufgenommen[85].

2.5. Regelungen über öffentlich-rechtliche Willenserklärungen

2.5.1. Bedürfnis nach eigenständiger gesetzlicher Regelung

Geier, der Berichterstatter für diesen Abschnitt war, führte in seinem Gutachten aus, daß es sich bei den Begriffen Rechtsgeschäft und Willenserklärung nicht um eine "Eigentümlichkeit des bürgerlichen Rechts" handle, auch wenn diese Begriffe zuerst im bürgerlichen Recht verwendet, ausgebildet und im *Bürgerlichen Gesetzbuch* gesetzgeberisch verarbeitet worden seien. Er ging von der "allgemeinrechtlichen Natur" dieser Begriffe aus, die auch in entsprechender Bedeutung auf dem Gebiet des öffentlichen Rechts zur Anwendung kommen würden[86].

Geier stellte in seinem Gutachten des weiteren fest, daß im öffentlichen Recht bisher allgemeine Normen über Willenserklärungen, Rechtsgeschäfte, Handlungs- und Geschäftsfähigkeit usw. fehlten. In der Rechtsprechung habe man sich des-

83 Sitzungsprotokoll v.21.7.25, HStA Stgt., E130b, Bü547, S.8
84 Sitzungsprotokoll v.21.7.25, HStA Stgt., E130b, Bü547, S.10
85 *VRO*, Art. 18f.
86 Gutachten zu den Willenserklärungen, HStA Stgt., E130b, Bü555, S.5

halb, soweit besondere Vorschriften nicht vorhanden waren, mit entsprechender Anwendung bürgerlichrechtlicher Vorschriften geholfen. Diesen Weg hielt *Geier* aber für nicht vertretbar, zumal diese Übernahme seines Erachtens "wahllos" erfolgte[87]. Er war der Ansicht, daß sich z.B. die Vorschriften des *Bürgerlichen Gesetzbuches* über Geschäftsfähigkeit nur auf bürgerlichrechtliche Verhältnisse beziehen würden und nicht ohne weiteres auf die Geschäftsfähigkeit allgemein. Für *Geier* stand deshalb fest, daß in der *Verwaltungsrechtsordnung* Bestimmungen über Willenserklärungen nicht fehlen dürften[88].

2.5.2. Verweisungsproblematik

Bei seiner Ausarbeitung hat sich *Geier* aus praktischen Gründen an die Vorschriften des *Bürgerlichen Gesetzbuches* gehalten, obwohl er manche Einwendung gegen den Aufbau dieses Gesetzes hatte[89]. Eine Gesamtübernahme der Vorschriften des *Bürgerlichen Gesetzbuches* über Willenserklärungen hielt er aber von vornherein nicht für zweckmäßig, weil im Privatrecht der Einzelwille autonom sei. Der Einzelwille konnte seines Erachtens im öffentlichen Recht nur soweit anerkannt werden, als es das öffentliche Interesse gestatte. Infolgedessen war für ihn klar, daß auch die Bestimmungen des *Bürgerlichen Gesetzbuches* nicht durchweg auf die entsprechenden Verhältnisse des öffentlichen Rechts übertragen werden konnten.

Geier prüfte jedoch, ob nicht anstatt der Aufstellung einzelner Bestimmungen lediglich eine "Verweisung" auf die Vorschriften des *Bürgerlichen Gesetzbuches* stattfinden konnte. Grundsätzlich stand für ihn aber fest, daß ein selbständiges Gesetzgebungswerk, soweit möglich, umfangreiche Verweisungen auf ein anderes selbständiges Gesetz vermeiden müsse[90]. Er hielt es für zweckmäßiger, "mit nur einem Gesetz arbeiten zu können, als ständig ein anderes Gesetz dauernd zur Hand nehmen zu müssen"[91]. *Geier* schlug ferner vor, die Ausscheidung

87 Sitzungsprotokoll v.7.3.29, HStA Stgt., E130b, Bü 549, S.7
88 Gutachten zu den Willenserklärungen, HStA Stgt., E130b, Bü555, S.57
89 Sitzungsprotokoll v.7.3.29, HStA Stgt., E130b, Bü549, S.8
90 Gutachten zu den Willenserklärungen , HStA Stgt., E130b, Bü555, S.58
91 Sitzungsprotokoll v.7.3.29, HStA Stgt., E130b, Bü549, S.8

der nicht für das öffentliche Recht passenden Vorschriften im Gesetz vorzunehmen und sie nicht der Rechtsanwendung zu überlassen[92]. Auch *von Haller* war der Überzeugung, daß man wegen der "großen praktischen Bedeutung" dieser Vorschriften mit einer zu weitgehenden Verweisung nicht auskommen könne. In Anbetracht der beträchtlichen Zahl der Willenserklärungen im öffentlichen Recht hielt er eine umfassende Regelung für erforderlich. Nach seiner Erfahrung habe sich bisher das Fehlen einer Regelung in der Praxis häufig als Mangel erwiesen[93]. *Sartorius* konnte demgegenüber nicht nachvollziehen, warum die Übernahme von Vorschriften des *Bürgerlichen Gesetzbuches* in den Text der *Verwaltungsrechtsordnung* notwendig sein sollte[94]. Er wies darauf hin, daß man bei den sonst nirgends geregelten öffentlichen Sachen sich mit sehr wenig Vorschriften begnügt habe.

Die Kommission einigte sich schließlich darauf, zunächst im einzelnen Fall zu prüfen, inwieweit eine Verweisung möglich war[95]. Im übrigen begründete man in Bezug auf die Kritik von *Sartorius* die kurze Behandlung des Sachenrechts damit, daß über die öffentlichen Sachen eine umfangreiche Einzelgesetzgebung bereits vorliege[96].

Bei den Beratungen der zweiten Lesung zeigte sich dann aber, daß die spezifisch öffentlich-rechtlichen Abschnitte des Entwurfs im Verhältnis zu den Abschnitten, die im wesentlichen eine Herübernahme des bürgerlichen Rechts enthielten, außerordentlich kurz waren. So umfaßten die spezifisch öffentlich-rechtlichen Teile des Entwurf nur achtzehn Titel, die übrigen aber dreißig Titel. Aus diesem Grund hielten es vor allem die Vertreter der Wissenschaft für sehr wünschenswert, daß an die Einzelberatung mit der "Tendenz der Einschränkung" herangegangen werde. Es sollte erwogen werden, ob man nicht bei den im wesentlichen übernommenen Bereichen durch die Ausdehnung der Verweisung auf das *Bürgerliche Gesetzbuch* eine Verkürzung erreichen konnte[97].

---

92 Sitzungsprotokoll v.7.3.29, HStA Stgt., E130b, Bü549, S.7
93 Sitzungsprotokoll v.7.3.29, HStA Stgt., E130b, Bü549, S.7
94 Sitzungsprotokoll v.7.3.29, HStA Stgt., E130b, Bü549, S.7
95 Sitzungsprotokoll v.7.3.29, HStA Stgt., E130b, Bü549, S.8
96 Sitzungsprotokoll v.7.3.29, HStA Stgt., E130b, Bü549, S.7f.
97 Sitzungsprotokoll v.26.9.29, HStA Stgt., E130b, Bü550, S.3f.

Dieser Forderung wollten andere Kommissionsmitglieder, wie z.B. die Vertreter des Verwaltungsgerichts, auf keinen Fall nachkommen. Es wurde in Erinnerung gerufen, daß man schon bei der Ersten Lesung eingehend erwogen habe, ob nicht in noch weiterem Umfang auf das *Bürgerliche Gesetzbuch* verwiesen werden könne. Für sie habe es sich aber gezeigt, daß man vielfach von einer besonderen Regelung in der *Verwaltungsrechtsordnung* nicht absehen könne. Da auch in der Wissenschaft die Privatwillenserklärung des öffentlichen Rechts nur sehr dürftig behandelt worden sei, hielten sie eine Klärung der entstehenden Zweifel für unbedingt erforderlich[98]. Darüber hinaus wurde nochmals darauf aufmerksam gemacht, daß das *Bürgerliche Gesetzbuch* von anderen Voraussetzungen ausgehe, als sie für das öffentliche Recht maßgebend seien. Aus diesem Grund wollte man sich nicht schlechthin auf eine "sinngemäße Anwendung" der Vorschriften des *Bürgerlichen Gesetzbuches* beschränken. *Geier* informierte die Kommissionsmitglieder darüber, daß sich die Aufnahme besonderer Bestimmungen deshalb als notwendig erwiesen habe, weil es sich dabei um besonders wichtige Fragen handle[99].

Die Vertreter der Wissenschaft sprachen sich jedoch dafür aus, daß man auch bei "wichtigen Fragen" auf das *Bürgerliche Gesetzbuch* verweisen könne, wenn man inhaltlich von seiner Regelung nicht abweichen wolle. Sie konnten praktische Schwierigkeiten auf dem Gebiet der Willenserklärungen nicht erkennen, da man ohne weiteres die geeigneten Bestimmungen des *Bürgerlichen Gesetzbuches* sinngemäß angewandt habe. Ihrer Ansicht nach brauche die Verwaltung auf den anderen Gebieten, die in der *Verwaltungsrechtsordnung* geregelt seien, in weit größerem Umfang einen Anhalt für ihre Tätigkeit[100].

Nachdem *Geier* nochmals deutlich machte, daß auch in der Wissenschaft schon wiederholt die Notwendigkeit einer gesetzlichen Regelung der Willenser-klärungen betont worden sei, beendete der Vorsitzende die Diskussion. Nach seiner Ansicht war der Praxis mit einer allgemeinen Verweisung auf das *Bürgerliche Ge-*

98 Sitzungsprotokoll v.26.9.29, HStA Stgt., E130b, Bü550, S.4
99 Sitzungsprotokoll v.26.9.29, HStA Stgt., E130b, Bü550, S.4
100 Sitzungsprotokoll v.26.9.29, HStA Stgt., E130b, Bü550, S.4f.

setzbuch nicht gedient[101]. Die Kommission einigte sich deshalb darauf, soweit als möglich auf eine Verweisung zu verzichten.

2.5.3. Übernahme pivatrechtlicher Auslegungsregelungen

Bei den Beratungen kam es auch zu der Überlegung, ob besondere Auslegungsvorschriften wie z.B. "Treu und Glauben" oder "Erforschung des wirklichen Willens" in den Entwurf aufgenommen werden sollten[102]. Für eine Aufnahme wurde angeführt, daß Auslegungsregeln doch "manches für sich haben". Sie hätten eine gewisse "wertende Kraft" für das ganze Gesetz. Es wurde darauf hingewiesen, daß im bürgerlichen Recht gerade in den letzten Jahren einige Auslegungsregeln eine besonders große Rolle gespielt hätten[103]. Die Gefahr, die sie möglicherweise mit sich bringen würden, sollte man nicht überschätzen. Man ging davon aus, daß Auslegungsregeln in vielen Fällen gute Dienste leisteten[104]. Dieser Auffassung hielt man entgegen, daß für das öffentliche Recht nicht dasselbe gelte wie für das bürgerliche Recht. Als Beispiel wurde die Auslegungsregel "Treu und Glauben" angeführt, die im öffentlichen Recht eine viel geringere Rolle spiele. Man befürchtete das Entstehen "merkwürdiger Rechtslagen und Widersprüche", wenn man für dieses Gebiet im allgemeinen solche Regeln schaffen würde. Auf keinen Fall wollte man zulassen, daß z.B. bei einer Verordnung eines Ministerium "irgend ein Beamter" diese nach der "Entwicklung der Verhältnisse" auslege. Befürchtet wurde auch, daß die Unterordnungspflicht der Beamten in Gefahr geraten könne. Darüber hinaus hielt man Auslegungsregeln für den Fall einer Gemeinderatswahl oder Ortsvorsteherwahl für sehr gefährlich[105].

Im Ergebnis sprach sich auch die Mehrheit der Kommissionsmitglieder gegen eine Festlegung besonderer Auslegungsregelungen aus. Man ging davon aus, daß

101 Sitzungsprotokoll v.26.9.29, HStA Stgt., E130b, Bü550, S.5
102 Sitzungsprotokoll v.1.3.26, HStA Stgt., E130b, Bü547, S.47
103 Sitzungsprotokoll v.1.3.26, HStA Stgt., E130b, Bü547, S.47
104 Sitzungsprotokoll v.1.3.25, HStA Stgt., E130b, Bü547, S.48
105 Sitzungsprotokoll v.1.3.26, HStA Stgt., E130b, Bü547, S.48

auf dem Gebiet der Verwaltung in der Regel Vollzugs- und Ausführungsvorschriften für eine gebotene Gesetzesauslegung ausreichend seien[106].

2.6. Regelungen über öffentlich-rechtliche Entschädigung

2.6.1. Bedürfnis nach gesetzlicher Regelung

Von Haller wollte die Entschädigungspflicht des Staates nicht nur auf die Fälle der Enteignung beschränken. Seiner Ansicht nach bestand diese Pflicht auch da, wo der Staat mit Hilfe seiner Befehlsgewalt ein dem Bürger zustehendes privates oder öffentliches Einzelrecht dessen Verfügungsgewalt entzog und es der öffentlichen Verwaltung dienstbar machte[107].

Von Haller kritisierte, daß entsprechende allgemeine gesetzliche Vorschriften in Württemberg fehlten. Da aber nach dem bestehenden Recht eine Entschädigungspflicht nur bestand, wenn ein Rechtssatz eine solche zusprach, wollte er geprüft haben, ob nicht allgemeine Sätze hierüber in den Entwurf aufzunehmen waren. *Von Haller* jedenfalls hielt eine Aufnahme "aus Gründen der Gerechtigkeit" für begründet[108]. In diesem Zusammenhang machte er aber deutlich, daß diese Schädigung, die den Bürger zwar in seinen Vermögensinteressen treffen würde, auf keinen Fall einen bürgerlichrechtlichen, sondern nur einen öffentlich-rechtlichen Entschädigungsanspruch hervorrufen könne. Er begründete dies damit, daß sowohl die schädigende Handlung als auch die Verpflichtung des Betroffenen zu ihrer Duldung dem öffentlichen Recht angehöre und daher aus diesem zu beurteilen sei. Man dürfe sich an der Richtigkeit dieses Satzes nicht durch die Tatsache "irre machen lassen", daß die Zuständigkeit zur Beurteilung derartiger Schadenersatzklagen vielfach den bürgerlichen Gerichten zugewiesen sei[109].

---

106 *VRO*, Begründung zu Art. 2, S.71
107 *Von Haller*, Grundriß, HStA Stgt., E130b, Bü553, S.106
108 *Von Haller*, Grundriß, HStA Stgt., E130b, Bü553, S.107
109 *Von Haller*, Grundriß, HStA Stgt., E130b, Bü553, S.105

2.6.2. Aufnahme einer allgemeinen Regelung

In den Beratungen wurde zunächst festgestellt, daß es sich im Zusammenhang mit dem Entschädigungsrecht nur darum handeln könne, für solche Fälle "gewisse Ergänzungen" festzulegen, die nicht unter das Enteignungsrecht fielen. Danach wurde erörtert, ob eine Bestimmung notwendig und möglich erschien, die den Staat, wenn er kraft seines Hoheitsrechts einem Einzelnen Rechte entzog, zur Entschädigung verpflichtet war.

Einige Kommissionsmitglieder hielten eine solche Bestimmung für sehr gefährlich. Jedenfalls für polizeiliche Eingriffe lehnte man sie völlig ab, weil diese Eingriffe Entschädigungsansprüche nur insoweit begründen würden, als in den Gesetzen Ansprüche ausdrücklich anerkannt seien. Man glaubte deshalb, daß eine Regelung der Entschädigungspflicht nur für bestimmte Fälle getroffen werden konnte. Es wurde die Auffassung vertreten, daß bei der Entschädigungsfrage vom Vorhandensein subjektiver öffentlicher Rechte auszugehen sei. Früher habe man in solchen Fällen eine "Art Delikt des Staates" angenommen, heute werde man auch ohne eine solche Konstruktion durch geeignete Rechtssätze immerhin eine Rechtsgrundlage schaffen können[110]. *Von Haller* konnte sich dieser Auffassung nicht anschließen. Er erklärte, daß man mindestens für eine "gewisse Elastizität der allgemeinen Grundsätze" Sorge tragen müsse[111]. Trotz dieses Einwandes einigte sich die Kommission zunächst darauf, überhaupt keinen öffentlichrechtlichen Schadenersatzanspruch anzuerkennen.

Bei der Beratung über die Unterhaltung einer Sache im Gemeingebrauch wurde über diese Problematik noch einmal diskutiert. *Sartorius* lehnte dabei eine solchen Regelung nochmals ab. Er konnte keine Regelungslücke feststellen, da die in der Rechtsprechung des Reichsgerichts entwickelte bürgerlichrechtliche Schadenersatzpflicht unberührt bleibe[112]. Ebenso war *von Köhler* der Ansicht, daß man es bei der bürgerlichrechtlichen Schadenersatzpflicht bewenden lassen sollte. Auch vom Standpunkt der Verwaltung könne man sie als gerechtfertigt an-

---

110 Vgl.i.e.: Sitzungsprotokoll v.21.7.25, HStA Stgt. E130b, Bü547, S.24f.
111 Sitzungsprotokoll v.21.7.25, HStA Stgt., E130b, Bü547, S.25
112 Sitzungsprotokoll v. 9.1.30, HStA Stgt., E130b, Bü550, S.1

sehen[113]. *Härle* kritisierte diese Haltung. Seines Erachtens stellte sich die Verwaltung im Gegenteil auf den Standpunkt, daß von den Gerichten ein bürgerlichrechtlicher Schadenersatzanspruch zu Unrecht angenommen werde. Wenn sich diese Auffassung durchsetze, so *Härle*, sei überhaupt kein Schadenersatzanspruch mehr begründet, falls man hier nicht einen solchen des öffentlichen Rechts einführen werde[114].

Fischer sprach sich ebenfalls für einen öffentlich-rechtlichen Schadenersatzanspruch aus. Gerade wenn man einen bürgerlichrechtlichen Schadenersatzanspruch vom Standpunkt der Verwaltung aus nicht anerkenne, sei ein gesetzliche Regelung notwendig. Andererseits sah er aber keine Möglichkeit, eine entsprechende Bestimmung in den Entwurf aufzunehmen, da die Verhältnisse bei den einzelnen Sachen zu verschieden für eine einheitliche Regelung seien[115].

Nach mehrmaliger Beratung entschied sich die Kommission mit Hinweis auf Literatur und geltendes Recht gegen die Aufnahme eines allgemeinen Ersatzanspruches. Der im vorläufigen Arbeitsplan vorgesehene Abschnitt über die öffentlich-rechtliche Entschädigung wurde deshalb gestrichen. Lediglich im Vierten Buch über die öffentlichen Schuldverhältnisse wurde der Grundsatz festgelegt, daß ein Schadenersatzanspruch nur dann besteht, wenn dies durch eine Rechtsvorschrift angeordnet ist[116]. Die Frage der Zuerkennung einer öffentlichrechtlichen Entschädigung blieb somit der Einzelgesetzgebung überlassen.

Diskutiert wurde aber, ob man in der Begründung zum Ausdruck bringen sollte, daß die Frage der Zuerkennung eines bürgerlichrechtlichen Schadener-satzanspruches auf Grund des § 823 *BGB* unberührt bleibe[117]. An diesem Vorschlag wurde jedoch kritisiert, daß man der Kommission unterstellen könnte, sie habe

---

113 Sitzungsprotokoll v. 9.1.30, HStA Stgt., E130b, Bü550, S.2

114 Sitzungsprotokoll v. 9.1.30, HStA Stgt., E130b, Bü550, S.1

115 Sitzungsprotokoll v. 9.1.30, HStA Stgt., E130b, Bü550, S.2

116 *VRO*, Art. 209 Abs.1
"Wer auf Grund einer durch Rechtsvorschrift oder Verwaltungsakt auferlegten Verpflichtung eine Leistung für öffentliche Zwecke bewirkt hat, kann für den ihm aus dieser Leistung entstehenden Vermögensschaden Ersatz nur beanspruchen, wenn dies durch Rechtsvorschrift angeordnet ist."; s.a. Begründung zu Art. 209, S.628

117 Sitzungsprotokoll v. 9.1.30, HStA Stgt., E130b, Bü550, S.4

damit einen Schadenersatzanspruch nach § 823 *BGB* anerkannt. Aus diesem Grund wurde beschlossen, in der Begründung lediglich darauf hinzuweisen, daß ein Teil der Schadensfälle im *Bürgerlichen Gesetzbuch* und im Ausführungsgesetz geregelt seien und daß die Zuständigkeit zur Beurteilung öffentlicher Schadenersatzklagen vielfach den bürgerlichen Gerichten zugewiesen sei. Die bürgerlichen Gerichte, so die Meinung der Kommission, hätten in solchen Fällen eben über öffentlich-rechtliche Ansprüche und lediglich auf Grund öffentlichen Rechts zu entscheiden[118].

2.7. Regelungen über Körperschaften und Anstalten des öffentlichen Rechts

Bei der Regelung des Personenrechts ging es im wesentlichen darum, die Abgrenzung der einzelnen Gebilde untereinander vorzunehmen. Es handelte sich aber auch darum, gewisse Richtlinien für eine Abgrenzung gegenüber den privatrechtlichen Personenvereinigungen zur Verfügung zu stellen.

2.7.1. Begriffsbestimmung der öffentlichen Körperschaft

Die Aufnahme von Bestimmungen über die Körperschaften des öffentlichen Rechts hatte das Ziel, der Verwaltungspraxis klare "Grenzlinien" zwischen den Körperschaften des öffentlichen Rechts und den Vereinen des bürgerlichen Rechts zur Verfügung zu stellen[119].

In den Beratungen wurde zunächst beanstandet, daß noch in keinem Gesetz niedergelegt sei, was man unter einer öffentlich-rechtlichen Körperschaft zu verstehen habe. Die fehlende gesetzliche Regelung wurde dafür verantwortlich gemacht angesehen, daß die Anschauungen hierüber ziemlich differierten[120]. Es wurde beanstandet, daß die Bezeichnung öffentlich-rechtliche Körperschaft bisher "an sich ein leeres Wort" darstelle, weil es eben ein Recht der öffentlichen Körper-

118 *VRO*, Begründung zu Art. 209, S.626
119 *VRO*, Einleitung zum Zweiten Buch, S.348
120 Sitzungsprotokoll v.21.7.25, HStA Stgt, E130b, Bü547, S.12

schaften noch nicht gebe. Die Bezeichnung bekomme ihren Inhalt erst durch gewisse "festzustellende Paragraphen"[121]. Angesichts der "herrschenden Verschwommenheit" hielt man es für unerläßlich, daß die "Grenzlinie" zwischen öffentlichen Körperschaften und rechtsfähigen Privatvereinen durch eine Begriffsbestimmung gezogen werde[122]. Die Begriffsbestimmung sollte dazu beitragen, daß die Körperschaften in stärkerem Umfang wie bisher der Ordnung des öffentlichen Rechts unterstellt werden[123].

Demgegenüber war sich die Kommission darüber im klaren, daß es trotz einer Begriffsbestimmung sehr schwer feststellbar sein werde, ob es sich bei einer bereits bestehenden Einrichtung um eine öffentliche oder um eine private Körperschaft handlte. Es wurde deshalb die Ansicht vertreten, daß die Zugehörigkeit zum einen oder anderen Rechtsgebiet nach wie vor für jeden Einzelfall festgestellt werden müsse[124].

Der Wert einer Begriffsbestimmung lag für einige Kommissionsmitglieder aber darin begründet, daß von nun an der Staat "gewissermaßen mit der Nase darauf gestoßen werde". Das bedeutete ihrer Meinung nach, daß der Staat sich überlegen müsse, ob er eine Aufgabe der öffentlichen Verwaltung als gegeben ansehen wolle oder nicht. Man ging jedoch davon aus, daß eine Begriffsbestimmung nur für die Zukunft von Bedeutung sein könne, da sie für die bereits bestehenden Einrichtungen keinen Einfluß mehr habe[125].

Obwohl sich die Kommission über die Aufnahme einer Begriffsbestimmung grundsätzlich einig war, warnte man aber vor einer zu weiten Fassung. Es wurde befürchtet, daß damit unmittelbar das Erfordernis einer erhöhten, aber nicht unbedingt zweckmäßigen staatlichen Aufsichtstätigkeit eintrete. Man hielt es ferner nicht für richtig, künftig durch das Gesetz einen Druck in der Richtung auszuüben, daß hier immer die Rechte einer öffentlichen Körperschaft verliehen

---

121 Sitzungsprotokoll v.21.7.25, HStA Stgt, E130b, Bü547, S.14
122 Sitzungsprotokoll v.12.7.28, HStA Stgt, E130b, Bü548, S.14
123 Sitzungsprotokoll v.12.7.28; HStA Stgt.,E130b, Bü548, S.18
124 Sitzungsprotokoll v.12.7.28; HStA Stgt.,E130b, Bü548, S.15
125 Sitzungsprotokoll v.12.7.28, HStA Stgt, E130b, Bü548, S.19

werden. Damit erhalte die Gesellschaft oft zuviel[126]. In diesem Zusammenhang wurde bereits früher kritisiert, daß neuerdings außerordentlich viele öffentlich-rechtliche Körperschaften geschaffen worden seien, was bedenklich erscheine[127].

2.7.2. Rechtsfähigkeit der öffentlichen Körperschaft

Häffner, der die Berichterstattung für die Personen des öffentlichen Rechts übernommen hatte, wollte den Inhalt der Rechtsfähigkeit für alle rechtsfähigen Gebilde festlegen. Nach Auffassung von *Sartorius* sollte bei der Festlegung berücksichtigt werden, daß es nicht nur eine Rechtsfähigkeit gebe. Bezugnehmend auf die verschiedenen Arten von Kirchengesellschaften unterschied er zwischen der Rechtsfähigkeit auf dem Gebiet des öffentlichen Rechts und zwischen derjenigen des Privatrechts. *Sartorius* wollte bereits durch die Festlegung einer öffentlich-rechtlichen Rechtsfähigkeit eine Abgrenzungsmöglichkeit zum Privatrecht schaffen. Dabei räumte er jedoch ein, daß es außerordentlich schwer sein werde, eine Abgrenzung zu finden. Der Praxis jedenfalls sei die "Grenzziehung" bis jetzt nicht gelungen[128]. Auch *Ernst* war der Ansicht, daß der Begriff der Rechtsfähigkeit im öffentlichen und im Privatrecht nicht derselbe sei. Er glaubte, daß der Inhalt der öffentlich-rechtlichen Rechtsfähigkeit lediglich die öffentliche Gewalt sei[129].

Die Mehrheit der Kommissionsmitglieder wollte sich diesen Ausführungen jedoch nicht anschließen. Ihres Erachtens gab es nur eine Rechtsfähigkeit, die allerdings nirgends definiert werde. Für sie gab es keine Personen, die etwa nur für das Privatrecht oder nur für das öffentliche Recht rechtsfähig waren[130]. Es wurde daher beschlossen in der Begründung nur zu erwähnen, daß Rechtsfähigkeit besteht[131].

---

126 Sitzungsprotokoll v.12.7.28, HStA Stgt.,E130b, Bü548, S.20
127 Sitzungsprotokoll v.21.7.25, HStA Stgt.,E130b, Bü547, S.12
128 Sitzungsprotokoll v.12.7.28, HStA Stgt.,E130b, Bü548, S.16
129 Sitzungsprotokoll v.12.7.28, HStA Stgt.,E130b, Bü548, S.16f.
130 Sitzungsprotokoll v.12.7.28, HStA Stgt.,E130b, Bü548, S.15
131 *VRO*, Einleitung zum Zweiten Buch, S.346

2.7.3. Haftung der öffentlichen Körperschaft

Da das *Bürgerliche Gesetzbuch* die Körperschaft für unerlaubte Handlungen ihrer Vertreter gem. §§ 89 und 31 haftbar macht, stellte man zur Diskussion, ob in den Entwurf eine eigene Bestimmung über die Haftung der Körperschaft aufgenommen werden sollte. Es wurde für unmöglich gehalten, die Körperschaften schlechthin für alle unerlaubten Handlungen der Vertreterschaft haften zu lassen[132]. Unter dem Gesichtspunkt, daß das *Bürgerliche Gesetzbuch* die Willenserklärungen der öffentlichen Körperschaften nicht gesondert geregelt hat, sprach man sich deshalb für die Aufnahme einer Haftungsregelung aus[133].

Andererseits wurde aber gesehen, daß man im Falle der Aufnahme einer eigenständigen Haftungsbestimmung zivilrechtliche Verhältnisse regeln würde. Es wurde deshalb der Vorschlag gemacht, die Regelung der zivilrechtlichen Folgen, die sich aus der Rechtsfähigkeit der Körperschaft ergeben, aus dem Bereich des Entwurfs überhaupt zu entfernen und gegebenenfalls auf das *Bürgerliche Gesetzbuch* zu verweisen[134]. Für andere Mitglieder war die entscheidende Frage, ob man die Wirkungen für das öffentliche und die Wirkungen für das Privatrecht überhaupt trennen konnte. Für sie gab es nur ein Organ, das nur einen einheitlichen Willen haben konnte. Ob dieser einheitliche Wille sich im Einzelfall öffentlich-rechtlich oder privatrechtlich auswirkt, konnte ihrer Ansicht nach für die Rechtsgrundlage des Willens oder der Vertretungsmacht keinen Unterschied begründen. Aus diesem Grund wurde es auch für abwegig gehalten, bei der Frage der Handlungsfähigkeit einen Unterschied zwischen öffentlichem Recht und Privatrecht zu machen. Des weiteren wies man darauf hin, daß die Kommission die Rechtsverhältnisse der öffentlichen Körperschaften festzulegen habe. Welche Folgen sich aber daraus hinsichtlich der bürgerlichrechtlichen Seite ergeben würden, sei nach dem *Bürgerlichen Gesetzbuch* zu beurteilen[135].

---

132 Sitzungsprotokoll v.19.7.28, HStA Stgt.,E130b, Bü548, S.3f.
133 Sitzungsprotokoll v.19.7.28, HStA Stgt.,E130b, Bü548, S.5
134 Sitzungsprotokoll v.19.7.28, HStA Stgt.,E130b, Bü548, S.4f.
135 Sitzungsprotokoll v.19.7.28, HStA Stgt.,E130b, Bü548, S.5f.

Ergänzend dazu wurde bemerkt, daß die Schadenersatzproblematik nicht in dem besprochenen Umfang eine Frage des Körperschaftsrechts sei. Da man ohnehin "nichts Neues" sage, sollte auf eine Haftungsbestimmung für die Körperschaften verzichtet werden. Es wurde befürchtet, daß dort, wo man eine Regelung treffe, nichts anderes übrig bleiben werde, als neben dem *Bürgerlichen Gesetzbuch* auch die *Reichsverfassung*, das *Einführungsgesetz zum Bürgerlichen Gesetzbuch* und das *Ausführungsgesetz* zu zitieren. Die Handhabung der *Verwaltungsrechtsordnung* sollte aber in keinem Fall erschwert werden[136]. Es wurde deutlich gemacht, daß es nicht Sache der Kommission sein könne, die gesetzlichen Folgen des Reichsrechts hier auszusprechen. Für möglich gehalten wurde lediglich eine allgemeine Vorschrift, nach der ein Ersatzanspruch nur dann bestand, soweit ein Rechtssatz dies bestimmt hatte. Diese Problematik wurde aber dem Recht der Schuldverhältnisse zugewiesen[137].

Aufgrund dieser Einwände entschied sich die Kommission dafür, hinsichtlich der Haftung aus unerlaubter Handlung auf eine selbständige Regelung zu verzichten und lediglich in der Begründung auf das *Bürgerliche Gesetzbuch* zu verweisen. Soweit es dagegen um die Haftung der Körperschaft auf Schadenersatz in anderen Fällen ging, sollte allerdings hierüber etwas gesagt werden. Damit hatte man die Fälle im Auge, die in der Wissenschaft zwar keineswegs als unerlaubte, aber doch als materiellrechtswidrige Handlungen bezeichnet wurden. In diesen Fällen, so die Kommission, verletze die Behörde innerhalb ihrer Befugnisse die Rechte eines anderen[138]. In die *Verwaltungsrechtsordnung* wurde deshalb eine Haftungsregelung für Schäden aufgenommen, die durch pflichtwidrige Geschäftsführung der Vertreter entstanden waren[139].

---

136 Sitzungsprotokoll v.19.7.28, HStA Stgt.,E130b, Bü548, S.9f.
137 Sitzungsprotokoll v.19.7.28, HStA Stgt.,E130b, Bü548, S.10
138 Sitzungsprotokoll v.12.7.28, HStA Stgt.,E130b, Bü548, S.8
139 *VRO*, Art. 122 Abs.5; vgl. auch Begründung zu Art.122, S.371f.

2.7.4. Einbeziehung der öffentlichen Anstalten in das Personenrecht

Im Zusammenhang mit der Behandlung der juristischen Personen des öffentlichen Rechts beschäftigte sich die Kommission auch mit der Frage, ob die öffentlichen Anstalten, die in der Mehrheit nicht rechtsfähig waren, überhaupt dem Personenrecht zugeordnet werden konnten[140]. Dabei wurde die Ansicht vertreten, daß nicht die gesamte rechtliche Ordnung der Anstalten in das Personenrecht hineingehöre. Man machte darauf aufmerksam, daß sich die meisten Anstaltsgrundsätze auf alle Anstalten beziehen würden, also nicht nur auf diejenigen Anstalten, die juristische Personen seien. Folglich wollte man ins Personenrecht nur diejenigen Sätze hereinnehmen, die für die selbständigen Anstalten galten. Auch wegen der starken Berührung des Anstaltsrechts mit dem Sachenrecht hielt man es für zweckmäßiger, für die Anstalten einen besonderen Abschnitt einzurichten[141].

Andere Mitglieder glaubten aber, daß man über manche Schwierigkeiten hinweg kommen könne, wenn man den Abschnitt über Personen anders gestalten würde. Sie schlugen vor, in diesem Abschnitt einfach von den Trägern der öffentlichen Gewalt zu reden. Auf diese Weise würden die Anstalten und Stiftungen ohne weiteres ausscheiden und zweckmäßigerweise bei den öffentlichen Sachen behandelt werden können. Ihrer Meinung nach bestand dann auch die Möglichkeit, in geeigneter Weise auf den Unterschied zwischen der öffentlichen Gewalt des Staates und der abgeleiteten öffentlichen Gewalt der anderen eingehen zu können[142].

Diesen Vorschlägen wurde entgegengehalten, daß damit die Frage der Rechtssubjektivität nicht in ihrer vollen Tragweite erfaßt werden würde. *Sartorius*, der entschieden dagegen war, die Anstalten aus dem Personenrecht zu entfernen, warnte davor, die Frage nur vom Standpunkt des *Bürgerlichen Gesetzbuches* aus zu betrachten. Er räumte jeder Anstalt ein subjektives Recht auf Ausübung der ihr übertragenen Verwaltung ein, unabhängig davon, ob ihr nach dem *Bürgerlichen Gesetzbuch* Rechtspersönlichkeit zukam. Obwohl auch *Sartorius* das

140 Sitzungsprotokoll v.12.7.28, HStA Stgt.,E130b, Bü548, S.2
141 Sitzungsprotokoll v.21.7.25, HStA Stgt.,E130b, Bü547, S.17
142 Sitzungsprotokoll v.21.7.25, HStA Stgt.,E130b, Bü547, S.14

Kriterium der Befehlsgewalt zweifellos als das einfachste Kriterium ansah, wollte er das subjektive Recht nicht auf solche Gebiete beschränken, denen Befehlsgewalt zukam[143]. Ferner hielt man es nicht für möglich, die Anstalten bei den öffentlichen Sachen zu behandeln, weil es zum Wesen der öffentlichen Sachen gehöre, daß sie dem allgemeinen Gebrauch dienen. Vorgeschlagen wurde, soweit es nötig erschien, im Anstaltsrecht auf die Rechtssätze über Körperschaften einfach zu verweisen[144].

Wegen des "unverkennbaren Vorzugs des Zusammenhanges" und aus Gründen der "einheitlichen Darstellung" einigte sich die Kommission darauf, das Anstaltsrecht trotz seiner gleichzeitigen personen- und sachenrechtlichen Natur nicht aufzuteilen, sondern insgesamt im Personenrecht zu behandeln[145].

2.7.5. Regelung des Benutzungsverhältnisses bei öffentlichen Anstalten

Nach dem Grundriß *von Hallers* war die Grundlage aller öffentlichen Anstalten eine öffentlich-rechtliche. Auch ihre Verwaltung unterstand nach Auffassung *von Haller*s den öffentlichen Rechtsnormen. Eine weitere natürliche Folge war für ihn deshalb die Unterstellung der Anstalt hinsichtlich ihrer "gesamten Betätigung" unter diese Normen. Er bedauerte, daß das positive Recht diesen Schluß bisher nur für einen kleinen Teil der öffentlichen Anstalten gezogen, für einen großen und wichtigen Teil aber abgelehnt habe. Verärgert war *von Haller* besonders darüber, daß das Recht in ihnen vielfach Gewerbebetriebe erblickte und demgemäß für sie, insbesondere im Verkehr mit den Benutzern, das Privatrecht für anwendbar erklärte. Für ihn gab es zwar keinen Zweifel, daß auch Staat und Gemeinden ein Gewerbe errichten, betreiben und im juristischen Sinne als Kaufleute auftreten könnten, wie z.B. bei fiskalischen Unternehmungen und Betriebsverwaltungen. Seines Erachtens mußte aber im einzelnen eine Differenzierung vorgenommen werden. Denn mit der Feststellung, ein konkretes Unternehmen stelle kein Gewerbe dar, sei nicht endgültig entschieden, daß darauf das öffentliche

143 Sitzungsprotokoll v.21.7.25, HStA Stgt.,E130b, Bü547, S.14f.
144 Sitzungsprotokoll v.21.7.25, HStA Stgt.,E130b, Bü547, S.15,
145 *VRO*, Begründung zu Art. 138, S.416

Recht Anwendung finde. Die rechtliche Behandlung der öffentlichen Anstalten würde, so *von Haller*, immer noch in nicht abgeschlossener Entwicklung stehen. Seines Erachtens drängte diese aber dahin, die öffentlichen Anstalten in möglichst weitem Umfang zu öffentlich-rechtlichen zu machen. Hierzu könne der Entwurf beitragen[146].

Auch die anderen Kommissionsmitglieder bestätigten, daß es in der Praxis vielfach nicht klar sei, ob Benutzungsverhältnisse der öffentlichen Anstalten als privatrechtlich oder öffentlich-rechtlich gedacht waren. In nahezu allen Benutzungsordnungen würden sich öffentlich-rechtliche Bestimmungen und privatrechtliche Bestimmungen "vermischen". Dieser Zustand wurde als ein "rechtliches Chaos" bezeichnet[147]. Besonders kritisierte man, daß Streitigkeiten auf diesem Gebiet zum Teil den ordentlichen Gerichten, in anderen Fällen besonderen Schiedsgerichten zugewiesen waren. Zum Teil war aber auch der Rechtsweg ausgeschlossen und nur gesagt, daß über Beschwerden der Gemeinderat zu entscheiden hatte[148].

Da in allen Fällen eine eindeutige Regelung vermißt wurde, sollte sich die Kommission nun darüber klar werden, inwieweit eine gleichzeitige Anwendung öffentlich-rechtlicher Bestimmungen **neben** den privatrechtlichen Regelungen überhaupt noch in Frage kommen konnte[149]. Dabei ging die Kommission davon aus, daß die einzelnen Verhältnisse früher zwar mehr privatrechtlich beurteilt worden seien, die Rechtsentwicklung aber nunmehr einen anderen Weg gehe. Das öffentliche Recht trete immer mehr in den Vordergrund[150]. Vorgeschlagen wurde zunächst, daß neben dem öffentlich-rechtlichen Benutzungsverhältnis für bestimmte Arten der Benutzung oder für bestimmte Gruppen von Benutzern die bürgerlichrechtlichen Vorschriften für anwendbar erklärt werden sollten. Die Verschiedenheit der Rechtsverhältnisse hatte sich für einige Kommissionsmitglieder bisher durchaus bewährt[151].

---

146 *Von Haller*, Grundriß, HStA Stgt., E 130 b, Bü 553, S.40
147 Sitzungsprotokoll v.24.1.29, HStA Stgt., E130b, Bü549, S.20
148 Sitzungsprotokoll v.24.1.29, HStA Stgt., E130b, Bü549, S.19
149 Sitzungsprotokoll v.24.1.29, HStA Stgt., E130b, Bü549, S.20
150 Sitzungsprotokoll v.24.1.29, HStA Stgt., E130b, Bü549, S.22
151 Sitzungsprotokoll v.24.1.29, HStA Stgt., E130b, Bü549, S.20f.

Andere Mitglieder wollten eine solche Regelung auf keinen Fall zulassen. Sie standen auf dem Standpunkt, daß für diese Benutzungsverhältnisse entweder ausschließlich bürgerliches Recht oder ausschließlich öffentliches Recht maßgebend sein müsse. Eine "Vermengung öffentlich-rechtlicher und privatrechtlicher Gesichtspunkte" sollte in Zukunft nicht mehr stattfinden dürfen[152]. In diesem Zusammenhang wurde eine Hervorhebung der Anstalten für wünschenswert gehalten, für die eine bürgerlichrechtliche Regelung zulässig sein sollte.

Schließlich wurde aber auch angeregt, das Benutzungsverhältnis ausschließlich dem öffentlichen Recht zu unterstellen. Soweit kein gesetzlicher Benutzungszwang vorliege, könne der Anspruch auf Benutzung einer öffentlichen Anstalt entweder zu einem subjektiven Recht erhoben sein oder aber im Gewand des allgemeinen Anspruchs auf Gesetzesvollziehung zur Geltung gebracht werden. Nach Auffassung *von Hallers* war es beispielsweise ohne Bedeutung, ob der Bürger die öffentlich-rechtliche Anstalt freiwillig oder gezwungen benutzte. Sein Verhältnis zu ihr blieb seiner Meinung nach dasselbe. Für ihn stand auch fest, daß dieses Verhältnis nicht auf einem Vertrag beruhte, sondern auf Normen des objektiven Rechts. Nur eine öffentliche Anstalt mit gewerblichem Charakter könne frei bestimmen, mit welchen Personen sie Verträge über die Benutzung abschließen wolle[153]. Eine Anstalt, die ihre Rechtsbeziehungen zu ihren Benutzern ausschließlich nach bürgerlichem Recht regle, so *von Haller*, trage nicht mehr den Charakter einer öffentlichen Anstalt[154].

Demgegenüber vertrat die Kommissionsmehrheit die Auffassung, die Regelung des Benutzungsverhältnisses nach bürgerlichem Recht beschränke sich lediglich auf eine bestimmte Seite der gesamten Rechtsverhältnisse der öffentlichen Anstalt, lasse aber im übrigen den Charakter der öffentlichen Anstalt unberührt[155]. Obwohl allgemein davon ausgegangen wurde, daß die Entwicklung zu einer öffentlich-rechtlichen Festsetzung des Benutzungsverhältnisses führen würde, wollte man dieser Entwicklung nicht vorgreifen[156]. Auf keinen Fall sollte die

152 Sitzungsprotokoll v.24.1.29, HStA Stgt., E130b, Bü549, S.19f.
153 *Von Haller*, Grundriß, HStA Stgt., E130b, Bü553, S.42
154 *VRO*, Begründung zu Art.148, S.467
155 *VRO*, Begründung zu Art.148, S.467
156 Sitzungsprotokoll v.24.1.29, HStA Stgt., E130b, Bü549, S.22

Freiheit bei der Gründung von Anstalten gehemmt werden[157]. *Neuffer* gab zu bedenken, daß der Kreis der Anstalten, die bislang unter den Begriff der öffentlichen Anstalt fielen, ein sehr weiter sei. Er machte darauf aufmerksam, daß es mit den tatsächlichen Verhältnissen wenig übereinstimme, wenn nun das Rechtsverhältnis zwischen Anstalt und Benutzer grundsätzlich als öffentlichrechtliches bezeichnet werden würde[158].

Aus diesem Grund wurde in der *Verwaltungsrechtsordnung* das Rechtsverhältnis zwischen Anstalt und Benutzer zwar grundsätzlich als öffentlich-rechtlich bestimmt. Die Anstaltsordnung sollte jedoch die Möglichkeit haben, das Benutzungsverhältnis nach bürgerlichem Recht zu regeln[159].

2.8. Besondere Bestimmungen über öffentlich-rechtliche Schuldverhältnisse

2.8.1. Anwendung privatrechtlicher Bestimmungen auf öffentliche Rechtsverhältnisse

Die Frage der unmittelbaren Anwendbarkeit der Vorschriften des bürgerlichen Rechts auf öffentliche Rechtsverhältnisse hatte die Kommission bereits bei den bisherigen Abschnitten des Entwurfs grundsätzlich verneint. Da die Anwendung bürgerlichrechtlicher Vorschriften gerade im Schuldrecht besonders nahe lag, ging die Kommission auf diese Frage hier nochmals ausführlich ein.

V*on Haller*, der Berichterstatter für diesen Abschnitt war, führte in seinem Gutachten aus, daß es auf den ersten Blick doch sehr einfach und für den Gesetzgeber wohl nicht ungelegen erscheine, die Anwendung der bürgerlichrechtlichen Vorschriften als gegeben vorauszusetzen und sich damit eigene Vorschriften zu ersparen[160]. Diesen Weg konnte der Entwurf seiner Meinung nach selbstverständlich nicht beschreiten. Die Anschauung, daß es Rechtssätze gebe, die allen

157 Sitzungsprotokoll v.24.1.29, HStA Stgt., E130b, Bü549, S.24
158 Sitzungsprotokoll v.24.1.29, HStA Stgt., E130b, Bü549, S.23
159 Sitzungsprotokoll v.24.1.29, HStA Stgt., E130b, Bü549, S.25
160 Gutachten zum Recht der öffentlichen Schuldverhältnisse, HStA Stgt., E130b, Bü568, S.3

Rechtsgebieten gemeinsam seien, und daß solche Rechtssätze ohne weiteres sowohl für das bürgerliche als auch für das öffentliche Recht gelten würden, lehnte *von Haller* ab. Auch wenn die leitenden Gedanken im öffentlichen und im bürgerlichen Recht bis zu einem gewissen Grad dieselben seien, so müsse doch die "Ausgestaltung" im einzelnen auf beiden Rechtsgebieten entsprechend ihrer Eigenart und ihren besonderen Bedürfnissen verschieden ausfallen[161]. Aus diesem Grund wurden die von *Fleiner, Jellinek* und *Friedrichs* aufgeführten Rechtssätze im öffentlichen Recht meist überhaupt nicht für anwendbar gehalten. *Von Haller* ging zwar davon aus, daß sie teilweise im öffentlichen Recht verwertbar seien, aber nur unter Anpassung an dessen Eigenart und unter Auswahl geeigneter Sätze[162].

Die aushilfsweise Anwendung des Privatrechts auf Verhältnisse des öffentlichen Rechts, die von *Tezner, Fleiner, Hatschek* und besonders von *Friedrichs* unter bestimmten Voraussetzungen für zulässig gehalten wurde, lehnte *von Haller* ebenfalls ab[163]. Als bemerkenswert bezeichnete er, daß auch diese "Gewährsleute" davon ausgingen, daß die Grundsätze des bürgerlichen Rechts für ihre Anwendung im öffentlichen Recht mehr oder weniger modifiziert werden müßten. Für *von Haller* bestand kein Zweifel darüber, daß eine auf den Einzelfall bezogene Anpassung der bürgerlichen Rechtssätze an die Verhältnisse des öffentlichen Rechts, Anlaß gebe zur Willkür und zu einer abwegigen Ausgestaltung des Rechts. Dies habe die Rechtsanwendung der letzten Jahrzehnte zur Genüge bewiesen[164].

2.8.2. Eigenständige Regelung

Von Haller vertrat die Auffassung, daß sich die neuere Rechtsentwicklung dem von *Otto Mayer* und von *Hartmann* eingenommenen Standpunkt angeschlossen habe. Für ihn stand deshalb fest, auch für das Gebiet des Schuldrechts eigene Re-

161 Gutachten zum Recht der öffentlichen Schuldverhältnisse, HStA Stgt., E130b, Bü568, S.6
162 Gutachten zum Recht der öffentlichen Schuldverhältnisse, HStA Stgt., E130b, Bü568, S.6
163 Gutachten zum Recht der öffentlichen Schuldverhältnisse, HStA Stgt., E130b, Bü568, S.8
164 Gutachten zum Recht der öffentlichen Schuldverhältnisse, HStA Stgt., E130b, Bü568, S.8

gelungen zu schaffen, wenn auch unter Beachtung oder in Anlehnung an das bürgerliche Recht[165]. In diesem Zusammenhang betonte *von Haller*, daß sich im öffentlichen Recht bereits schon allgemeine Vorschriften für das Schuldrecht, insbesondere auf dem Gebiet des Abgabenrechts, herausgebildet hätten[166].

Auch die Kommission hielt es für nicht vertretbar, hier einfach eine Lücke zu lassen. Bei einem Verzicht auf eine Aufnahme, so wurde befürchtet, würde es weiterhin bei der in der Praxis üblichen unmittelbaren oder aushilfsweisen Anwendung der privatrechtlichen Vorschriften bleiben mit der Folge der Übertragung zivilrechtlicher Vorstellungen auf das öffentliche Recht[167].

2.8.3. Regelungsumfang

In der Kommission war jedoch zunächst umstritten, ob das Gebiet der öffentlichrechtlichen Schuldverhältnisse bedeutend genug war, um in einem "Grundgesetz des Verwaltungsrecht" einen größeren Raum einzunehmen und vor allem, ob es gerechtfertigt war, hier gewissermaßen ein "Gegenstück zum *Bürgerlichen Gesetzbuch* aufzumachen"[168]. Überlegt wurde deshalb, ob man in den Abschnitt über die Schuldverhältnisse nur diejenigen Vorschriften aufnehmen sollte, die ein der Verwaltung "eigentümliches Recht" darstellten, nicht aber solche, die nur eine Wiederholung des bürgerlichen Rechts bedeuteten. Da aber die Praxis im großen und ganzen dazu gekommen sei, die allgemeinen Grundsätze des *Bürgerlichen Gesetzbuches* anzuwenden, befürchtete man, daß die Beschränkung auf einige wenige Vorschriften den derzeitigen Rechtszustand nicht wesentlich ändern werde. Es gebe immer wieder Lücken, die doch ausgefüllt werden müßten. Auch in der *Reichsabgabenordnung* sei eine Menge von Fragen, die hier auftauchen würden, nicht geregelt.

---

165 Gutachten zum Recht der öffentlichen Schuldverhältnisse, HStA Stgt., E130b, Bü568,S.11
166 Gutachten zum Recht der öffentlichen Schuldverhältnisse, HStA Stgt., E130b, Bü568,S.11
167 *VRO*, Ergänzungsband, zu Art.188, S.101
168 *VRO*, Ergänzungsband, zu Art.188, S. 100

Von Köhler gab aber zu bedenken, daß es bislang "keinen entsprechenden Vorgang" in der Gesetzgebung gebe. Seines Erachtens konnte in der *Verwaltungsrechtsordnung* nicht alles geregelt werden. Jedenfalls wollte er nicht, daß der Anschein erweckt werde, als ob man hier alles regeln wollte, was für die öffentlich-rechtlichen Schuldverhältnisse galt[169]. Insbesondere warnte *von Köhler* davor, die Verwaltung zu sehr einzuengen, weil sich die Auswirkungen schwer übersehen ließen. Er ging davon aus, daß man mit einer umfassenden Regelung der öffentlich-rechtlichen Schuldverhältnisse weder der Verwaltung noch der Rechtsgestaltung einen guten Dienst leiste[170]. Auch der Vorsitzende unterstrich, daß das öffentliche Recht eine viel größere Elastizität und Freiheit verlange als das bürgerliche Recht. Er wollte sich deshalb auf die praktisch notwendig erscheinenden Vorschriften beschränken. Keinesfalls hielt er es jedoch für zulässig, hier einfach eine Lücke zu lassen. Er stand auf dem Standpunkt, daß die Kommission die öffentlich-rechtlichen Schuldverhältnisse in irgend einer Weise regeln müsse. Soweit nicht einzelne Vorschriften zu finden seien, sollte auf jeden Fall ein umfassender allgemeiner Grundsatz gelten[171].

Nachdem sich die Kommission für die Inangriffnahme des Abschnittes entschieden hatte, wurde zunächst der Vorschlag diskutiert, eine Generalklausel in den Abschnitt aufzunehmen. Obwohl *von Haller* nochmals darauf hinwies, daß der Zweck der Kodifizierung eine ausdrückliche Übernahme der Hauptgrundsätze des *Bürgerlichen Gesetzbuches* erfordere und nicht eine bloße Verweisung, sprach sich die Kommission zunächst für eine Generalklausel aus[172].

Die daraufhin in Betracht gezogene Generalklausel sollte grundsätzlich die Vorschriften des *Bürgerlichen Gesetzbuches* für anwendbar erklären, soweit sie nicht ausdrücklich ausgenommen wurden. Die nicht anwendbaren Vorschriften sollten also genannt werden[173]. Damit wollte man vermeiden, daß das Gesetz zu sehr belastet wird[174]. Da aber die Ausarbeitung einer Generalklausel eine wesentliche

---

169 Sitzungsprotokoll v. 8.3.28, HStA Stgt., E130b, Bü548. S.3
170 Sitzungsprotokoll v. 8.3.28, HStA Stgt., E130b, Bü548, S.4
171 Sitzungsprotokoll v. 8.3.28, HStA Stgt., E130b, Bü548, S.4
172 Sitzungsprotokoll v.22.3.28, HStA Stgt., E130b, Bü548, S.35
173 Sitzungsprotokoll v.26.4.28, HStA Stgt., E130b, Bü548, S.1
174 Sitzungsprotokoll v.26.4.28, HStA Stgt., E130b, Bü548, S.3

Umarbeitung des Entwurfs zur Folge gehabt hätte, nahm man davon wieder Abstand[175].

Zur Erörterung stand danach einmal die Möglichkeit, daß man bestimmt, in welchen Fällen das *Bürgerliche Gesetzbuch* entsprechend gilt, verbunden mit der Aufführung der Ausnahmen. Eine andere Möglichkeit war die, ein ganz neues Gesetz zu machen, das aber im wesentlichen die Vorschriften des *Bürgerlichen Gesetzbuchs* wiederholt[176].

Einige Kommissionsmitglieder bevorzugten den ersten Weg. Für sie war es in keiner Weise befriedigend, die Vorschriften des *Bürgerlichen Gesetzbuches*, soweit sie angewendet werden konnten, einfach abzuschreiben[177]. Sie hatten keine Bedenken, gewisse Vorschriften des *Bürgerlichen Gesetzbuchs* "wegen der Ähnlichkeit zwischen den Schuldverhältnissen des öffentlichen Rechts und denen des Privatrechts" für entsprechend anwendbar zu erklären. Nach Auffassung dieser Kommissionsmitglieder sollte also auf die entsprechenden Bestimmungen des Bürgerlichen Gesetzbuchs verwiesen werden. Man hielt es für eine "unnötige Mühe", in jeder Hinsicht ein eigenes Schuldrecht für die öffentlich-rechtlichen Schuldverhältnisse aufzustellen[178]. Insbesondere sprach man sich dagegen aus, in das Gesetz zweihundert Vorschriften über Schuldverhältnisse aufzunehmen, wenn diese doch nur eine geringe Rolle spielten. Es wurde die Ansicht vertreten, daß die in Betracht kommenden Regelungen des *Bürgerlichen Gesetzbuches* in den Kommentaren und Lehrbüchern aufgeführt werden könnten[179]. An diesem Vorschlag bemängelte der Vorsitzende, daß er zwar systematisch vollständig sei, aber in der Formulierung von der "primären Geltung" des *Bürgerlichen Gesetzbuches* für den Sechsten Abschnitt ausgehe. Seines Erachtens widersprach dies jedoch dem Hauptbestreben der Kommission, ein "ganz selbständiges Gesetz" für das öffentliche Recht zu schaffen und nur einzelne Lücken durch das *Bürgerliche Ge-*

---

175 Sitzungsprotokoll v.26.4.28, HStA Stgt., E130b, Bü548, S.1
176 Sitzungsprotokoll v.26.4.28, HStA Stgt., E130b, Bü548, S.2
177 Sitzungsprotokoll v.26.4.28, HStA Stgt., E130b, Bü548, S.6
178 Sitzungsprotokoll v.26.4.28, HStA Stgt., E130b, Bü548, S.1f.
179 Sitzungsprotokoll v.26.4.28, HStA Stgt., E130b, Bü548, S.4

setzbuch ausfüllen zu wollen. Dieser Ausgangspunkt sei im Streben nach systematischer Vollständigkeit ins Gegenteil verkehrt worden[180].

Von Haller sah einen wesentlichen Unterschied zwischen der Übernahme der Zivilrechtsvorschriften und der Verweisung auf diese Vorschriften. Für die Entwicklung des öffentlichen Rechts sei ausdrückliche Übernahme der Vorschriften "sehr wertvoll", weil jedes Recht den "Keim der Fortentwicklung" in sich trage. Von diesem Gedanken habe er sich bei der Aufstellung des Entwurfs bisher leiten lassen[181]. Er wies nochmals auf die Gefahr hin, daß die Praxis bei lückenhafter Regelung dazu kommen werde, sich doch an die Grundsätze des *Bürgerlichen Gesetzbuches* anzuschließen. Der Vorteil einer ausdrücklichen Übernahme bestand für *von Haller* deshalb darin, daß damit ein für die wichtigsten Grundsätze der öffentlich-rechtlichen Schuldverhältnisse maßgebendes Recht geschaffen werden konnte[182].

Aus diesem Grund hat die Kommission letztendlich beschlossen, keine allgemeine Verweisung vorzunehmen, sondern die allgemeinen Grundsätze auf die einzelnen Artikel zu verteilen und dabei nach jedem Grundsatz die entsprechenden Verweisungen folgen zu lassen[183]. Die Kommission vertrat danach den Standpunkt, daß eine entsprechende Anwendung von Vorschriften des *Bürgerlichen Gesetzbuches* nur dann gestattet sei, wenn das öffentliche Recht dies bestimme[184]. Damit hat sich die Kommission der Auffassung *Otto Mayers* angeschlossen, der scharf zwischen öffentlichem und bürgerlichem Recht unterschieden hat[185]. Dieser Grundsatz wurde jedoch zunächst nicht ausdrücklich in den Entwurf aufgenommen. Erst in den Beratungen zur Dritten Lesung, die nach der Veröffentlichung des Entwurfs erfolgte, entschloß sich die Kommission auf Anregung *Hofackers*, den allgemeinen Satz auch in einer allgemeinen Bestimmung zum Ausdruck zu bringen[186].

---

180 Sitzungsprotokoll v.26.4.28, HStA Stgt., E130b, Bü548, S.4
181 Sitzungsprotokoll v.26.4.28, HStA Stgt., E130b, Bü548, S.8
182 Sitzungsprotokoll v.26.4.28, HStA Stgt., E130b, Bü548, S.6
183 Gutachten zu den Willenserklärungen des öffentlichen Rechts, HStA Stgt., E130b, Bü555, S.58
184 *VRO*, Ergänzungsband, zu Art.6a, S.41,
185 *VRO*, Vorbem. zu Art.188ff., S.585
186 *VRO*, Ergänzungsband, zu Art.6a, S.41

In systematischer Beziehung hat sich die Kommission im allgemeinen an das Vorbild des *Bürgerlichen Gesetzbuches* angelehnt, soweit die im Entwurf zu regelnden Verhältnisse den dortigen Rechtsverhältnissen im wesentlichen entsprachen[187]. Unter Berufung auf *Friedrichs* konnten auch in sachlicher Hinsicht die Vorschriften des *Bürgerlichen Gesetzbuches* wenigsten dem wesentlichen Inhalt nach übernommen werden, jedenfalls insoweit, als diesen Vorschriften allgemeine Rechtsgedanken zu Grunde lagen[188].

2.9. Regelungen über öffentliche Sachen

2.9.1. Allgemeine Bedenken gegen eine eigenständige Regelung

Die Bedenken und Schwierigkeiten, welche der Kodifikation im allgemeinen entgegenstanden, machten sich für *Ernst*, der Berichterstatter für diesen Abschnitt war, bei der Ausarbeitung der "öffentliche Sachen" in besonderem Maße bemerkbar. Zunächst hielt er die Bezugnahme auf das *Bürgerlichen Gesetzbuch* sowie auf die *Reichsabgabenordnung* als Rechtfertigung für eine selbständige Regelung nicht für stichhaltig. Bei der *Reichsabgabenordnung* handelte es sich seines Erachtens um ein Spezialgebiet des öffentlichen Rechts, woraus sich lediglich folgern ließe, daß auch für andere Sondergebiete des Verwaltungsrechts, also z.B. für das Wegerecht, gewisse allgemeine Rechtssätze aufgestellt werden könnten. Ein Vergleich mit dem *Bürgerlichen Gesetzbuch* hielt *Ernst* ebenfalls nicht für zulässig, weil das Verwaltungsrecht, im Gegensatz zum bürgerlichen Recht, in verschiedene Einzelsysteme verzweigt sei[189].

Eine eingehende Regelung des öffentlichen Sachenrechts im Entwurf war für *Ernst* nur unter der Bedingung vorstellbar, daß man das wissenschaftliche System *Otto Mayers* vom öffentlichen Sachenrecht mit seinem öffentlichen Eigentum in

---

187 Gutachten zum Recht der öffentlichen Schuldverhältnisse, HStA Stgt., E130b, Bü568, S.14

188 Gutachten zu den Willenserklärungen des öffentlichen Rechts, HStA Stgt., E130b, Bü555, S.49

189 Vgl. Ausführungen in Kapitel4, Abschnitt I.

das positive Recht übernehmen könnte[190]. Dies war nach seiner Auffassung jedoch aus rechtlichen Gründen nicht möglich[191]. Für *Ernst* war es jedoch denkbar, in einer allgemeinen Verwaltungsordnung Bestimmungen zu treffen, die die Abgrenzung zwischen bürgerlichem und öffentlichem Recht regelten. Dabei konnte er eine Regelung aber nur insoweit befürworten, als es sich um öffentliche Sachen handelte, die zugleich Sachen i.S.d. bürgerlichen Rechts waren. Für möglich hielt *Ernst* auch allgemeine Vorschriften, beispielsweise über Benutzung und Unterhaltung aller öffentlichen Sachen. Er bezweifelte jedoch den Nutzen solcher Bestimmungen. Die Abgrenzung konnte seiner Meinung nach zwar auf die kurze Formel gebracht werden, daß, soweit eine Sache von der hoheitlichen Herrschaft des Staates erfaßt werde, das bürgerliche Recht keine Anwendung finde. Da dieser Grundsatz aber "nichts Neues" bringe, so *Ernst*, habe er als Rechtssatz für den Praktiker keinen Wert.

Ernst wies darauf hin, daß die strittige Frage, die der Praxis wirklich Schwierigkeiten bereite, hauptsächlich die Feststellung der Grenzen zwischen hoheitlicher und privater Tätigkeit des Staates sei. Die Beantwortung dieser Frage in einem allgemeinen Teil erschien *Ernst*, wenn nicht überhaupt unmöglich, so doch unzweckmäßig und gefährlich[192]. Ferner sah *Ernst* keine Notwendigkeit, Regelungen darüber zu treffen, welche bürgerlichrechtliche Auswirkung die hoheitliche Erfassung der Sache auf bestehende oder neu zu gründende Privatrechte hat. Seiner Ansicht nach konnte sich das öffentliche Recht mit der Feststellung begnügen, daß seine Herrschaft durch Privatrechte nicht zu beeinträchtigen sei.

Ernst kam deshalb zu dem Ergebnis, daß in Bezug auf die öffentlichen Sachen für den allgemeinen Teil nur noch eine gemeinsame Regelung über Benutzung, Unterhaltung usw. übrig blieb. Aber auch im Hinblick auf eine solche Beschränkung stand der Berichterstatter einer Regelung im Entwurf skeptisch gegenüber. Es sei nicht möglich, so sein Einwand, gemeinsame Obersätze für die verschiedenen Arten der öffentlichen Sachen zu finden. Soweit ein Bedürfnis für solche Regelungen überhaupt bestehen würde, sollten sie der Einzelrechtsordnung überlassen

---

190 Gutachten zum Recht der öffentlichen Sachen, HStA Stgt., E130b, Bü561, Vorbem.VII
191 Vgl. unten Abschnitt 2.9.3.
192 Gutachten zum Recht der öffentlichen Sachen, HStA Stgt. E130b, Bü561, Vorbem.VIII

werden. *Ernst* hielt es z.B. für bedenklich, einer lückenhaften Regelung des Wasserrechts mit einer auch für andere öffentliche Sachen gemeinsam geltenden Landesordnung abzuhelfen. Das Gesetz könne unmöglich alle Streitfragen erledigen.

Der Berichterstatter äußerte die Vermutung, daß das positive Recht es wohl absichtlich und nicht ohne Grund unterlassen habe, jeden Rechtsgrundsatz in einen Rechtssatz zu übernehmen. Entsprechend diesen Bedenken bezeichnete er die von ihm entworfenen Rechtssätze als teils selbstverständliche "Rechtswahrheiten", deren gesetzliche Festlegung unnötig sein dürfte und deren Geltung nicht nur auf öffentliche Sachen begrenzt werden könne. Teils handle es sich um Rechtssätze mit dem Vorbehalt "soweit im einzelnen nichts anderes bestimmt ist". *Ernst* befürchtete, daß sich manche Vorschriften bei eingehender Prüfung überhaupt nicht als standhaft erweisen würden.

Die Mehrheit der Kommissionsmitglieder stellten sich aber trotz dieser Einwände auf den Standpunkt, daß auch eine beschränkte Anwendbarkeit die Aufnahme sachenrechtlicher Regelungen rechtfertigen würde. Einen Vorteil sah man außerdem darin, daß zukünftig jede gesetzgeberische Sonderregelung des Wasser- und Wegerechts in den Vorschriften des Entwurfs erwünschte Grundlinien finden könnte[193].

2.9.2. Verhältnis zwischen dem Recht der öffentlichen Sachen und dem bürgerlichen Sachenrecht

Nach Auffassung des Berichterstatters bestanden zwischen dem Recht der öffentlichen Sachen und dem bürgerlichen Sachenrecht keinerlei Gemeinsamkeiten. Er kritisierte in diesem Zusammenhang die Verwaltungsrechtswissenschaft, die zwar den grundsätzlichen Unterschied beider Rechtsgebiete anerkenne, ihr System eines öffentlichen Sachenrechts aber in Anlehnung an das bürgerliche Sachenrecht und dessen Rechtsbegriffe aufgebaut habe und dabei zu "künstlichen Konstruktio-

193 Vgl. *VRO*, Ergänzungsband, zu Art.174ff., S.96

nen" komme, die nicht nützen, nur verwirren und zum Teil auch dem positiven Recht widersprechen würden[194].

Ernst verwies darauf, daß die selbständige Stellung des Sachenrechts im *Bürgerlichen Gesetzbuch* auf dem Gegensatz zwischen dinglichen und persönlichen Rechten beruhe. Es habe die Aufgabe, die rechtlichen Beziehungen der Person zur Sache zu ordnen. Demgegenüber habe das öffentliche Sachenrecht die hoheitliche Betätigung des Staates in Bezug auf Sachen zum Inhalt, die sich vorwiegend in der Gewaltherrschaft über Personen auswirke.

Von einem dinglichen Recht konnte *Ernst* auch dann nicht ausgehen, wenn die hoheitliche Herrschaft die Sache in ihrer Totalität erfaßt hatte, wie z.B. beim öffentlichen Gewässer. Und selbst in den Fällen, in denen einem Einzelnen ein subjektives öffentliches Recht in Bezug auf eine öffentliche Sache eingeräumt worden war, bestand für ihn keine Dinglichkeit i.S.d. *Bürgerlichen Gesetzbuches*. Ein solches Recht des Einzelnen bezeichnete *Ernst* als einen Ausfluß des Hoheitsrechts, von dem es abhängig bleibe. Für ihn stand fest, daß es nur eine Art von Dinglichkeit gab, nämlich die in der Bedeutung des bürgerlichen Rechts. Wo diese fehle, sei gar keine Art von Dinglichkeit vorhanden.

Zu berücksichtigen war nach Meinung des Berichterstatters weiter, daß die als öffentlich bezeichneten Sachen zum Teil überhaupt nicht unter den Sachbegriff des bürgerlichen Rechts fallen würden. Die hoheitliche Herrschaft war für ihn mit einer Verfügungsmacht i.S.d. bürgerlichen Rechts in gar keiner Weise vergleichbar. Soweit ein Vergleich mit dem bürgerlichen Recht für ihn überhaupt möglich erschien, entsprach seines Erachtens das öffentliche Sachenrecht mehr einem obligatorischen Rechtsverhältnis[195].

---

194 Gutachten zum Recht der öffentlichen Sachen, HStA Stgt., E130b, Bü561, Vorbem.V
195 Gutachten zum Recht der öffentlichen Sachen, HStA Stgt., E130b, Bü561, Vorbem.VI

2.9.3. Die Lehre vom öffentlichen Eigentum

Der Berichterstatter wies zunächst darauf hin, daß die Lehre *Otto Mayers* vom öffentlichen Eigentum in der Verwaltungsrechtswissenschaft äußerst umstritten sei. Auch die Gesetzgebung und die württembergische Praxis würden daran festhalten, daß die öffentliche Eigenschaft einer Sache an sich kein Hindernis für bürgerlichrechtliches Eigentum bilde. Trotzdem wollte *Ernst* den Standpunkt *Otto Mayers* ohne genauere Prüfung nicht einfach ablehnen. Allein die "zweifellos überragende Bedeutung dieses Rechtslehrers" veranlaßte ihn zu untersuchen, ob es nicht möglich bzw. zweckmäßig sei, durch eine landesgesetzliche Bestimmung das positive Recht in Anpassung an die Lehre *Otto Mayers* zu ändern[196]. In diesem Zusammenhang wollte *Ernst* auch den Umstand berücksichtigen, daß die Gegner *Otto Mayers* zum Teil die begriffliche Möglichkeit eines öffentlichen Eigentums für gegeben hielten, ein solches aber nur deshalb ablehnten, weil es mit dem positiven Recht im Widerspruch stehe.

Für *Ernst* hing die Frage des öffentlichen Eigentums im wesentlichen davon ab, ob ein Rechtssatz, der eine Sache im Sinne des bürgerlichen Sachbegriffs aus dem bürgerlichen Recht ganz ausschließt, ein solcher des öffentlichen oder des bürgerlichen Rechts war. Unmaßgeblich für die Natur eines Rechtssatzes waren für ihn einmal das Gesetz, in dem der Rechtssatz seinen Platz gefunden hat, sowie die Beweggründe, welche zu der Normierung geführt haben. Für wesentlich hielt *Ernst* allein die Materie, die geregelt werden sollte. Die Regelung des privatrechtlichen Verkehrs, d.h. eben die Regelung der Beziehungen zu einem "anderen", gehörte nach seiner Auffassung aber ausschließlich in den Bereich der Privatrechtsordnung.

Der ganze oder teilweise Ausschluß einer Sache vom privatrechtlichen Verkehr konnte nach Meinung des Berichterstatters deshalb nur vom Privatrecht selbst bestimmt werden. Demzufolge lag für *Ernst* ein privatrechtlicher Rechtssatz vor, wenn darin die Beschränkung des Privatrechtsverkehrs einer öffentlichen Sache ausgesprochen wurde. Entsprechendes galt seines Erachtens auch für die von *Otto*

---

196 Gutachten zum Recht der öffentlichen Sachen, HStA Stgt., E130b, Bü561, S.28

Mayer angestrebte völlige Entziehung einer Sache i.S.d. § 90 *BGB* aus der Sphäre des Privatrechts. Für *Ernst* stand damit fest, daß das öffentliche Recht deshalb keinen solchen Rechtssatz aufstellen konnte[197].

Ernst hielt des weiteren eine landesrechtliche Bestimmung, die die bürgerliche Verkehrsfähigkeit einer Sache ausschloß, selbst dann für unzulässig, wenn man diesen Rechtssatz zu einem Bestandteil der öffentlichen Rechtsordnung erklären konnte. Er machte deutlich, daß auch das öffentliche Recht seine Schranken in sich selbst habe. *Ernst* sah keine Möglichkeit, Sachen vollständig die Fähigkeit zu entziehen, Gegenstand privatrechtlichen Verkehrs zu sein[198]. Aufgrund dieses Ergebnisses erübrigte es sich für den Berichterstatter, auf die Frage des öffentlichen Eigentums weiter einzugehen. Allerdings verkannte er nicht, daß es in mancher Beziehung für den Praktiker und für die Wissenschaft bequemer sei, wenn die Doppelstellung der öffentlichen Sachen beseitigt werden würde[199]. *Ernst* war davon überzeugt, daß die Schwierigkeiten bezüglich der Abgrenzung von bürgerlichem und öffentlichem Recht auch bei der wechselnden Stellung der bürgerlichen Gerichte weiterhin bestehen bleiben würden[200].

Auch die Kommission schloß sich ohne weitere Diskussion über diesen Punkt der Meinung des Berichterstatters an. Es erschien den Kommissionsmitgliedern rechtlich unmöglich, eine Sache, die für einen öffentlichen Zweck gebunden war, dem bürgerlichen Recht durch einen Rechtssatz in einem Landesgesetz vollständig zu entziehen[201].

2.9.4. Beschränkung auf die Sachen des Gemeingebrauchs

Im Gegensatz zu der umfassenden Regelung der öffentlichen Schuldverhältnisse übte die Kommission bei der Regelung der öffentlichen Sachen äußerste Zurückhaltung. Nicht zuletzt deshalb, weil die Wissenschaft bei der Bestimmung

197 Gutachten zum Recht der öffentlichen Sachen, HStA Stgt., E130b, Bü561, S.32
198 Gutachten zum Recht der öffentlichen Sachen, HStA Stgt., E130b, Bü561, S.29
199 Gutachten zum Recht der öffentlichen Sachen, HStA Stgt., E130b, Bü561, S.34
200 Gutachten zum Recht der öffentlichen Sachen, HStA Stgt., E130b, Bü561, S.34
201 Vgl. *VRO*, Begründung zu Art. 174, S.533

der öffentlichen Sache kein einheitliches Bild abgab und eine gesetzliche Regelung des Stoffes für die Kommission überhaupt bedenklich erschien, sollte geprüft werden, ob hier eine Beschränkung vorzunehmen war. Es stand somit zur Diskussion, ob nur diejenigen Sachen zum Gegenstand der Regelung gemacht werden sollten, die von *Otto Mayer* als öffentliche bezeichnet wurden. Einen Überbegriff, der alle irgend einem öffentlichen Gebrauch dienenden Sachen umfaßte, hielt man in diesem Fall nicht mehr für notwendig[202].

Nach anderer Auffassung bestand aber eine gewisse Berechtigung, auch im öffentlichen Recht, wenn es schon einmal die öffentlichen Sachen zusammenfassend behandeln sollte, alle diejenigen Sachen mit einzubeziehen, die der hoheitlichen Tätigkeit des Staates als Mittel zur Erfüllung seiner öffentlichen Aufgaben zu dienen haben. Allerdings wollte man die Einbeziehung nur insoweit vornehmen, als die rechtlichen Beziehungen der Benutzer zur öffentlichen Verwaltung gemeinsamen öffentlich-rechtlichen Normen unterstellt werden konnten[203]. Es wurde vorgeschlagen, in die Regelung des öffentlichen Sachenrechts die Sachen des Gemeingebrauchs, die öffentlichen Friedhöfe, die Kirchengebäude und alle sonstigen öffentlichen Sachen (z.B. Sachen des Verwaltungsvermögens) mit einzubeziehen. Es wurde darauf aufmerksam gemacht, daß man davon ausgegangen sei, sachenrechtliche Bestimmungen zu schaffen, die die Abgrenzung zwischen bürgerlichem und öffentlichem Recht erleichtern sollten. Man hielt es deshalb für nachteilig, solche Sachen auszunehmen, die dem bürgerlichen Recht gegenüber eine Sonderstellung einnahmen. Eine völlige Einschränkung der öffentlichen Sachen auf den Gemeingebrauch erschien von daher nicht unbedenklich. An dieser Stelle wurde auf *Otto Mayer* Bezug genommen, der zutreffend ausgeführt habe, daß der Gemeingebrauch selbst nicht das wesentliche bei der öffentlichen Sache sei, sondern eben nur dazugehöre[204].

Schließlich wurde noch die Befürchtung geäußert, daß bei zu starker Einschränkung der öffentlichen Sachen nur noch Gewässer und Wege übrigblieben. In diesem Fall stellte sich für einige Kommissionsmitglieder die Frage, ob es einen

202 Gutachten zum Recht der öffentlichen Sachen, HStA Stgt., E130b, Bü561, S.40
203 Gutachten zum Recht der öffentlichen Sachen, HStA Stgt., E130b, Bü561, S.40f.
204 Sitzungsprotokoll v.10.3.27, HStA Stgt., E130b, Bü547,.S.9

Sinn habe, für diese beiden Rechtsgebiete allgemeine Normen zu schaffen. Nach ihrer Ansicht entstand ohnehin der Eindruck, daß allgemeine Normen sehr leicht zur Verwirrung führen könnten. Es wurde deshalb der Vorschlag gemacht, zunächst zu prüfen, ob sich nicht ein Verzicht auf die Kodifizierung des Rechts der öffentlichen Sache empfehlen dürfte[205].

Die Mehrheit der Kommissionsmitglieder hielt allerdings eine Beschränkung der Rechtssätze auf den Gemeingebrauch für richtig[206]. Bei der Begriffsbestimmung wollte man aber das sog. Finanzvermögen des Staates ganz ausscheiden, da es als Geld oder als geldwerte Sache nur mittelbar zur Erfüllung öffentlicher Zwecke diene. Hier ging man von der Geltung des Grundsatzes aus, daß sich der Rechtsverkehr mit Sachen des Finanzvermögens nach den Normen des bürgerlichen Rechts vollziehe und daß das öffentliche Gemeinwesen über diese Sachen frei verfügen könne[207].

Bei den Sachen des Verwaltungsvermögens, soweit diese überhaupt als öffentliche Sachen anerkannt wurden, vertrat man die Ansicht, daß allgemeine Bestimmungen über das Rechtsverhältnis zwischen Benutzer und öffentlicher Verwaltung überhaupt nicht getroffen werden könnten. Da man davon ausging, es handle sich hierbei vielfach um Anstaltssachen, war vorgesehen, die Regelung dieser Gruppe zunächst in den Abschnitt über die öffentlichen Anstalten zu übernehmen. Aber auch nachdem der Versuch einer eigenständigen Regelung der Anstaltssachen gescheitert war, hielt man die Beschränkung auf die Sachen des Gemeingebrauchs für notwendig, selbst wenn dadurch im Entwurf eine Lücke entstehen würde. Die Kommission war der Überzeugung, daß sich nur für die Sachen des Gemeingebrauchs feste und brauchbare Rechtsnormen aufstellen ließen[208].

---

205 Sitzungsprotokoll v.10.3.27, HStA Stgt., E130b, Bü547, S.10
206 Sitzungsprotokoll v.10.3.27, HStA Stgt., E130b, Bü547, S.10
207 Gutachten zum Recht der öffentlichen Sachen, HStA Stgt., E130b, Bü561, S.23
208 *VRO*, Begründung zu Art.174, S.534f.

2.9.5. Regelung dinglicher Rechte und öffentlich-rechtlicher Eigentumsbeschränkungen

Nach den Richtlinien des vorläufigen Arbeitsplanes war nur die Behandlung des Rechts der öffentlichen Sachen vorgesehen. Der Berichterstatter ging jedoch bei seinen Ausführungen noch auf die Frage ein, ob über diese Grenzlinie hinausgehend auch noch die Regelung dinglicher Rechte in den Entwurf mit einbezogen werden sollten. *Ernst* wies darauf hin, daß auch das öffentliche Recht besondere dingliche Rechte öffentlich-rechtlicher Natur, sei es in Anlehnung an die Typen des bürgerlichen Rechts oder solche ganz anderer Art, schaffen könne. Allerdings würde dabei das "Wesen der Dinglichkeit" immer das gleiche bleiben, gleichgültig, ob es sich um bürgerliches oder öffentliches Recht handle[209]. Das von *Otto Mayer* konstruierte umfassendste dingliche Recht öffentlicher Art, das öffentliche Eigentum, wurde von *Ernst* mit Hinweis auf Wissenschaft und positives Recht abgelehnt[210].

Von den sonstigen dinglichen Rechten kam für ihn nur noch die Dienstbarkeit in Betracht, die er jedoch zu der allgemeinen Kategorie der öffentlich-rechtlichen Eigentumsbeschränkung rechnete. Weitere dingliche Rechte des *Bürgerlichen Gesetzbuches* wie z.B. die Hypothek, Grundschuld und das dingliche Vorkaufsrecht waren seines Erachtens dem öffentlichen Recht unbekannt. Eine gesetzliche Regelung lehnte er deshalb ab.

Ebenso waren nach Auffassung des Berichterstatters die sog. öffentlich-rechtlichen Eigentumsbeschränkungen im Entwurf nicht zu berücksichtigen, weil hier von einem wirklichen subjektiven dinglichen Recht des Staates an der Sache nicht gesprochen werden könne. Er vertrat die Ansicht, daß die "unumschränkte Macht der Staatsgewalt gegenüber der Personen- wie der Sachenwelt" nicht auf besondere dingliche Rechte angewiesen sei. Jedenfalls schieden für *Ernst* solche Rechte dort aus, wo die Befugnis des Staates zum Eingreifen in die fremde Sachherrschaft aus der angeblichen "Eigentümerpflicht zur Erhaltung der Sache im polizeigemäßen Zustand" bzw. der "allgemeinen Verwaltungspflichtigkeit des Ei-

209 Gutachten zum Recht der öffentlichen Sachen, HStA Stgt., E130b, Bü 561, Schlußbem.I
210 S.oben Abschnitt 2.9.3.

gentums" abgeleitet werde[211]. Für *Ernst* handelte es sich hier mehr um das "Wirksamwerden gesetzmäßiger Verwaltung an Sachen". Das im Verhältnis zur Staatsgewalt nicht zur Geltung kommende Eigentumsrecht des *Bürgerlichen Gesetzbuches* werde hierdurch nicht berührt. Das gleiche galt nach seiner Meinung bei denjenigen Eigentumsbeschränkungen, die von *Otto Mayer* als "auferlegte Dienstbarkeiten" bezeichnet wurden[212].

In den Entwurf wollte der Berichterstatter deshalb allenfalls eine allgemeine Vorschrift mit dem Inhalt aufnehmen, daß eine öffentlich-rechtliche dingliche Belastung einer Sache nur zulässig war, soweit dies das Einzelgesetz vorsah. Eine solche Regelung hielt die Kommission jedoch nicht für notwendig. Man wollte damit grundsätzlich das Eigentum und die sonstigen Rechte an der öffentlichen Sache unberührt lassen[213].

2.9.6. Überschrift des Abschnittes

Diskutiert wurde ferner, ob an dem Ausdruck "öffentliche Sachen" festgehalten werden konnte bzw. ob der Begriff mit den Sachen im Gemeingebrauch zusammenfallen sollte. Es wurde angeregt, den Abschnitt einfach mit "Sachen im Gemeingebrauch" zu überschreiben. Damit wollte man sich unübersichtliche Unterabteilungen ersparen[214]. Wenn man schon die öffentlichen Sachen mit den Sachen im Gemeingebrauch gleichsetze, so wurde kritisiert, sei es nicht mehr richtig, den Begriff der öffentlichen Sache überhaupt hereinzunehmen. Man schlug deshalb vor, lediglich von den Sachen im Gemeingebrauch zu reden. Im übrigen wurde deutlich gemacht, daß dem Gesetzgeber keine Begriffsbestimmung zur Verfügung gestellt werden dürfe, die er gar nicht brauche[215]. Im Hinblick

---

211 *Holstein*, aaO., Öff.-rechtl. Abh., Heft 3, 1921, S.94; s.a. Gutachten zum Recht der öffentlichen Sachen, HStA Stgt., E130b, Bü561, Vorbem.IV

212 Gutachten zum Recht der öffentlichen Sachen, HStA Stgt., E130b, Bü561, Schlußbem.IV

213 Vgl. *VRO*, Begründung zu Art. 176, S.547

214 Sitzungsprotokoll v.10.3.27, HStA Stgt., E130b, Bü547, S.4

215 Sitzungsprotokoll v.10.3.27, HStA Stgt., E130b, Bü547, S.6

auf die bereits vorhandene Vielzahl von Begriffen der öffentlichen Sache sah man für einen weiteren keinen Bedarf mehr[216].

Demgegenüber wollten andere Mitglieder in Anbetracht der ganzen Anlage des Entwurfs auf das Wort "öffentliche Sachen" nicht verzichten[217]. Es wurde vorgeschlagen, die öffentlichen Sachen in Gemeingebrauch und Anstaltsvermögen aufzuteilen und beide Teile mit der Bezeichnung öffentliche Sachen überschreiben. Nur dieses Verfahren erschien ihnen wissenschaftlich korrekt. Man könne nicht einfach den Gemeingebrauch als öffentliche Sache dekretieren und alles andere von dem Begriff der öffentlichen Sachen ausnehmen[218].

Mit der Begründung, ein Verzicht auf die Bezeichnung "öffentliche Sachen" sei nicht ratsam, wurde diese Bezeichnung schließlich beibehalten. Man hoffte jedoch mit der Beifügung der Worte "im Sinne dieses Gesetzes" die Bedenken dagegen ausgeräumt zu haben[219].

---

216 Sitzungsprotokoll v.10.3.27, HStA Stgt., E130b, Bü547, S.8
217 Sitzungsprotokoll v.10.3.27, HStA Stgt., E130b, Bü547, S.6
218 Sitzungsprotokoll v.10.3.27, HStA Stgt., E130b, Bü547, S.8
219 *VRO*, Begründung zu Art., S.535

III. Beispiele für spezifisch öffentlich-rechtliche Regelungsbereiche

1. Rückwirkung von Gesetzen

Bei der Erörterung der Rückwirkung wies Berichterstatter *von Haller* zunächst darauf hin, daß in der Praxis des Verwaltungsgerichtshofs die Frage der Rückwirkung, insbesondere bei Satzungen, eine wesentliche Rolle spiele. Probleme traten seines Erachtens besonders dann auf, wenn die betreffende Vorschrift selbst keine rückwirkende Kraft vorsah. *Von Haller* beklagte sich darüber, daß man in diesem Fall auf eine Auslegung unter Heranziehung der gesamten in Betracht kommenden Verhältnisse angewiesen sei, was oft zu erheblichen Schwierigkeiten führe. Über die Probleme komme man gelegentlich dadurch hinweg, daß man nur ein Reglement, also eine Verwaltungsverordnung annehme, wie z.B. bei der Regelung der Gebühren für die Benutzung von Gemeindeanstalten. *Von Haller* machte aber deutlich, daß damit nicht immer Abhilfe geschaffen werden könne. Ihm war es besonders wichtig, von den "bloß zivilistischen Anschauungen" loszukommen. Er wollte nicht immer einen Vertrag konstruieren[1]. Aus diesem Grund sprach sich *von Haller* für die Aufnahme einer entsprechenden Vorschrift in den Entwurf aus. Es widerstrebte ihm, im konkreten Fall immer von den "allgemeinen Grundsätzen" zu reden, die seines Erachtens eigentlich gar nicht vorhanden waren[2]. In anderem Zusammenhang erklärte *von Haller*, daß allgemeine Rechtsgrundsätze nichts anderes seien, als Verlegenheitsrecht. Wenn von allgemeinen Rechtsgrundsätzen gesprochen werde, so bringe das im Grunde nur das eigene Rechtsempfinden desjenigen zum Ausdruck, der diesen Begriff gebrauche[3].

Demgegenüber wollten andere Kommissionsmitglieder auf eine Bestimmung über die Rückwirkung verzichten. Sie waren u.a. der Auffassung, daß es überhaupt kaum möglich sein werde, den Begriff der Rückwirkung ausreichend zu definieren. Es ließe sich nie ganz vermeiden, den besonderen Umständen des Einzelfalls Rechnung zu tragen. Für möglich hielten sie allenfalls zu sagen, daß

---

1 Sitzungsprotokoll v.3.3.26, HStA Stgt., E130b, Bü547, S.7
2 Sitzungsprotokoll v.3.3.26, HStA Stgt., E130b, Bü547, S.10
3 Sitzungsprotokoll v.5.11.26,HStA Stgt., E130b, Bü547, S.15

eine Vorschrift des öffentlichen Rechts nur dann rückwirkende Kraft hat, wenn sie sich eine solche ausdrücklich beilegt. Alles übrige, insbesondere die Feststellung, was Rückwirkung im Einzelfall zu bedeuten hat, wollten die Gegner dieser Bestimmung dem Richter überlassen. Aber auch gerade wegen der "Notwendigkeit des freien Ermessens" wurde vorgeschlagen, diese Vorschrift ganz wegzulassen[4]. Schließlich hielt man den allgemeinen Grundsatz, ein Gesetz habe keine rückwirkende Kraft, wenn es sich eine solche nicht ausdrücklich beilege, für so selbstverständlich, daß man ihn nicht kodifizieren wollte[5].

Die meisten Kommissionsmitglieder erklärten sich jedoch mit der Aufnahme einer Vorschrift über Rückwirkung einverstanden. Als Begründung wurde angeführt, daß es nirgends geschrieben stehe, ob ein Gesetz rückwirkend angewendet werden dürfe, wenn sich dies aus dem Sinn des Gesetzes ergebe. Es sei nötig, mindestens aber unschädlich, wenn man dies formuliere[6].

2. Materielles Prüfungsrecht des Verwaltungsgerichtshofs

In seiner Begründung wies Berichterstatter *von Haller* darauf hin, daß die Frage eines Prüfungsrechts hinsichtlich der materiellen Verfassungsmäßigkeit eines Gesetzes sehr umstritten sei. Die Mehrzahl der Autoren habe sich dagegen ausgesprochen, weil es nicht Sache des Gerichts und noch weniger einer Verwaltungsbehörde sei, zu untersuchen, ob derjenige, der das Gesetz erlassen habe, sich an die dafür aufgestellten Vorschriften gehalten habe. Auch *von Haller* war der Meinung, daß man Fragen, die durch die Verfassung erledigt seien, "loyalerweise aus dem Spiel" lassen müsse. Die Sorge und Verantwortung für das ordnungsmäßige Zustandekommen eines Gesetzes wollte er demjenigen überlassen, der das Gesetz ausgefertigt hat. Im übrigen räumte *von Haller* ein, daß es ein "gewisses Unterfangen" sei, für das kleine Württemberg allgemeine Vorschriften über das Prüfungsrecht zu treffen.

4 Sitzungsprotokoll v.3.3.26, HStA Stgt., E130b, Bü547, S.8f.
5 Sitzungsprotokoll v.3.3.26, HStA Stgt., E130b, Bü547, S.10
6 Sitzungsprotokoll v.3.3.26, HStA Stgt., E130b, Bü547, S.10f.

Trotz dieser Einwände sprach sich *von Haller* aber für die Aufnahme einer solchen Regelung aus. Da es sich um bindende Vorschriften für die Verwaltungsbehörden und Verwaltungsgerichte handelte, also um Gebiete, auf denen Württemberg durchaus selbständig war, schienen ihm Bedenken gegen eine Kodifizierung dieser Vorschriften nicht durchgreifend zu sein. Er machte außerdem darauf aufmerksam, daß das Reichsgericht es bisher immer vermieden habe zu entscheiden, ob ein solches Recht bestehe. Unabhängig davon sah er eine dahingehende Entscheidung für die Verwaltung ohnehin nicht als maßgebend an[7].

Was den Umfang des Prüfungsrechtes anbelangte, so sollte nach Ansicht *von Hallers* auch den Verwaltungsbehörden ein solches Recht zukommen. In diesem Zusammenhang gab er zu bedenken, daß "Tausende von Fällen" nicht an die obere Behörde gelangen würden und deshalb die unteren Behörden allein über die mit Rechtsgründen versehenen Einwände gegen Verwaltungsakte zu befinden hätten. Aus diesem Grund erschien dem Berichterstatter ein Prüfungsrecht dieser Behörden nichts Unmögliches zu sein[8]. Insgesamt gesehen hielt *von Haller* es für "wertvoll", wenn in der *Verwaltungsordnung* eine brauchbare Grundlage geschaffen würde[9]. Für den Fall einer gesetzlichen Regelung schlug er vor, den Verwaltungsgerichtshof besonders hervorzuheben, da das Innenministerium seiner Meinung nach den Verwaltungsgerichtshof mehr oder weniger als Verwaltungsbehörde ansehe[10].

Geier hatte demgegenüber erhebliche Bedenken gegen die Aufnahme einer solchen Bestimmung. Er hob zunächst hervor, daß es zwar genug Stimmen gebe, die ein Recht der Nachprüfung bezüglich der materiellen Gültigkeit einer Rechtsvorschrift bejahen würden. Obwohl auch *Geier* an sich ein Anhänger des materiellen Prüfungsrechts war, lehnte er die vorgeschlagene Sonderstellung von Verwaltungsbehörden und Verwaltungsgerichten gegenüber den ordentlichen Gerichten ab. Ihm erschien es überaus bedenklich, daß auch die Verwaltungsbehörden die Möglichkeit erhalten sollten, Reichsgesetze und Zivilgesetze auf ihre

---

7 Vgl.i.e.Sitzungsprotokoll v.3.3.26, HStA Stgt., E130b, Bü547, S.18f.
8 Sitzungsprotokoll v.3.3.26, HStA Stgt., E130b, Bü547, S.25
9 Sitzungsprotokoll v.3.3.26, HStA Stgt., E130b, Bü547, S.23
10 Sitzungsprotokoll v.3.3.26, HStA Stgt., E130b, Bü547, S.26

materielle Gültigkeit hin nachzuprüfen. Für *Geier* bestand ein Unterschied, ob die Verwaltungsbehörde als Behörde in Ausübung der Verwaltungstätigkeit oder als entscheidende Behörde in rechtsprechender Tätigkeit anstelle der früheren Verwaltungsgerichte erster Instanz handelte[11].

Sartorius wollte diese "im wesentlichen gesetzespolitische Frage" nicht allein nach den Regeln der Logik entschieden haben. Grundsätzlich begrüßte er es aber, diese Frage endlich zu klären. Abgesehen davon bestand das Problem für *Sartorius* im Grunde darin, ob und welche Schranken gegen einen Parlamentsabsolutismus aufgerichtet werden können oder müssen. Ein Verzicht auf ein solches Prüfungsrecht im Entwurf hielt er für verwunderlich, da man doch in Württemberg bis jetzt eigentlich noch keine Garantie gegen einen solchen Absolutismus habe. Bisher bestehe kein Mittel dagegen, wenn sich der Landtag über eine verfassungsmäßige Bestimmung hinwegsetze. *Sartorius* warnte deshalb davor, dem Richter kein Nachprüfungsrecht einzuräumen[12]. Nicht zuletzt machte *Sartorius* noch darauf aufmerksam, daß zwar nach der Reichsverfassung der Staatsgerichtshof von der Minderheit angerufen werden konnte. Seiner Meinung nach sei aber nicht immer damit zu rechnen, daß hiervon auch Gebrauch gemacht werde. Bei dieser Sach- und Rechtslage war für es ihn offensichtlich, daß eine Sicherheit durch das materielle Recht grundsätzlich nicht gegeben sei. Unter diesen Verhältnissen erschien *Sartorius* eine praktische Entscheidung im Gesetz zweckmäßig zu sein, auch wenn sie nur auf Württemberg beschränkt blieb[13].

Härle wollte gesichert haben, daß die Gesetze nicht von den Gerichten, sondern von einer anderen Stelle geprüft werden. Solange dies aber nicht der Fall war, hielt er es für unumgänglich, daß diese Prüfung von den Gerichten vorgenommen wird. Er glaubte, daß dies auch im Interesse des Landtags selbst liegen würde[14]. Erhebliche Bedenken äußerte *Härle* allerdings gegen ein Prüfungsrecht der Verwaltungsbehörde. Für ihn war es unvorstellbar, "jedem Oberamt zu erlauben" ein

11 Sitzungsprotokoll v.3.3.26, HStA Stgt., E130b, Bü547, S.20
12 Sitzungsprotokoll v.3.3.26, HStA Stgt., E130b, Bü547, S.21
13 Sitzungsprotokoll v.3.3.26, HStA Stgt., E130b, Bü547, S.21f.
14 Sitzungsprotokoll v.3.3.26, HStA Stgt., E130b, Bü547, S.22

Gesetz nicht anzuwenden, weil es angeblich gegen das Reichsrecht verstoße. Er wollte deshalb, daß die Gehorsamspflicht insoweit bestehen bleibt.

Obwohl gesehen wurde, daß die Frage der Prüfung von Gesetzen eigentlich in die Verfassung gehört oder mindestens in ein der *Verwaltungsordnung* übergeordnetes Gesetz, entschloß sich die Kommission, ein materielles Prüfungsrecht des Verwaltungsgerichtshofs in den Entwurf aufzunehmen. Die vorläufige Hereinnahme dieser Bestimmung sollte jedoch nicht ausschließen, noch ein besonderes "Mantelgesetz" zu erlassen, in dem das Prüfungsrecht von Gerichten und Verwaltungsbehörden ebenso behandelt wird[15]. Allerdings sprach sich die Mehrheit der Kommissionsmitglieder gegen ein Prüfungsrecht der Verwaltungsbehörden aus[16].

3. Öffentliche Rechte, Interessen und Befugnisse

3.1. Subjektive öffentliche Rechte

Wie bei jeder Beratung der einzelnen Abschnitte stellte sich auch hier die Frage, ob eine Begriffsbestimmung möglich war und ob sie der Verwaltung förderlich sein konnte. Berichterstatter *von Haller* bejahte dies schon im Hinblick auf das Verfahren nach dem *Verwaltungsrechtspflegegesetz*, wonach die Feststellung eines subjektiven Rechts Voraussetzung einer Rechtsbeschwerde war. Er bemängelte, daß dieses Gesetz aber "nicht verrate", was unter einem subjektiven Recht zu verstehen sei[17]. Auch andere Kommissionsmitglieder bestätigten, daß das *Verwaltungsrechtspflegegesetz* die Praxis vor die schwierige Frage stelle, was unter einem solchen Recht zu verstehen sei. Es wurde deshalb der Wunsch geäußert, daß dieser "fatale Begriff des Rechts endlich authentisch interpretiert werde"[18].

---

15 Sitzungsprotokoll v.3.3.26, HStA Stgt., E130b, Bü547, S.33
16 Sitzungsprotokoll v.3.3.26, HStA Stgt., E130b, Bü547, S.27
17 Sitzungsprotokoll v.5.11.26,HStA Stgt., E130b, Bü547, S.35
18 Sitzungsprotokoll v.5.11.26,HStA Stgt., E130b, Bü547, S.38

Aber auch wegen der häufig "recht undeutlichen Gesetzgebung" wurde eine Begriffsbestimmung für zweifellos notwendig gehalten[19]. Der derzeitige Zustand sei für die Praxis auf Dauer nicht mehr erträglich. V*on Haller* beklagte, daß man doch nicht immer wieder von vorne anfangen könne mit der "Anleitung der ziviljuristisch eingestellten Mitglieder des Verwaltungsgerichtshofs"[20]. Allgemein wurde kritisiert, daß aus dem Kopf eines Ziviljuristen der Gedanke, es handle sich um Verletzung eines Privatrechts, leider nicht hinauszubekommen sei[21]. Andererseits war sich die Kommission aber darüber einig, daß natürlich ein Begriff gefunden werden müsse, der nicht die "Gefahr einer Verknöcherung" in sich trage[22].

In der weiteren Diskussion bezweifelten einige Mitglieder, daß die vom Berichterstatter vorgelegte Begriffsbestimmung die vorhandene Problematik beseitigen könne[23]. Oft genug sei in der Praxis zweifelhaft, ob ein subjektives Recht oder aber nur eine Reflexwirkung vorliege. Man war deshalb davon überzeugt, daß das, was tatsächlich vorlag, immer nur anhand des betreffenden Gesetzes und nicht aufgrund einer allgemeinen Regelung festgestellt werden konnte. In diesem Zusammenhang wurde auf das *Bürgerliche Gesetzbuch* Bezug genommen, das bewußt vermieden habe, den Begriff des subjektiven Rechts abzugrenzen.

Geprüft werden sollte jedoch, ob nicht, wie in der Wissenschaft, ein allgemeiner Begriff für diejenigen Fälle gefunden werden konnte, in denen ein solches Recht bereits aufgrund eines Gesetzes feststand. Ob dafür ein besonderes Bedürfnis vorlag, wollte man nicht unbedingt bejahen. Man ging aber davon aus, daß es nicht schaden könne. Der Nutzen einer Begriffsbestimmung wurde vor allem darin gesehen, daß damit vielen Konstruktions- und Definitionsversuchen "ein Riegel" vorgeschoben werden konnte[24].

19 Sitzungsprotokoll v.5.11.26,HStA Stgt., E130b, Bü547, S.35
20 Sitzungsprotokoll v.5.11.26,HStA Stgt., E130b, Bü547, S.38
21 Sitzungsprotokoll v.5.11.26,HStA Stgt., E130b, Bü547, S.42
22 Sitzungsprotokoll v.5.11.26,HStA Stgt., E130b, Bü547, S.38
23 Sitzungsprotokoll v.5.11.26,HStA Stgt., E130b, Bü547, S.36
24 Sitzungsprotokoll v.5.11.26,HStA Stgt., E130b, Bü547, S.39f.

Nach eingehender Erörterung kam die Kommission schließlich zu dem Ergebnis, daß eine Klarstellung des Begriffs des subjektiven öffentlichen Rechts trotz der Einwände notwendig war. Die Entscheidung wurde zum einen damit begründet, daß dem subjektiven Recht unter den öffentlichen Rechtsverhältnissen ein erheblicher Raum und eine wichtige Stellung eingeräumt wurde. Zum anderen sah die Kommission besonders im Hinblick auf die im *Verwaltungsverfahrensgesetz* vorgesehene Rechtsbeschwerde ein dringendes Bedürfnis für eine solche gesetzliche Regelung[25].

3.2. Öffentliche Interessen

Bei den Beratungen über die Aufnahme einer Begriffsbestimmung des öffentlichen Interesses stellte die Kommission zunächst fest, daß ein "allgemeiner Wertmesser" dafür, was als öffentliches Interesse zu gelten habe, nicht gefunden werden könne. Es wurde daran erinnert, daß die Verwaltungsbehörden nicht nur württembergische Gesetze, sondern auch Reichsgesetze anzuwenden hätten. Für letztere könne aber der württembergische Gesetzgeber den Begriff des Interesses nicht feststellen. Andererseits wollte man nicht unberücksichtigt lassen, daß der Begriff des Interesses, wenn es gelinge, ihn festzulegen, für die württembergische Verwaltung und die Gesetzgebung sehr wertvoll werden könne[26].

Auch *von Haller* räumte ein, daß die Einführung des Interessenbegriffs Schwierigkeiten mit sich bringe. Ein völliges Ausschalten des Interesses aus dem Entwurf hielt er jedoch nicht für richtig, da nach seinen Erfahrungen eine Bestimmung darüber, wie das öffentliche Interesse festgestellt werden könne, für die Praxis "fruchtbringend" sein werde[27]. *Von Haller* brachte zum Ausdruck, daß sich der Verwaltungsgerichtshof bislang "aus den Fingern saugen" mußte, ob ein öffentliches Interesse vorlag oder nicht. Für ihn konnte dieses Problem nur durch eine Begriffsbestimmung beseitigt werden[28].

---

25 Vgl. *VRO*, Begründung zu Art. 11, S. 101
26 Sitzungsprotokoll v.3.10.29,HStA Stgt., E130b, Bü550, S.14f.
27 Sitzungsprotokoll v.5.11.26,HStA Stgt., E130b, Bü547, S.5
28 Sitzungsprotokoll v.5.11.26,HStA Stgt., E130b, Bü547, S.19

Darüber hinaus wurde diskutiert, ob eine subjektive oder objektive Fassung des Interessenbegriffs gewählt werden sollte. Für die Aufnahme einer subjektiven Fassung wurde angeführt, daß die Behörden grundsätzlich das subjektive Interesse berücksichtigen würden. Eine Verwaltungsbehörde müsse sich eben dann mit einer Sache befassen, wenn der Betreffende, der sie vorgebracht habe, ein subjektives Interesse an ihr geltend mache. Man befürchtete, daß durch eine objektive Fassung des Interesses der Bürger schlechter gestellt werden würde[29]. Andere Mitglieder bevorzugten, wenn überhaupt, eine objektive Fassung einer solchen Bestimmung. Das subjektive Interesse war für sie überhaupt nicht verwertbar. Sie gingen außerdem davon aus, daß man nie ein beliebiges Interesse, sondern immer ein anzuerkennendes Interesse meine, wenn im Privatrecht vom Interesse die Rede sei[30].

Schließlich wurde bezweifelt, daß mit einer Begriffsbestimmung eine Einheitlichkeit geschaffen werden konnte. Es wurde darauf hingewiesen, daß jedes Gesetz mit den Ausdrücken, die es verwende, einen bestimmten Sinn verbinde. Außerdem hielt man die Begriffe in den einzelnen Gesetzen nicht für identisch. Die Aufnahme des Begriffs, so wurde vermutet, würde dazu führen, daß festgestellt werden müßte, was ein Vorteil bzw. was ein Nachteil bedeute. Aus diesem Grund konnte man sich einen praktischen Erfolg nicht vorstellen. Außerdem war nach Ansicht der Gegner einer Begriffsbestimmung nicht ohne weiteres bestimmbar, ob nun im konkreten Fall immer die von der Begriffsbestimmung gegebene Auslegung maßgebend sein müsse. Um eine Einheitlichkeit herbeizuführen, blieb ihres Erachtens nichts anderes übrig, als alle Bestimmungen der Verwaltungsgesetze daraufhin zu prüfen, ob der neue Begriff auf sie anwendbar sei[31].

Fraglich war für einige Kommissionsmitglieder ferner, ob mit einem solchen Begriff im Gesetz irgend eine Norm aufgestellt werden konnte[32]. Aber selbst wenn von einer Norm ausgegangen werden könne, so die Kritik, sei dies problematisch, weil immer die Staatsgewalt feststelle, ob ein öffentliches Interesse vor-

---

29 Sitzungsprotokoll v.5.11.26,HStA Stgt., E130b, Bü547, S.16
30 Sitzungsprotokoll v.5.11.26,HStA Stgt., E130b, Bü547, S.15
31 Sitzungsprotokoll v.5.11.26,HStA Stgt., E130b, Bü547, S.16
32 Sitzungsprotokoll v.5.11.26,HStA Stgt., E130b, Bü547, S.17

liege. *Von Köhler* sah darin eine große Gefahr, "vor allem im Hinblick auf eine kommunistische Regierung". Nur der unabhängige Richter konnte seiner Ansicht nach darüber entscheiden, wann ein öffentliches Interesse gegeben sei. Die vorgeschlagene Bestimmung bedeutete für ihn eine erhebliche Beeinträchtigung der Bürgerrechte. Lediglich für einige Spezialfälle sollte die Staatsgewalt diese Frage entscheiden können. *Von Köhler* war jedoch entschieden dagegen, daß man sie ganz allgemein der Staatsgewalt zur Entscheidung überträgt[33]. Vorgeschlagen wurde deshalb, von einer Aufnahme einer Begriffsbestimmung des öffentlichen Interesses abzusehen. Das Ergebnis der Beratung sollte allerdings in der Begründung verwertet werden[34].

Demgegenüber waren die Befürworter einer Begriffsbestimmung davon überzeugt, daß eine große Zahl von Vorschriften, die vom Interesse handeln würden, namhaft gemacht werden könne. Man bestritt deshalb, daß der Gesetzgeber in jedem dieser Fälle etwas anderes gemeint oder überhaupt einen bestimmten Begriff damit verbunden habe. Anders als die Gegner waren die Befürworter der Meinung, die vorgelegte Begriffsbestimmung enthalte eine Norm. Eine Norm lag für sie bereits vor, wenn die Verwaltungsbehörden und Verwaltungsgerichte einen gesetzlichen Begriff anzuwenden hätten[35].

Aufgrund dieser Einwände wurde dann versucht, durch eine veränderte Fassung eine "Brücke" zu finden, um der "diktatorischen Festlegung des Interessenbegriffes", wie *Sartorius* es bezeichnet hatte, zu entgehen. Es wurde nochmals betont, daß eine gewisse Förderung der Praxis durch einen gesetzlichen Begriff nicht in Abrede gestellt werden könne[36]. Obwohl die später vorgelegte veränderte Fassung als Verbesserung angesehen wurde, war sich die Kommission über die Aufnahme einer Begriffsbestimmung nicht einig. Die Entscheidung darüber wurde deshalb zurückgestellt.

---

33 Sitzungsprotokoll v.5.11.26,HStA Stgt., E130b, Bü547, S.21f.
34 Sitzungsprotokoll v.3.10.29,HStA Stgt., E130b, Bü550, S.15
35 Sitzungsprotokoll v.5.11.26,HStA Stgt., E130b, Bü547, S.16f.
36 Sitzungsprotokoll v.5.11.26,HStA Stgt., E130b, Bü547, S.17f.

Bei der Behandlung der Problematik in der Zweiten Lesung wies *von Haller*, der wiederholt die große Bedeutung des Begriffs des öffentlichen Interesses betonte, darauf hin, daß der Begriff im Entwurf an mehreren Stellen zu finden sei. Jedenfalls wollte er die Bestimmung des öffentlichen Interesses nicht der Wissenschaft überlassen. *Von Haller* sah es als Aufgabe der *Verwaltungsrechtsordnung* an, auch zu solchen Fragen Stellung zu nehmen, die in der Wissenschaft noch umstritten waren[37].

Sartorius hatte zwar gegen die Aufnahme einer Bestimmung keine Bedenken theoretischer Natur. Er war jedoch der Ansicht, daß die vorgeschlagene Fassung keinen Anhalt gebe, wie der Begriff des öffentlichen Interesses auszulegen sei. Seines Erachtens mußte subjektiv auf die Anerkennung durch die Staatsgewalt abgestellt werden. *Sartorius* befürchtete, daß der Beamte als Vertreter der Staatsgewalt letzten Endes wieder auf sein eigenes Ermessen verwiesen werde. Aus diesem Grund schlug er vor, die Anerkennung des öffentlichen Interesses beispielsweise nach objektiven Merkmalen oder nach der Bedeutung eines Zustands für den Staat vorzunehmen. Ihm war jedoch klar, daß auch diese Beurteilung im Ergebnis wieder eine Wertung durch den Beamten beinhaltet.

Aufgrund dieser Erwägungen kam die Mehrzahl der Kommissionsmitglieder zu dem Ergebnis, daß eine brauchbare Formulierung überhaupt nicht gefunden werden könne[38]. Die Aufnahme einer Begriffsbestimmung des öffentlichen Rechts wurde damit endgültig abgelehnt.

3.3. Öffentliche Befugnisse

Bevor der Entwurf *von Hallers* überhaupt erörtert werden konnte, lehnte *Sartorius* eine Begriffsbestimmung der öffentlichen Befugnis mit der Begründung ab, der Begriff sei wissenschaftlich überhaupt noch nicht anerkannt[39].

---

37 Sitzungsprotokoll v.3.10.29,HStA Stgt., E130b, Bü550, S.13
38 Sitzungsprotokoll v.3.10.29,HStA Stgt., E130b, Bü550, S.16
39 Sitzungsprotokoll v.5.11.26,HStA Stgt., E130b, Bü547, S.23f.

Diesen Einwand wollte *von Haller* jedoch nicht gelten lassen. Er gab zu bedenken, daß schon manche Gesetze etwas festgelegt hätten, was in der Wissenschaft noch nicht geklärt gewesen sei. Auch die Kritik, es handle sich bei seinem Entwurf um einen "kodifizierten Lehrbuchsatz", wies er entschieden zurück[40]. Für ihn waren gerade die ungeklärten Anschauungen in Lehre und Rechtsprechung zu diesem Punkt der Anlaß gewesen, eine Begriffsbestimmung der Befugnis auszuarbeiten. Nach Auffassung *von Hallers* gab es viele Rechtsverhältnisse, denen zwar kein subjektives Recht zugrunde lag, aber bei denen auch nicht nur von "bloßen Interessen" gesprochen werden konnte. Der Ausdruck Befugnis, den er für diese Fälle verwendete, kam seines Erachtens auch in der Literatur vor. Er machte deutlich, daß der Gesetzgeber in diesem Fall dazu berechtigt sei, den Ausdruck technisch einzuführen[41]. *Von Haller* wollte nicht einsehen, warum die vorgelegte Begriffsbestimmung nicht mehr enthalten sollte als die bloße Reflexwirkung. Seiner Ansicht nach konnte nicht bestritten werden, daß es eben Verhältnisse gebe, die zwischen Recht und Interesse liegen würden[42]. Der Berichterstatter drängte deshalb darauf, seinen Vorschlag einer Erörterung zu unterziehen[43].

Auch andere Mitglieder gingen davon aus, daß es sich bei der Befugnis nicht nur um tatsächliche Interessen, sondern um die Feststellung rechtlich geschützter Interessen handelte. Auf der anderen Seite erschien ihnen der Vorschlag weniger bedenklich, weil die Lehrbücher von der Befugnis nichts sagten, als vielmehr deshalb, weil das positive Recht diesen Begriff in der vorgeschlagenen Terminologie nicht kannte. Es wurde darauf aufmerksam gemacht, daß gewisse gesetzliche Vorschriften ein Recht meinten, auch wenn sie von Befugnis redeten. Man sah deshalb Schwierigkeiten voraus. Entgegen der Auffassung des Berichterstatters hielt man es für bedenklich, wenn ein Gesetz einen ganz neuen Begriff einführt[44].

---

40 Sitzungsprotokoll v.5.11.26,HStA Stgt., E130b, Bü547, S.24
41 Sitzungsprotokoll v.5.11.26,HStA Stgt., E130b, Bü547, S.27
42 Sitzungsprotokoll v.5.11.26,HStA Stgt., E130b, Bü547, S.33
43 Sitzungsprotokoll v.5.11.26,HStA Stgt., E130b, Bü547, S.24
44 Sitzungsprotokoll v.5.11.26,HStA Stgt., E130b, Bü547, S.25

Aufgrund der vorgetragenen Beispiele gingen schließlich die meisten Kommissionsmitglieder davon aus, daß die Begriffsbestimmung der Befugnis nicht zu verwerten sei. Darüber hinaus war für sie eine Abweichung vom Reichsrecht nicht möglich. Es wurde deshalb dringend davor gewarnt, den Befugnisbegriff aufzustellen[45].

Der Vorsitzende stellte daraufhin fest, daß aufgrund der Erörterung nicht nur Bedenken bestanden, ob die Begriffsbestimmung richtig sei, sondern auch, ob sie für die Praxis verwertbar sein werde[46]. Die Kommission hat deshalb von der Aufstellung einer allgemeinen Vorschrift über das Reflexrecht bzw. über die Befugnis Abstand genommen.

4. Verwaltungsakte

4.1. Bedürfnis nach gesetzlicher Regelung

Bereits bei der Besprechung des Grundrisses wurde darauf hingewiesen, daß "allgemeine polizeiliche Fragen" in den Abschnitt über Verwaltungsakte besonders berücksichtigt werden müßten[47]. Wie Berichterstatter *Geier* aber der Kommission mitteilte, hatte das Innenministerium bereits während der Ausarbeitung dieses Abschnitts gegen eine allgemeine Regelung über Verwaltungsakte Bedenken geäußert[48].

Demgegenüber bestand nach Auffassung der Kommission ein dringendes Bedürfnis der Praxis an solchen Vorschriften. Es wurde darüber berichtet, daß es an allgemeinen, für sämtliche Verfügungen und Entscheidungen geltenden Rechtsgrundsätzen mangelte. Außerdem kritisierte man die fehlende einheitliche Praxis und Rechtsprechung hierüber[49]. Besonders notwendig erschienen vor allem allgemeine Normen über Unwirksamkeit, Bekanntgabe, Aufhebung und Zurück-

45 Sitzungsprotokoll v.5.11.26,HStA Stgt., E130b, Bü547, S.30
46 Sitzungsprotokoll v.5.11.26,HStA Stgt., E130b, Bü547, S.34
47 Sitzungsprotokoll v.21.7.25,HStA Stgt., E130b, Bü547, S.20
48 Sitzungsprotokoll v.23.6.27,HStA Stgt., E130b, Bü547, S.3
49 *VRO*, Begründung, Einleitung Art. 61ff., S.212

nahme von Verwaltungsakten, gerade weil die Sondergesetze diese und andere Fragen sehr unvollständig behandelten. Abgesehen davon sollte ein allgemeiner Teil über Verwaltungsakte künftig Spezialbestimmungen durch die Gesetzgebung entbehrlich machen. Für die Kommission bestand geradezu eine Notwendigkeit, daß in Anbetracht der "herrschenden Unklarheit" eine gesetzgeberische Regelung erfolgte[50]. Aus diesem Grund bejahte die Kommission die Aufstellung entsprechender Regelungen im Entwurf.

Daraufhin wurde damit begonnen, den Abschnitt über Verwaltungsakte ohne Rücksicht auf den Inhalt des Entwurfs eines Verfahrensgesetzes zu behandeln. Die Kommission räumte aber später ein, daß in den vorläufigen Entwurf der *Verwaltungsrechtsordnung* wohl manche Bestimmungen aufgenommen worden seien, die ihren Platz ebenso im *Verwaltungsverfahrensgesetz* hätten finden können. Als Beispiel wurde hier die Regelung der Bekanntgabe von Verwaltungsakten genannt. Es sollte erst nach Abschluß der Beratungstätigkeit überprüft werden, was in das eine oder andere Gesetz herübergenommen werden mußte[51]. Letztendlich hat die Kommission die Vorschriften formeller Natur, wie z.B. Regelungen über das Verfahren bei Erlaß von Verfügungen, über das Verfahren bei Anfechtung von Verfügungen im Rechtsmittelweg, über formelle Rechtskraft usw. dem *Verwaltungsverfahrensgesetz* zugeordnet.

Die Kommission war sich des weiteren darüber einig, daß die Verwaltungsakte getrennt von den Willenserklärungen und von den öffentlich-rechtlichen Verträgen zu behandeln waren. Es wurde davon ausgegangen, daß es nicht viele Rechtssätze gab, die diesen Rechtsinstituten gemeinsam waren. Erst wenn es nach Durchberatung aller Abschnitte erforderlich erscheinen sollte, wollte man die Normen über Geschäftsfähigkeit, Zugang von Willenserklärungen, Vertretung und Vollmacht zu einem für alle diese Gebiete gemeinsamen Abschnitt vereinigen[52].

---

50 Sitzungsprotokoll v.23.6.27,HStA Stgt., E140b, Bü547, S.3f.
51 Sitzungsprotokoll v.23.6.27,HStA Stgt., E130b, Bü547, S.4
52 Sitzungsprotokoll v.19.9.29,HStA Stgt., E130b, Bü550, S.2f.

4.2. Begriffsbestimmung

Berichterstatter *Geier* ging bei der Ausarbeitung seines Entwurfs über Verwaltungsakte von der Willenserklärung aus, die er jedoch nicht i.S.d. *Bürgerlichen Gesetzbuches*, sondern als allgemeinen Rechtsbegriff auffaßte. Zunächst war vorgesehen, als Oberbegriff für diesen Abschnitt den Ausdruck "Verfügungen und Entscheidungen" zu verwenden. Aus sprachlichen Gründen ließ der Berichterstatter diesen Ausdruck jedoch wieder fallen und ersetzte ihn durch "Verwaltungsakt"[53]. Für ihn handelte es sich beim Verwaltungsakt im Grunde um eine Betätigung der Staatsgewalt, durch welche ein bestimmter rechtlicher Erfolg herbeigeführt werden soll, also um eine auf Veränderung im äußeren Rechtszustand gerichtete Willensbetätigung[54]. Nach seiner Auffassung standen diesen Willensbetätigungen die einfachen "Rechtshandlungen" gegenüber, bei denen "gewisse Wirkungen" unabhängig vom Willen des Einzelnen eintreten. Diese Rechtshandlungen wollte *Geier* aber nicht zum Gegenstand von Rechtssätzen in seinem Entwurf machen. Er vermutete, daß angesichts ihrer "bunten Mannigfaltigkeit" gemeinsame Rechtssätze überhaupt nicht aufgestellt werden konnten[55].

In den Beratungen wurde aber von *Sartorius* darauf hingewiesen, daß der Begriff des Verwaltungsaktes wissenschaftlich außerordentlich umstritten sei. Er gab zu bedenken, daß der Begriff teils eng, teils weit gefaßt werde. *Geier* erinnerte jedoch daran, daß man aus Gründen der Klarheit und, um bestimmte Rechtssätze ableiten zu können, möglichst einen engen Begriff nehmen wollte. Aus diesem Grund habe man sich auch im allgemeinen *Otto Mayer* angeschlossen. Obwohl keine Ausführungen des Verwaltungsgerichtshofs zu dieser Problematik vorliegen würden, so *Geier*, sei feststellbar, daß auch er den Begriff *Otto Mayers* übernommen habe[56].

---

53 Sitzungsprotokoll v.23.6.27,HStA Stgt., E130b, Bü547, S.8
54 Sitzungsprotokoll v.23.6.27,HStA Stgt., E130b, Bü547, S.5
55 Sitzungsprotokoll v.23.6.27,HStA Stgt., E130b, Bü547, S.6
56 Sitzungsprotokoll v.23.6.27,HStA Stgt., E130b, Bü547, S.5

Wegen der Vielseitigkeit des Begriffes "Verwaltungsakt" wurde kurz in Erwägung gezogen, ob man den Ausdruck "Verfügungen und Entscheidungen" wieder annehmen sollte[57]. Da aber die beiden Begriffe in den einzelnen Gesetzen nicht konsequent die gleiche Bedeutung hatten, wollte man diese Terminologie für die *Verwaltungsrechtsordnung* dann doch nicht verwenden. Überlegt wurde allerdings, ob man nicht einfach die Bezeichnung "Verfügungen" mit einem ganz bestimmten Begriff wählen sollte. Da jedoch viele Gesetze von "Entscheidungen" sprachen, befürchtete man, daß Streit darüber bestehen könnte, ob damit auch Verfügungen gemeint seien. Der Kommission war klar, daß dann auch für "Entscheidungen" eine Definition gefunden werden mußte. Dies wurde aber nicht für realistisch gehalten, weil eine feste Grenze zwischen Verfügungen und Entscheidungen unmöglich erschien[58].

Von Haller schlug vor, statt des Begriffes "Verwaltungsakte" den Begriff "öffentlich-rechtliche Rechtsgeschäfte" zu verwenden. Er jedenfalls konnte unter dem Begriff Verwaltungsakt, wie er bisher definiert wurde, nichts anderes verstehen als ein Rechtsgeschäft[59]. Gegen die Bezeichnung "Rechtsgeschäfte" äußerten andere Mitglieder jedoch starke Bedenken. Insbesondere erschien es ihnen unmöglich, bei einer Handlung einer öffentlichen Behörde dem Einzelnen gegenüber von einem Rechtsgeschäft zu sprechen. Ihrer Ansicht nach widersprach es dem allgemeinen Empfinden, die staatlichen Befehle als Rechtsgeschäfte zu bezeichnen. Man hielt es immer noch für besser "Verwaltungsakt" zu sagen, denn dieses Wort sei wenigstens ein "im öffentlichen Leben allgemein anerkannter Ausdruck"[60]. Im übrigen war man davon überzeugt, daß es "Schule machen" werde, wenn dem Begriff Verwaltungsakt nunmehr ein ganz bestimmter Sinn gegeben werde[61].

Im Hinblick darauf, daß auch im allgemeinen Sprachgebrauch öffentliche Verträge gelegentlich als Verwaltungsakte bezeichnet wurden, äußerte man aber auch

---

57 Sitzungsprotokoll v.23.6.27,HStA Stgt., E130b, Bü547, S.6
58 Sitzungsprotokoll v.23.6.27,HStA Stgt., E130b, Bü547, S.7f.
59 Sitzungsprotokoll v.23.6.27,HStA Stgt., E130b, Bü547, S.5
60 Sitzungsprotokoll v.23.6.27.HStA Stgt., E130b, Bü547, S.6
61 Sitzungsprotokoll v.23.6.27,HStA Stgt., E130b, Bü547, S.8

Bedenken, von Verwaltungsakten i.S. *Otto Mayers* zu reden[62]. Andere Kommissionsmitglieder sahen allerdings keinen Grund, von der Begriffsbestimmung *Otto Mayers* abzuweichen. Ihrer Meinung nach lag das Wesen des Verwaltungsakts gerade darin, daß der Staat als öffentliche Gewalt gegenüber dem Einzelnen handele, während gewisse Verträge zwar eine Betätigung der Verwaltung, aber keine mit "allgemeiner Verbindlichkeit versehenen autoritativen Maßnahmen" seien[63]. Im Gegensatz zur "Verfügung" konnte ihres Erachtens der Verwaltungsaktsbegriff scharf gefaßt werden, ohne mit der Spezialgesetzgebung in Konflikt zu kommen. Einige Mitglieder sprachen sich auch wegen seiner Kürze für die Aufnahme des Begriffs "Verwaltungsakt" aus. Daß es sich bei dem Ausdruck "Akt" um ein Fremdwort handelte, was *Sartorius* störte, hielt man nicht für bedenklich, weil man ihn inzwischen als eingebürgert betrachtete.

Schließlich kam noch der Einwand, daß sich der Ausdruck Verwaltungsakt trotz seiner neutralen Art weniger empfehle, weil er auch Verwaltungshandlungen ganz anderer Art begrifflich umfassen könne. An dieser Stelle wurde aber ausdrücklich betont, daß es in der Zuständigkeit der Kommission liege, dem Begriff Verwaltungsakt einen solchen Inhalt zu geben, damit eine Hereinnahme von Verwaltungshandlungen anderer Art nicht mehr möglich sei.

Bei der nachfolgenden Abstimmung entschied sich die Mehrheit der Kommissionsmitglieder schließlich für die Bezeichnung "Verwaltungsakte"[64]. In diesem Zusammenhang ist darauf hinzuweisen, daß der Begriff des Verwaltungsaktes in der *Verwaltungsrechtsordnung* nicht mit dem Begriff der Verwaltungsverfügung, den das in seinem Anhang abgedruckte *Verwaltungsverfahrensgesetz* verwendet, identisch ist[65]. Letzterer wurde weiter gefaßt. Zu den "Verfügungen" i.S.d. *Verwaltungsverfahrensgesetzes* gehörten z.B. auch die innerhalb eines besonderen Gewaltverhältnisses erlassenen Bescheide, die der Begriff des "Verwaltungsaktes" nicht mit einbezog[66]. Aus Gründen eines umfassen-

62 Sitzungsprotokoll v.23.6.27,HStA Stgt., E130b, Bü547, S.7
63 Sitzungsprotokoll v.23.6.27,HStA Stgt., E130b, Bü547, S.7
64 Vgl.i.e. Sitzungsprotokoll v.23.6.27,HStA Stgt., E130b, Bü547, S.9
65 Z.B. Art.19, 27 Abs.2, 43 Abs.1
66 *VRO*, Begründung, Art. 61, S. 216

den Rechtsschutzes wollte man den engeren Begriff des "Verwaltungsaktes" nicht in das Verfahrensgesetz übernehmen .

5. Einbeziehung von Staat, Kirchen und Gemeinden in das Personenrecht

5.1. Der Staat als juristische Person des öffentlichen Rechts

Sowohl nach dem vorläufigen Arbeitsplan als auch nach dem Grundriß *von Hallers* war zu prüfen, ob die *Verwaltungsrechtsordnung* nicht auf die Stellung des Staates als rechtsfähige öffentliche Person eingehen sollte.

Der Grundriß hatte im Abschnitt über die Personen den Staat in erster Reihe als rechtsfähige öffentliche Person aufgeführt[67]. *Von Haller* verstand den Staat nicht nur als "Schöpfer des öffentlichen Rechts", sondern auch, allerdings nicht immer unmittelbar, als "Urheber aller öffentlichen Rechtsgeschehnisse" und als "eigentlichen Träger der öffentlichen Verwaltung". Der Staat konnte seiner Ansicht nach aber auch, wie seine Bürger, ein Subjekt verwaltungsrechtlicher Rechtsverhältnisse sein, so z.B. als Gläubiger von Steuern und Gebühren. Deshalb standen seines Erachtens dem Staat als öffentlicher Rechtsperson ebenso subjektive öffentliche Rechte zu, wie den einzelnen Individuen im Staat[68]. *Von Haller* wollte aus diesem Grund die Stellung des Staates als Träger konkreter öffentlicher Rechte berücksichtigen. Ob und inwieweit der Fiskusbegriff in die Untersuchung mit einzubeziehen war, sollte sich erst im Laufe der Erörterungen über den Staat als Subjekt einzelner Rechte ergeben[69].

Zu Beginn der Beratungen der öffentlichen Körperschaften wies auch der Vorsitzende darauf hin, daß der Staat eine besondere Hervorhebung verdiene. Seiner Auffassung nach war der Staat nicht ohne weiteres mit einbezogen, wenn von öffentlichen Körperschaften gesprochen wurde. Andere Kommissionsmitglieder sahen darin kein Problem, sondern betrachteten dies lediglich als eine reine

---

67 *Von Haller*, Grundriß, HStA Stgt., E130b, Bü553, S.31
68 *Von Haller*, Grundriß, HStA Stgt., E130b, Bü553, S.32
69 *Von Haller*, Grundriß, HStA Stgt., E130b, Bü553, S.32

Frage der Begriffsbestimmung. Ihrer Meinung nach fiel der Staat ohne weiteres darunter, auch wenn von öffentlichen Körperschaften im weiteren Sinne die Rede war. Ansonsten hielt man es aber für notwendig, den Staat besonders hervorzuheben, was auch für die Landesordnung gelten sollte[70]. Der Vorschlag *von Hallers*, auch den Fiskusbegriff in der Landesordnung festzulegen, wurde jedoch ohne weitere Diskussion mit der Begründung abgelehnt, daß die Seite des Staates als "privatwirtschaftstreibende Person" das öffentliche Recht nicht berühre[71].

Unter Hinweis auf die neuere Gesetzgebung wurde demgegenüber die Auffassung vertreten, daß der Staat unmöglich in die Landesordnung mit einbezogen werden könne. Das wäre für sie einer neuen Verfassung gleichgekommen[72]. Die Gegner der Einbeziehung des Staates standen ferner auf dem Standpunkt, daß, selbst wenn man den Staat als öffentliche Körperschaft bezeichnen könne, seine besonderen Rechtsverhältnisse in den Abschnitt der Körperschaften des öffentlichen Rechts, in dem von Entstehung, Verleihung, Inhalt der Rechtsfähigkeit, Aufsicht usw. die Rede sei, nicht hineinpaßten. Für das Recht des Staates waren ihrer Ansicht nach andere Gesichtspunkte maßgebend. Sie hatten Bedenken, daß im Falle einer begrifflichen Einbeziehung des Staates immer wieder besondere Klauseln erforderlich sein würden[73].

Die Mehrheit der Kommission kam deshalb zu dem Ergebnis, daß der Staat im Entwurf nicht berücksichtigt werden dürfe[74]. Nur über die dem Staat untergeordneten oder eingegliederten öffentlichen Körperschaften sollten Regelungen getroffen werden[75].

---

70 Sitzungsprotokoll v.21.7.25,HStA Stgt., E130b, Bü547, S.11f.
71 Sitzungsprotokoll v.21.7.25,HStA Stgt., E130b, Bü547, S.12
72 Sitzungsprotokoll v.12.7.28,HStA Stgt., E130b, Bü548, S.9
73 Sitzungsprotokoll v.12.7.28,HStA Stgt., E130b, Bü548, S.8
74 Sitzungsprotokoll v.12.7.28,HStA Stgt., E130b, Bü548, S.17
75 *VRO*, Begründung zu Art. 117, S. 357

5.2. Kirchen als Körperschaften des öffentlichen Rechts

Das Problem der Einbeziehung der Kirchen wurde bereits bei der Diskussion über den Gegenstand des Gesetzes behandelt[76]. Bei den Beratungen über die Körperschaften des öffentlichen Rechts beschäftigte sich die Kommission nochmals mit dem Thema.

Von Haller hatte in seinem Grundriß die Kirchen und ihre Gliedkörperschaften den öffentlichen Genossenschaften zugeordnet[77]. Unter diesen Genossenschaften verstand er alle öffentlichen Körperschaften, die nicht Gemeinden waren[78]. Die Einreihung der Kirchen in die öffentlichen Körperschaften hielt *von Haller* nur für einen äußeren Notbehelf. Seines Erachtens sollte sie nur dazu dienen, die den Kirchen gegen ihre "Kirchengenossen" zustehende öffentliche Zwangsgewalt mit dem staatlichen Anspruch, als einzige Quelle jeglicher Zwangsgewalt, in Einklang zu bringen. Denn Art und Wesen der christlichen Kirchen widerstrebten seiner Meinung nach einer derartigen Unterstellung. Aus diesem Grund wollte *von Haller* sie hier nicht mit einbeziehen[79].

Von anderer Seite wurde dagegen ausgeführt, daß die Tatsache der Aufstellung allgemeiner Grundsätze des öffentlichen Rechts über Körperschaften "kurios" wirken würde, wenn man zugleich einen sehr wesentlichen Teil der öffentlichen Körperschaften, eben die Kirchen, auf die Seite schiebe[80]. Für *Sartorius* waren die Kirchen eine besondere Art der Körperschaften des öffentlichen Rechts. Seiner Ansicht nach wollte man in der Reichsverfassung nur zum Ausdruck bringen, daß den Kirchen gewisse Eigentümlichkeiten und Befugnisse zustanden, wie sie den öffentlichen Körperschaften der normalen Ordnung auch zukommen. Im übrigen hielt er aber die Kirchen eben für "etwas besonderes".

Auch der Vorsitzende war der Auffassung, daß die Kirchen nur unter dem Gesichtspunkt der staatlichen Fürsorge bzw. des staatlichen Schutzes zu dieser Be-

76 Vgl. oben Kapitel F, Abschnitt I.3.5.
77 *Von Haller*, Grundriß, HStA Stgt., E 130 b, Bü 553, S. 36
78 *Von Haller*, Grundriß, HStA Stgt., E 130 b, Bü 553, S. 34
79 *Von Haller*, Grundriß, HStA Stgt., E 130 b, Bü 553, S. 36f.
80 Sitzungsprotokoll v.12.7.28,HStA Stgt., E130b, Bü548, S.17

zeichnung gekommen seien[81]. Nach der Ansicht *Häffners* bestand für die Kirchen ein eigenes Recht, das besonders hinsichtlich der staatlichen Aufsicht nach anderen Gesichtspunkten geregelt sei. Auch die weiteren Beziehungen zum Staat regelte seiner Meinung nach *Hegelmaiers* das Kirchengesetz. Im übrigen ging er davon aus, daß die gesetzliche Einordnung der Kirchen als Körperschaften des öffentlichen Rechts nichts daran ändere, daß ihre Ordnung auf kirchlicher Autonomie beruhe[82].

Nach ausführlicher Diskussion kam die Kommission schließlich zu dem Ergebnis, daß die Kirchen im Entwurf nicht gut unterzubringen seien[83]. Allerdings hielt man es für notwendig in die *Verwaltungsrechtsordnung* eine besondere Bestimmung aufzunehmen, in der gesagt wird, daß die Kirchen als Körperschaften des öffentlichen Rechts nicht unter die Bestimmungen dieses Abschnitts fallen[84]. Es sollte auf keinen Fall der Eindruck entstehen, als ob sie zu Unrecht im Kirchengesetz als Körperschaften des öffentlichen Rechts anerkannt worden sind[85].

5.3. Gemeinden als Körperschaften des öffentlichen Rechts

Das Recht der Gemeinden und Amtskörperschaften war in Württemberg durch zahlreiche Vorschriften bereits geregelt. Es stellte sich deshalb die Frage, ob neben der großen Anzahl der bereits bestehenden Vorschriften noch Raum war für eine Reihe von allgemeinen Rechtssätzen.

Berichterstatter *Häffner* hatte es als seine Aufgabe betrachtet, den Versuch zu machen, die gemeinsamen Rechtsgrundsätze für alle Körperschaften, also auch für die Gemeinden, herauszuschälen. Er hatte auch den Eindruck, daß solche Grundsätze für die Praxis von Nutzen sein konnten. Seines Erachtens fehlte es z.B. an einem geschriebenen Recht über die Verleihung der Rechtspersönlichkeit. Er berichtete der Kommission, daß in der Praxis deshalb in sehr verschiedener

81 Sitzungsprotokoll v.12.7.28,HStA Stgt., E130b, Bü548, S.17
82 Sitzungsprotokoll v.12.7.28,HStA Stgt., E130b, Bü548, S.8
83 Sitzungsprotokoll v.12.7.28,HStA Stgt., E130b, Bü548, S.18
84 Sitzungsprotokoll v.12.7.28,HStA Stgt., E130b, Bü548, S.9
85 Sitzungsprotokoll v.12.7.28,HStA Stgt., E130b, Bü548, S.8

Weise verfahren, man könne beinahe sagen "gewurstelt" werde. Weiterhin wurde von ihm bemängelt, daß nicht einmal darüber Klarheit bestehe, ob die Verleihung einer Rechtspersönlichkeit auf Grund von § 22 *BGB* vor sich gehe oder als Verleihung auf Grund öffentlichen Rechts erfolge[86]. *Häffner* brachte zum Ausdruck, daß der Entwurf gewiss keine Regelungen über Gemeinden und Amtskörperschaften treffen wolle. Wenn aber z.B. der Inhalt der Rechtsfähigkeit bestimmt werde, so sei doch kein Hindernis ersichtlich, diesen Begriff allen rechtsfähigen Gebilden zugrunde zu legen.

Den Ausführungen des Berichterstatters schlossen sich auch andere Mitglieder an. Man wollte nicht einsehen, warum die allgemeinen Bestimmungen des Entwurfs auf Gemeinden und Amtskörperschaften nicht insoweit Anwendung finden sollten, als diese Gesetze gewisse Fragen offen ließen. Sie räumten zwar ein, daß dies Spezialgesetze waren, wiesen aber gleichzeitig darauf hin, daß die Kommission hier die Grundlage des allgemeinen Verwaltungsrechts für Württemberg schaffen sollte, damit etwaige Lücken der gesamten Spezialgesetzgebung ausgeschlossen werden konnten[87]. Ergänzend dazu mußte ihrer Ansicht nach berücksichtigt werden, daß gem. Art. 1 *GemO* die Gemeinden Körperschaften des öffentlichen Rechts waren. Kritisiert wurde, das bisher "der Kommentator in der Anmerkung" sagen müsse, was darunter zu verstehen sei. Man hielt dies für "keine erfreuliche Rechtslage"[88].

Von Haller war davon überzeugt, daß kein Gesetzgeber je in die Lage kommen werde, seine Einzelvorschriften so bestimmt festzulegen, daß sie zu keiner weiteren Erwägung über Grundlage und Tragweite mehr Anlaß geben würden. Aus diesem Grund konnte für ihn auch die *Gemeindeordnung* allgemeine Rechtsgrundsätze nicht entbehren[89]. Im übrigen wurde von ihm wiederholt der Wert allgemeiner Grundsätze für die Auslegung von Spezialvorschriften betont. Eine zu große Selbstbeschränkung des Entwurfs hielt er nicht für erwünscht[90].

---

86 Sitzungsprotokoll v.12.7.28,HStA Stgt., E130b, Bü548, S.6
87 Sitzungsprotokoll v.12.7.28,HStA Stgt., E130b, Bü548, S.15
88 Sitzungsprotokoll v.12.7.28,HStA Stgt., E130b, Bü548, S.12
89 Sitzungsprotokoll v.12.7.28,HStA Stgt., E130b, Bü548, S.5
90 Sitzungsprotokoll v.12.7.28,HStA Stgt., E130b, Bü548, S.5

Nach Auffassung der Vertreter der Wissenschaft hatte es jedoch keinen Zweck, für die Gemeinden und die Amtskörperschaften irgend welche Vorschriften treffen zu wollen. Die Auslegung der *Gemeindeordnung* und *Bezirksordnung* sollte durch den gegenwärtigen Entwurf grundsätzlich überhaupt nicht beeinflußt werden[91]. *Von Köhler* betonte, daß es doch ganz und gar unzweckmäßig sei, wenn einem Gesetz, das wie die *Gemeindeordnung* "Gemeingut" werden solle, erst noch mit einem zweiten Gesetz zu Hilfe gekommen werden müsse. Er war der Meinung, daß man bei Lücken in der Gemeindeordnung besser mit einem neuen Entwurf einer Gemeindeordnung nachhelfen könne[92]. Auch der Vorsitzende befürchtete, daß das Innenministerium Einspruch erheben werde, wenn die Kommission versuche, der *Gemeindeordnung* sozusagen noch einen "Dachbau" aufzusetzen. Dies war für *Hegelmaier* der Kardinalpunkt, über den die Kommission zunächst zu entscheiden habe[93].

Demgegenüber war der Berichterstatter *Häffner* der Meinung, daß die vorgesehenen Bestimmungen auch für die Gemeinden und Amtskörperschaften von gewisser Bedeutung sein könnten. Der Entwurf hatte seiner Ansicht nach die Aufgabe, die allgemeinen Rechtsgrundsätze festzulegen. Bei Herausnahme der Gemeinden bestand für ihn die Gefahr, daß die vorgesehenen Regelungen ihre allgemeine Bedeutung für Körperschaften fast ganz verlieren würden. Sie hätten dann nur noch einen Wert für die Genossenschaften[94]. Die Vertreter des Verwaltungsgerichtshofs schlossen sich ebenfalls dieser Auffassung an.

Trotz dieser Erwägungen entschied sich die Kommission letztendlich doch dafür, die Gemeinden nicht in den Entwurf mit einzubeziehen. Die Sonderregelung des Gemeinderechts, so die Begründung, sei als erschöpfende Ordnung anzusehen[95].

---

91 Sitzungsprotokoll v.12.7.28,HStA Stgt., E130b, Bü548, S.10
92 Sitzungsprotokoll v.12.7.28,HStA Stgt., E130b, Bü548, S.11
93 Sitzungsprotokoll v.12.7.28,HStA Stgt., E130b, Bü548, S.12
94 Sitzungsprotokoll v.12.7.28,HStA Stgt., E130b, Bü548, S.10
95 *VRO*, Begründung zu Art. 117 Abs.2, S.360

F. Zusammenfassung

Das Verwaltungsrecht, das als objektives Recht erst im Laufe des 19. Jahrhunderts entstanden ist, war auch zu Beginn des 20. Jahrhunderts noch kein abgeschlossenes Rechtsgebiet. Trotz Zunahme öffentlich-rechtlicher Regelungen lagen auf weiten Gebieten keine Normen des öffentlichen Rechts fertig ausgebildet vor, nach denen Verhältnisse der öffentlichen Verwaltung hätten beurteilt werden können. Eine das öffentliche Recht auch nur annähernd systematisch geordnete Gesetzgebung des für die Verwaltung geltenden Rechts war nicht vorhanden. Entsprechend schwierig und zeitaufwendig gestaltete sich die Rechtsfindung für die Beamtenschaft. Vor dem Hintergrund einer ständig fortschreitenden Verteuerung der Verwaltung wurde deshalb vor allem eine bessere Übersicht über das geltende Recht gefordert.

Als der frühere Amtmann *Wilhelm Bazille* am 3.6.1924 zum württembergischen Staatspräsidenten gewählt wurde, war es für ihn eine selbstverständliche Sache, mit dem sofort zu beginnen, wofür er mehr als zwei Jahrzehnte lang gearbeitet hatte. Mit der Umsetzung seiner Konzeption zur **Verwaltungsvereinfachung**, wozu auch die **Kodifikation des allgemeinen Verwaltungsrechts** gehörte, wollte er die württembergische Verwaltung zur **besten und vorbildlichsten in Deutschland** machen. *Bazille* war sich zwar darüber im klaren, daß sich eine zusammenhängende Regelung des allgemeinen Verwaltungsrechts viel schwieriger gestalten wird als die des bürgerlichen Rechts. Um Zeit und damit **hohe Kosten einzusparen** und auch wegen der **rechtsstaatlichen Nachteile bei der Entscheidungsfindung** hielt er hier eine Änderung jedoch für dringend notwendig.

In Anbetracht des umfangreichen Rechtsstoffes und der Schwierigkeit der Aufgabe wurde auf Vorschlag des Württembergischen Verwaltungsgerichtshofs eine Kommission mit der Aufstellung dieses Gesetzesentwurfs betraut. Die Kommission, der Vertreter der Wissenschaft, der Verwaltung und des Verwaltungsgerichtshofs angehörten, nahm im April 1925 ihre Arbeit auf. Zunächst wurde von einem "engeren Ausschuß" ein vorläufiger Arbeitsplan erstellt, der als Grundlage für die Berichterstattung diente. Darüber hinaus arbeitete *von Haller*, einer der beiden Vertreter des Verwaltungsgerichtshofs, einen Grundriß aus, der umfangreiche Ausführungen über Regelungsumfang, Gestaltung und Systematik der geplanten Kodifikation enthielt.

Bereits zu Beginn der Beratungstätigkeit kam es in der Kommission zu einer Aufteilung in drei Interessengruppen. Eine Gruppe bildeten die jüngeren Ministerialbeamten, die sehr vorsichtig und zurückhaltend das Gesetzesvorhaben in Angriff nahmen. Sie befürchteten, daß die gesetzliche Festlegung allgemeiner Normen eine Einengung der Verwaltungstätigkeit zur Folge habe. Ihr Bestreben war es deshalb, nur das gesetzlich festzulegen, was unbedingt notwendig und für die Praxis von Bedeutung war. Darüber hinaus war für sie zunächst äußerst fraglich, ob wegen der vielen Einzelsysteme des Verwaltungsrechts überhaupt ein formales System aufgestellt werden konnte.

Die zweite Interessengruppe bildeten die Vertreter der Wissenschaft. Die beiden Professoren der Universität Tübingen, *von Köhler* und *Sartorius*, hatten große Bedenken, ob durch ein allgemeines Gesetz eine Verbesserung der kritisierten Zustände erreicht werden konnte. Insgesamt erschien ihnen der Plan, die allgemeinen Grundsätze gesetzlich festzulegen, wie die "Kodifikation eines Lehrbuches". Während der gesamten Beratungstätigkeit war es ihnen ein besonderes Anliegen, einen Einbruch des Gesetzgebers in das Gebiet der Wissenschaft zu verhindern.

Gegenüber der restriktiven Auffassung der jüngeren Verwaltungsbeamten und der Professoren gingen die Vertreter des Verwaltungsgerichtshofs, *von Haller* und *Geier*, sowie der Vorsitzende der Kommission, Staatsrat *Hegelmaier*, mit sehr viel Engagement an die Aufgabe heran. Sie waren überzeugt, daß ein allgemeines und gleichzeitig ein praktikables Gesetz für die Verwaltung geschaffen werden konnte. Ihr Ziel war es, Bestimmungen zu erarbeiten, die den Verwaltungsbeamten ein langwieriges Studium von Literatur und Gerichtsentscheidungen ersparten. Für sie stand fest, daß die bisherige Herausarbeitung der allgemeinen Sätze für das Bedürfnis der Praxis keinesfalls ausreichten. Der Gesichtspunkt der **Verwaltungsvereinfachung** und der **Verminderung der Rechtsunsicherheit** erschien ihnen von Anfang an ein ausreichendes Motiv für die Arbeit zu sein. Über

die Bedürfnisfrage hinaus wurde ein allgemeines Gesetz aber auch mit der Notwendigkeit der "**Abwehr der immer mehr überhand nehmenden Überstreckung der Zivilrechtsprechung auf das Gebiet der Verwaltung**" begründet. Man war davon überzeugt, daß durch das Fehlen allgemeiner Vorschriften die Behörden und insbesondere auch die Zivilgerichte zur Heranziehung privatrechtlicher Normen gedrängt wurden.
Neben dem praktischen Bedürfnis und der Zurückdrängung der Zivilgerichtsbarkeit wollte diese Interessengruppe durch die Kodifikation aber vor allem eine **verstärkte Anerkennung des öffentlichen Rechts** erreichen. Insbesondere die subsidiäre bzw. analoge Anwendung privatrechtlicher Normen, mit der bislang die vielen Lücken des öffentlichen Rechts ausgefüllt worden waren, sollte mit dem geplanten Gesetz verhindert werden. Man hielt es für einen "unwürdigen Zustand", daß das Verwaltungsrecht so vielfach auf die "Krücken des Privatrechts" angewiesen war.

Entsprechend dem Bestreben in der Verwaltungsrechtswissenschaft, ein geschlossenes, abstraktes und vom Privatrecht unabhängiges Begriffs- und Regelsystem des öffentlichen Rechts zu schaffen, lag der **Schwerpunkt** der Verwaltungsrechtsordnung in der **Abgrenzung gegenüber dem Privatrecht**. Obwohl die Vertreter der Wissenschaft und die meisten Vertreter der Verwaltungspraxis die Übernahme privatrechtlicher Bestimmungen nur in sehr begrenztem Umfang zulassen wollten, setzten sich die Vertreter des Verwaltungsgerichtshofs, und hier vor allem *von Haller*, mit ihrem Bestreben durch, **für fast alle Rechtsvorgänge des öffentlichen Rechts eigene Vorschriften zu schaffen**. Die dafür erforderliche umfassende Übernahme korrespondierender privatrechtlicher Regelungen wurde hauptsächlich damit begründet, daß nur auf diesem Weg eine **eigenständige Entwicklung des öffentlichen Rechts** gewährleistet werden könnte. "Eine Vermengung öffentlich-rechtlicher und privatrechtlicher Gesichtspunkte", die für das bestehende "rechtliche Chaos" verantwortlich gemacht wurden, sollte für die Zukunft auf jeden Fall ausgeschlossen werden. Um eine **Ausweitung des öffentlichen Rechts** zu erreichen, wurde außerdem auf eine möglichst weitreichende Fassung der Begriffsbestimmungen geachtet.

In Anbetracht der gesamten Ausgestaltung des Entwurfs kann die *Verwaltungsrechtsordnung*, ohne die Leistung der übrigen Kommissionsmitglieder schmälern zu wollen, als das **Werk** des Vertreters des Verwaltungsgerichtshofs, ***Friedrich von Haller***, bezeichnet werden.

Quellen- und Literaturverzeichnis

I. Veröffentlichte Quellen

Verwaltungsrechtsordnung für Württemberg
Entwurf eines Gesetzes mit Begründung
Stuttgart 1931 (zit.: VRO)

Ergänzungsband zur
Verwaltungsrechtsordnung für Württemberg
Entwurf eines Gesetzes mit Begründung
Stuttgart 1936 (zit.: VRO Ergänzungsband)

Staatshandbuch für Württemberg 1928
Hrsg.: Württembergisches Statistisches Landesamt
Erster Teil
Stuttgart 1928

II. Unveröffentlichte Quellen

1. Hauptstaatsarchiv Stuttgart (zit.: HStA Stgt.)

Bestand E 130 b, Büschel 542-546
Beschlüsse, Sitzungsprotokolle, Schriftverkehr des Staatsministeriums

Bestand E 130 b, Büschel 547-550
Sitzungsprotokolle der Kommission

Bestand E 130 b, Büschel 551, 553, 555, 561, 568
Gutachten der Berichterstatter

Bestand E 130 c, Büschel 4, 6, 31, 40, 41, 43
Personalakten des Staatsministeriums

2. Staatsarchiv Ludwigsburg (zit.: StA Lb.)

Bestand E 136, Büschel 9 - Büschel 17
Urteile des Württembergischen Verwaltungsgerichtshofs

Bestand E 136, Büschel 51
Schriftverkehr des Württembergischen Verwaltungsgerichtshofs

3. Universitätsarchiv Tübingen (zit.: UAT)

Bestand 126/335 und 126/566
Juristische Fakultät
Personalakten

III. Literatur

Zitierweise:
Soweit bei den einzelnen Titeln keine besondere Zitierweise angegeben ist, werden selbständige Veröffentlichungen nur mit dem Verfassernamen zitiert. Aufsätze in Zeitschriften sind mit der abgekürzten Fundstelle angeführt.

Bazille, Wilhelm
Die wissenschaftlich-praktische Bearbeitung des öffentlichen Rechts in Württemberg,
WüRV 1907/08, 19ff.

Die Vereinfachung der württembergischen Verwaltung und sonstige notwendige Reformen derselben
WüRV 1907/08, S.120ff.

Vier Jahre württembergische Regierungspolitik 1924-1928
HStA Stgt., E130c, Bü6, As.9, Anlage 3, Manuskript

Bernatzik, Edmund
Rechtsprechung und materielle Rechtskraft
Neudruck der Ausgabe Wien 1886, Aalen 1964

Bühler, Ottmar
Die subjektiven öffentlichen Rechte und ihr Schutz in der deutschen Verwaltungsrechtsprechung
Stuttgart 1914

Bullinger, Martin,
Öffentliches Recht und Privatrecht
Stuttgart 1968

Dehlinger, Alfred
Württembergisches Staatswesen in seiner geschichtlichen Entwicklung bis heute
2.Bd., Stuttgart 1953

Dennewitz, Bodo
Die Systeme des Verwaltungsrechts
Hamburg 1948

Fachet, Siegfried
Verwaltungsgerichtshof, Kompetenzgerichtshof und Disziplinargerichte in Württemberg unter dem Nationalsozialismus
Pfaffenweiler 1989

Fleiner, Fritz
Institutionen des Deutschen Verwaltungsrechts
Tübingen 1911 (zit.: Institutionen 1911)
Tübingen 1919 (zit.: Institutionen 1919)

Über die Umbildung zivilrechtlicher Institute durch das öffentliche Recht
Tübingen 1906 (zit.: Umbildung zivilrechtlicher Institute)

Forsthoff, Ernst
Lehrbuch des Verwaltungsrechts
Allgemeiner Teil
München 1950, 1. Aufl.

Friedrichs, Karl
Der allgemeine Teil des Rechts
Hirts Ann. d. Dt. Reichs 1917, Bd.50, S. 385ff.

Gehe, von[1]
Zur Frage der Anwendung der sog. Privatrechtstitel im öffentlichen Rechte
FischersZ 1908, Bd.34, S. 134ff.

Goez, Karl
Die Verwaltungsrechtspflege in Württemberg
Tübingen, 1902

Hartmann,[2]
Können die bürgerlichen Gerichte über öffentlich-rechtliche Gegenforderungen entscheiden?
DJZ 1912, S. 1519f.

Hegelmaier, Leopold
Beamter und Soldat 1884-1936
Lebenserinnerungen
Stuttgart 1937

Herrnritt, Rudolf Hermann
Grundlehren des Verwaltungsrechts
Tübingen 1921

Hofacker, Wilhelm
Über Strafrechtsreform und Verwaltungsreform
WüRV 1907/08, S.2ff.

Der logische Aufbau des deutschen Rechts
Stuttgart 1924

Die Neugestaltung der öffentlichen Verwaltung
Stuttgart 1926

1 o.V.
2 o.V., Regierungsrat in Hamburg

Holstein, Günther
Die Lehre von der öffentlich-rechtlichen Eigentumsbeschränkung,
Öffentlich-rechtliche Abhandlungen 1921, Bd.1, 3.Heft

Huber, Ernst Rudolf
Deutsche Verfassungsgeschichte
Bd. VI, Stuttgart 1981
Bd. V, Stuttgart 1981

Hue de Grais, Robert Graf
Die Vereinfachung der preußischen Verwaltung,
Verw.Arch. 1907, Bd. XV, S.325ff.

Jahn, Gustav R.
Eine Verwaltungsrechtsordnung für Württemberg
ZgesStW 1931, Bd.91, S.225ff.

Jellinek, Georg
Systeme der subjektiven öffentlichen Rechte
2. Aufl., Tübingen 1905

Jellinek, Walter
Verwaltungsrecht
3. Auflage, Berlin 1931

Zum Entwurf einer Verwaltungsrechtsordnung für Württemberg
AöR 1932, Bd.21, S.1ff. (zit.: Verwaltungsrechtsordnung)

Kaufmann, Erich
Verwaltung, Verwaltungsrecht
in Wörterbuch des Deutschen Staats- und Verwaltungsrechts
herausgegeben von *Max Fleischmann*
3. Bd., Tübingen 1914, S. 688ff.

Kormann, Karl
Grundzüge eines allgemeinen Teil des öffentlichen Rechts
HirtsAnn.d.Dt.Reichs 1911, Bd. 44, S. 850ff.
System der rechtsgeschäftlichen Staatsakte
Berlin 1910

Köhler, Ludwig von
Grundlehren des Deutschen Verwaltungsrechts
2. Auflage, Stuttgart 1936

Lassalln, Oswald
Die Anwendbarkeit von Normen des bürgerlichen Rechts im öffentlichen Rechte
FischersZ. 1926, Bd.59, S.153ff.

Lassar, Gerhard
Der Erstattungsanspruch im Verwaltungs- und Finanzrecht
Öffentlich-rechtliche Abhandlungen 1921, Bd.1 , 2.Heft

Maunz, Theodor
Das Verwaltungsrecht des nationalsozialistischen Staats
in: Deutsches Verwaltungsrecht
Hrsg. *Frank*, Hans
München 1937, S.27ff.

Mayer, Otto
Deutsches Verwaltungsrecht
2. Auflage, 1.Bd., München und Leipzig 1914

Mann, Bernhard/ Nüske Friedrich
Die Verwaltung in den Ländern des Reichs
in: Deutsche Verwaltungsgeschichte Bd.IV
Stuttgart 1984, S. 567ff.

Marquardt, Ernst
Geschichte Württembergs
Stuttgart 1961

Meier-Branecke, H.
Die Anwendbarkeit privatrechtlicher Normen im Verwaltungsrecht
AöR 1926, Bd.50, NF 11, S. 230ff.

Nebinger, Robert
Verwaltungsrecht - Allgemeiner Teil -
Stuttgart 1946

Penz, Jürgen
Die Geschichte der Juristenausbildung in Württemberg im 19. Jahrhundert
Inaugural-Dissertation, Albert-Ludwigs-Universität zu Freiburg im Breisgau, 1985

Pistorius, Theodor
Staats- und Verwaltungskunde
3. Auflage, Stuttgart 1931

Reiff, Hermann
Zur Erinnerung an Robert Nebinger
28.11.1883 - 5.6.1963
Baden-Württembergisches Verwaltungsblatt 8 (1963), S. 120f.

Richter, Lutz
Das subjektive öffentliche Recht
AöR 1925, Bd.47, NF.8, S.1ff.

Saemisch, Friedrich
Gutachten des Reichssparkommissars über die Landesverwaltung Württemberg
Hauptband I, Berlin 1930

Sarwey, Otto von
Das öffentliche Recht
Tübingen 1880

Schmid, O.
Verwaltungsrechtsordnung für Württemberg
DJZ 1932, S. 263f.

Sohm, Rudolph
Institutionen
- Geschichte und System des Römischen Privatrechts -
14. Aufl., Leipzig 1911

Spanner, Hans
Empfiehlt es sich, den allgemeinen Teil des Verwaltungsrechts zu kodifizieren?
in: Gutachten für den 43. Deutschen Juristentag
DJT 1960, Band I, 2. Teil A

Stein, Friedrich
Grenzen und Beziehungen zwischen Justiz un Verwaltung
Tübingen 1912

Stolleis, Michael
Verwaltungsrechtswissenschaft und Verwaltungslehre in der Weimarer Republik
in: Deutsche Verwaltungsgeschichte Bd.IV
Stuttgart 1985, S. 77ff.

Tezner, Friedrich
Die Privatrechtstitel im öffentlichen Recht
AöR 1894, Bd.9, S.489ff.

Tietgen, Walter
Die Neuordnung der Landesverwaltung
DVBl 1956, S. 290ff.

Tipke, Klaus/Lang, Joachim
Steuerrecht
Köln 1994, 14. Auflage

Ule, Carl Hermann
Hat sich der Entwurf einer Verwaltungsrechtsordnung für Württemberg bewährt?
DVBl 1960, 609ff.

Von der Mosel, Curt
Wörterbuch des Deutschen Verwaltungsrechts
- Unter besonderer Berücksichtigung des sächsischen Landesrechts -
Zweiter Band, 14. Aufl. Leipzig 1938
Unruh, Georg-Christoph von
Verwaltungsreformen
- Vorhaben und Ergebnisse seit dem Ausgang des 19. Jahrhunderts -
in: Verwaltungsgeschichte
Hrsg. *Rudolf Morsey*
Berlin 1977, S. 23ff.

Weber, Werner
Empfiehlt es sich, den allgemeinen Teil des Verwaltungsrechts zu kodifizieren?
Referat zum 43. Deutschen Juristentag
DJT 1960, Bd. II

Weller, Karl
Die Staatsumwälzung in Württemberg 1918-1920
Stuttgart 1930

Werner, Fritz
Empfiehlt es sich, den allgemeinen Teil des Verwaltungsrechts zu kodifizieren?
Gutachten für den 43. Deutschen Juristentag
DJT 1960, Band I, 2. Teil B

Zinser, Hans-Walter
Über die württembergische Verwaltungsgerichtsbarkeit
in: Aus hundert Jahren Verwaltungsgerichtsbarkeit
herausgegeben von *Martin Baring*
Festschrift 1963, S. 94ff.

Zorn, Philipp
Kritische Studien zur Verwaltungsgerichtsbarkeit
Verw.Arch. 1894, Bd.2

FSC
www.fsc.org
MIX
Papier | Fördert gute Waldnutzung
FSC® C083411

Kolibri 360 GmbH
Ferdinand-Jühlke-Straße 7
99095 Erfurt, Deutschland
produktsicherheit@kolibri360.de